历历在目之魏晋南北朝

穆糖纯 著

华龄出版社
HUALING PRESS

图书在版编目（CIP）数据

历历在目之魏晋南北朝 / 穆糖纯著 . -- 北京 : 华龄出版社 , 2024.1

ISBN 978-7-5169-2723-6

Ⅰ. ①历… Ⅱ. ①穆… Ⅲ. ① 中国历史 – 魏晋南北朝时代 Ⅳ. ① K235

中国国家版本馆 CIP 数据核字 (2024) 第 045643 号

责任编辑	高志红	**责任印制**	李未圻
责任校对	张春燕	**装帧设计**	天下书装

书　名	历历在目之魏晋南北朝	**作　者**	穆糖纯
出　版 **发　行**	华龄出版社 HUALING PRESS		
社　址	北京市东城区安定门外大街甲 57 号	**邮　编**	100011
电　话	（010）58122255	**传　真**	（010）84049572
承　印	金世嘉元（唐山）印务有限公司		
版　次	2024 年 4 月第 1 版	**印　次**	2024 年 4 月第 1 次印刷
规　格	710 mm × 1000 mm	**开　本**	1/16
印　张	20	**字　数**	275 千字
书　号	ISBN 978-7-5169-2723-6		
定　价	88.00 元		

前言

魏晋南北朝，据说是中国历史上最乱、最糟心且最长的乱世之一。

为啥？因为时间长，人物多，关系相当复杂。

先说曹魏，因为三国历史知识的普及程度较高，出场时间长，人物早就混了个脸熟，算是其中看起来很有秩序的一段。

等到司马氏取代了曹魏，建立西晋，统一全国，按说应该不乱了，仔细一看，一身冰裂纹，碎得非常细致、均匀，直接能看到头发丝一样的历史脉络，就是这段历史的特征。

一大堆司马家王爷互相伤害，名字根本记不住。必须画流程图、谱系图、思维导图，按照编号处理，难度系数极高，基本等于高考数学的最后一道夺命大题。

再说著名的“八王之乱”，八的背后是庞大的吃瓜群和大瓜。除了王爷，还有皇后、太后、外戚、太监、大臣，等等。导致社会经济遭到严重破坏，人民大量伤亡，西晋王室被屠杀，把自己搞到瘫痪了。自作孽，不可活，开场白刚念完，剧情还没开始，就下线了。

司马家族拿到世家大族的融资，续费成功，建立东晋，开始了“王与马共天下”的门阀政治。名士的风流，那是洒脱中带着迷茫，颓废中带着天下第一的迷信。他们纵情山水，饮酒服小药丸，在不思进取地扑腾下，最终下线领了盒饭，被刘宋取代。

轮到南朝上台表演。朝代更迭稍微有了点秩序，宋齐梁陈四个短命王朝依次当主角，皇帝们下线那是非常快，就是这些“走马灯”的皇帝成就了近 170 年的历史，不可谓不简单。

与南方的东晋差不多同时，北方进入了十六国时期，各族群玩累了，不想再参与费力不讨好的“游戏”，皇帝的姓氏开启了随机播放的模式。为了方便群众吃瓜，朝代的名字按方位切换，地图月月更新，雷人的事日日不断。直到北魏统一北方，北朝开始，北方才重新黏合在一起。可惜没过多久，又分裂成东魏和西魏，变成了北式“套娃”，权臣自己坐上了皇位，分别建立了北齐、北周。两国似乎有约定，一个唱白脸，一个唱黑脸。北周出明君，北齐出暴君。

北齐给北周当了陪衬，北周在光环的照耀下毫无悬念地灭了北齐，北方重新统一。没想到的是最后收割胜利果实的是北周皇帝的姥爷，也就是隋文帝，建立隋朝，统一全国，宣告了乱世结束。

让我们动动脑，记住知识点，在混乱中寻找历史的脉络，跟随一个个鲜活的人物，走进这段波澜壮阔的历史。让我们一起笑看暴君和明君，谋臣和英雄；笑谈名士风流和深宫故事，朝堂风云和乱世枭雄，共同窥探少一个都不行的魏晋南北朝。

上篇　疯狂大事件

第一章　水煮三国　上上下下

第二章　西晋一统难　乱套无底线

第三章　东晋十六国　凉菜大拼盘

目录

下篇　热点名人篇

目录

第六章 两晋十六国时期

第七章 南北朝时期

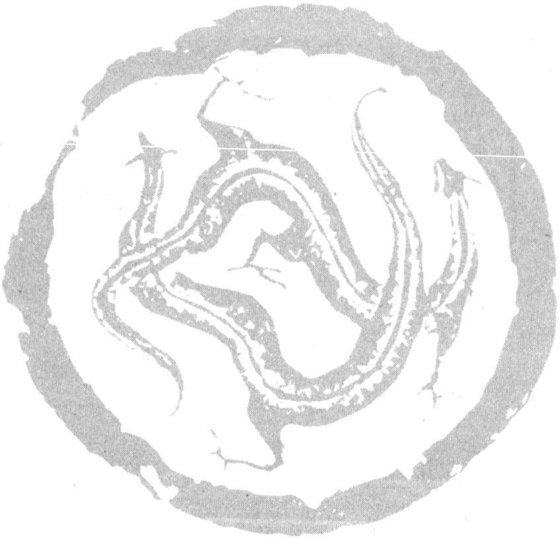

第一章 水煮三国 上上下下

东汉末年，中原战争频发，各地豪杰如雨后春笋，群雄四起。可论及话题热度榜首人物，非曹孟德莫属……

曹操辉煌下线　曹丕用谋上殿

东汉末年，中原战争频发，群雄四起，各地英雄像春雨过后的笋牙，到处都是。可论及话题热度榜首人物，非曹操曹孟德莫属。

曹操是一个矛盾重重的人物，东汉名士评价他是“治世之能臣，乱世之枭雄”，甚至有人怀疑曹操人格分裂。这样的怀疑也并非空穴来风，曹操求贤若渴，礼贤下士，同时又向天下喊话：“宁可我负天下人，不可天下人负我”，一句话吓得陈宫浑身乱颤。

三国里说曹操是“宦官之后”，也就是太监的后代，这说法让很多人大跌眼镜。

原来，曹操的亲爹，情商极高，认了一个拥有大权力的太监当干爹。这就为曹操被称“宦官之后”埋下了伏笔。

少年的曹操因为家庭背景过硬，不用从基层干起，很快就在洛阳官场得到了重要职位。任职期间他表现突出，一心想做个“官模范”，把所有好官的代名词，拼命往身上贴，什么执法严明啦、不畏权贵啦，只可惜太卷了，朝中人人都把曹操当瘟神。曹操只好转向战场，他这次跳槽，还真跳出了人生的小高潮。刘备、吕布等热度人物都成了他的手下败将。

公元200年，曹操和自己的发小袁绍开始互殴，袁绍控制了黄河以北的地盘，曹操则控制了黄河以南的地盘。两个老男人互不相让，各站一边，而“轰隆隆”的黄河，就像拔河比赛的那根绳，对于这两个老男人来说至关重要，老曹最终搞死了老袁。至此，曹操也被认为是三国里最会打仗的人，他率领的军队可说是打遍陆路无敌手。

曹操戎马一生，几乎把天下的大部分土地都收入囊中，身在权力巅峰，挟天子以令诸侯，离九五之尊只有咫尺之遥，他因爱惜自己的羽毛，一直没有迈向皇帝宝座，但他生了一个拉自己进“皇帝群”的儿子。

说起曹操的家室，他一生共有15位妻妾，25个儿子。

一代枭雄教育孩子，绝对有独家秘籍！他曾说：“生子当如孙仲谋，刘景升儿子若豚犬耳”。首先，曹操给儿子们定下了一个目标，这支由25个儿子组成的小分队，每一个成员都有了明确的目标，那就是成为能治国平天下的人物。俗话说：“文能治国，武能安邦”。曹操的儿子要么能文，要么能武，甚而文武双全。

要不说，人家曹操就是智商高，25个儿子都被他收拾得乖乖的。曹操在教育上也一碗水端平，儿子实在太多，日理万机，实在没办法一个一个的召见。不过这也难不倒曹操，他写下了一篇《诸儿令》，大概的意思是说，儿子们小的时候，我都喜欢，但是长大以后，我会量才而用，说到做到。曹操的《诸儿令》被派发到儿子小分队的每一个成员手中，并且规定，对于所有的儿子，20岁之前都不封官，可以说是做到了对每一个成员都是公平的。方向明确、规则清晰，这让儿子们干劲十足、奋勇向前。

然后，曹操还规定不光主科要好，体育也要好。所以现在教育界那点关于主科和副科的事并不新鲜，古代早就有了。曹操还为儿子们特意制作了上好的宝刀，如果哪个儿子只读书不习武，老曹就会赏他一把宝刀，这表面上是赏，实际上是用宝刀“敲黑板”呢，专门起到提醒的作用。

最后，以身作则，做好榜样，曹操拥有极强的军事能力，同时还拥有非凡的聪明才智，绝对是实力派干将。并且曹操每次出征都会带着几个儿子，让他们在战场上实操。

宏观地说，老曹家教育的独家秘籍共分为四招：一是设下明确的目标；二是规则清晰，公平对待；三是能文能武；四是做好榜样。

学完招术，再来看看老曹家的教育结果：

多年以后，开花结果！在曹操的教育下，他的儿子们个个优秀，甚至有几位还成了后人效仿的榜样。论武，曹操大儿子曹昂，骁勇善战，立下不世功劳；论文，曹操四子曹植，山水诗人谢灵运曾说：“天下才共一石，曹子建独占八斗，我得一斗，自古及今共用一斗！”“才高八斗”这个成语所指的就是曹子建。曹子建就是曹植，他因七步诗在文坛声名大震。论智，曹操还有一个最小的儿子，五岁就声名远扬，一直流行至今，他就是曹冲，五岁“用船称象”解决了一道奥数级难题。

到这里，相信很多人都叹了一口气！这可都是别人家的孩子，我们虽然没办法拥有，是不是也可以向老曹家学几招呢？老曹家教育的独家秘籍一共就四招，前面说过的，您可以试试。

老曹家有这么多优秀的儿子，到底谁更能脱颖而出呢？他们的结局又是怎样的呢？花开两朵，各表一枝，老曹家共有 25 个儿子，我们得一个一个地说。

曹操的长子曹昂性情刚毅，英勇善战，他早早的就被曹操选为了继承人，但是无奈，天不怜才，曹昂在征战张绣的时候，胜利让曹操得意忘形，不仅收编了张绣的部队，还收编了张绣漂亮的婶婶。张绣面子上过不去，发起了对曹操的突袭。曹昂因负责断后，在乱战中把自己的战马让给了老爸，也把生的希望留给了曹操，曹昂自己却不幸战死。曹操在临终前说过：“我一生所作所为，没有什么可后悔的，也不觉得对不起谁，唯独到了九泉之下，如果子修向我要母亲，我不知该怎么回答。”

儿子不幸战死，除了老爸曹操以外，更难过的恐怕就是曹昂的母亲，其养母丁夫人得知此事后，痛心疾首，大骂曹操，终致两个人婚姻破裂。在后面排队的卞夫人这才有机会成为正室，而她的儿子曹丕也阴差阳错地成为嫡长子。

但此时，曹操又开始看好自己的一个小儿子，自幼聪明的曹冲，想让他继承自己的大业，只可惜世事无常，曹冲在 13 岁的时候就下线了。

曹操剩下的 23 个儿子中，成绩极为突出的有三个，分别是曹丕、曹植、曹彰。

曹丕

曹丕是曹操次子，为卞夫人所生。

因为曹操的大儿子曹昂在一次战争中，被乱箭射杀，所以曹丕成为“儿子小分队”中，排着队上来的嫡长子。曹丕的才能可以说得上是让人拍手叫绝，他能文能武，是个难得的全才。据说，曹丕六岁会射箭；十岁时，单枪匹马从乱军之中逃生。武能善骑射，好击剑，文能“博贯古今经传诸子百家之书”；他

曾写下的《典论·论文》是中国文学史上第一部文学批评理论著作。

曹彰

武剑者威王曹彰，是曹操的第三子。曹彰与曹丕是亲兄弟，都是由卞夫人所生。

曹彰会打仗，成为老曹家儿子中，武力值最高的，为他老爹曹操平定了北方战乱，勇冠三军。因胡须呈现黄色，所以被曹操称为“黄须儿”。有一次刘备和曹操打仗，刘备派出自己的义子前来挑战。曹操却破口大骂道：“你个卖草鞋的，还敢让你儿子来打我，我让我家黄须儿弄死你！”

曹植

曹植是曹操的第四子，说到这里，必须承认这个卞夫人很厉害，曹操出名的5个儿子中有3个都是由卞夫人所生，曹植生母也是卞氏。曹植会写诗，天赋异禀，文采出众，被列为古往今来三大“仙才”之一，在文坛的地位，简直可以与李白平起平坐。

曹老板的接班人

赤壁之战后，曹操觉得体力不支，担心自己不知哪一天就要下线了，赶紧着手安排继承人上线。曹操的眼睛就一直盯着儿子小分队中，这三位成绩突出者。

在这场接班人的比赛中，曹操采用的是排除法。先说说曹彰，他打仗属一流，自小善于骑马射箭，能征惯战，他的目标榜样就是卫青、霍去病。但是曹彰最大的缺点是不喜欢读书，也不愿意学习什么治国安邦之术，他只想成为大将军，人各有志，曹操也不勉强，曹彰先被排除在外。

而曹植呢？与曹彰大不相同，自小就会写文章，才思泉涌，以至于曹操都被他的文章所震撼，对曹植寄予厚望。

曹操还有一位候选人，那就是曹丕，虽然他文不如曹植，武不如曹彰。但他能文能武，而且功力也都不低，更为主要的是曹丕为人城府极深。这是曹操最看重的一点，一个群主总不能被群员摆弄着，他可不想继承人成为一个傀儡。曹操的接班人就在曹丕和曹植之间徘徊。

当时，曹丕和曹植各有一帮亲信在身旁，形成了两个内部争斗的小集团。曹植身边都是一些文采出众、政治敏感度低下的文人，而曹丕身边却都是跟随曹操辛苦创下伟业的能臣干将，再加上“立子立长”的观念，曹丕在斗争中越来越占据上风。

有一次，曹操出征，曹丕和曹植都去给老爸送行，曹植为了显示自己的文采，开始歌功颂德，文辞华丽，大家听了都很欣赏，而曹操心里也很舒服。曹丕一看，自己要是跟他比文，那就是找死。只见曹丕一言不发，“扑通”一下，双膝跪地，然后就开始鼻涕一把、泪一把地大哭，哭得大家都红了眼圈，曹操更是感动得老泪纵横。此局曹丕以最低成本——“哭”，取得了胜利。

公元220年，极富雄才大略的曹操死在了洛阳，当时的天子汉献帝在群臣的裹挟下，很快就遣人封曹丕为丞相、魏王，领冀州牧。曹操下线后，曹丕成为群主，完全继承了曹操遗留的权力。都说“一朝天子一朝臣”，曹丕继承王位后，立刻封赏了拥护他的几个大功臣又把威胁自己位置多年的弟弟曹植贬为安乡侯。

曹丕继位后的第三件事就是进入帝王群——称帝，但是曹丕又不想背负恶名。曹操一辈子都没有称帝，他儿子又怎么能做到呢？曹丕又是如何得到群臣支持的呢？原来曹丕让人起草了一部“九品中正制”的法典，这其实是曹丕对于士族的承诺，以前他老爸在位时，唯才是举，这让很多士族官员后代中没有才干的人没有了铁饭碗，但是曹丕通过这部法典，向基层的官员、士族承诺，以后你们的儿子哪怕智商低下，也能靠着自己的出身背景，继续安安稳稳地捧着饭碗。朝中大臣见有利可图，都不断上劝进表，希望曹丕称帝。

被曹操调理得早已经“知书达理”的汉献帝也是一个聪明人，他知道汉朝气数已尽，就十分配合地连下三道禅位诏书，苦苦地恳请、哀求曹丕仿效虞舜，登上皇帝的宝座。

曹丕为了赢得贤德的名声，就装模作样地说：“接到这个诏命，吓得我呀，五内震惊，浑身发抖。我宁可跳东海自尽，也绝不敢接受这诏书。”请大家自行脑补曹丕那做作的画面，这演技，就连奥斯卡都得欠他一个小金人。

朝廷中的大臣各个都是人精，曹丕的假戏演得再逼真，大臣们还是能看透他的心思，连忙一边上书，一边在颍阴县曲蠡（今河南许昌一带）筑起受禅台。汉献帝也早已看出自己若不禅让，就无法善终，于是麻溜地给曹丕让了位，历史上维持了400多年的汉朝终结了。曹丕也成为三国历史上第一位称帝的人。

就这样，曹丕把有名无实的汉献帝赶下台，当上了大魏的皇帝，还把自己的老爸曹操也拉进了帝王群，还特意给曹操想了一个名号——魏武帝。真是龙生龙，凤生凤，英雄的儿子当然也是英雄了。

一提到三国，很多人都会想到曹操、刘备、孙权。其实历史上真正的三国是从曹丕开始的。

刘备孤勇称雄　蜀汉雨过天晴

度娘热度榜首人物——曹操，持续高温不降，而刘备也靠着反面新闻上了热搜。现代人对于刘备的君子形象并不感冒，很多人认为《三国演义》的作者罗贯中是有意“尊刘贬曹”。所以，才刻意把这位刘皇叔写得那么仁义，刘备也因此成为这些年来被网友黑得最惨的三国人物。

很多人黑刘备，主要有两点：一是，“刘备哭江山”，就连没看过《三国演义》的人也都跟着风说：“刘备除了哭，那是啥也不会啊！活脱脱一个爱哭鬼”！的确，在老罗的《三国演义》中，刘备一共哭了35次。打了败仗哭；见到兄弟哭；丢了老婆孩子，那更是哭得死去活来的，甚至还时常打着滚痛哭。所以说，“刘备哭江山”也不无道理。

大家黑刘备的第二点就是“猫哭耗子——假慈悲”，如果说奥斯卡欠曹丕一个小金人，得欠刘备一箩筐的金人。要说《三国演义》的影帝，刘备演绎的最精彩的片段当属徐州牧陶谦临死前，想将位置让给刘备那一段了。根据剧情，当时的刘备急需一个稳固的地盘，好让自己的小公司正式挂牌营业，大家都猜刘备心里对徐州肯定是垂涎三尺。但是刘备怕天下人议论自己是趁人之危夺取徐州，这位影帝那是一拒再拒啊！直到最后，徐州的士族、百姓与关羽、张飞劝告再三，刘备这才就坡下驴，把徐州接了下来。

可仔细想想，刘备真的是靠着“一哭二闹三上吊”“假仁假义假慈悲”换来了江山吗？换来了天下豪杰对他生死不弃的跟随吗？恐怕事情并非我们听闻的那么简单。回顾历史，看看真实的刘备到底是什么样的？他到底是假仁假义的伪君子，还是忠义无双的真英雄？

刘备身上有一个巨大而又诡异的重量级话题，值得有深度的人思考：他到底有什么过人之处，能让一大批能人心甘情愿地为他卖命。

这件事情得端杯水，倒杯茶，有头有尾，慢慢道来。刘备经常以汉室宗亲自居，自称是中山靖王之后，后世也有称他为刘皇叔的。但汉景帝刘启的儿子刘胜，共有一百二十多个儿子，这么多儿子，估计当爹的都认不全。刘备说自己是刘胜第五个儿子刘真的后代，从中山靖王刘胜到刘备中间将近 300 年，传了十几代，谁还能说得清、理得明啊！

只是刘备自小父亲亡故，家道中落，只能跟老妈相依为命。少年时，在同宗师叔的资助下，刘备与公孙瓒一起跟随大儒卢植学习，卢植是当时有名的大学者、高官。然而师傅领进门，修行靠个人。刘备并不喜欢读书，却专门好交朋友。“不爱学习，专爱聊天”，而且上了两年学，就辍学了。所以，刘备早年间，就是一个普通的农村青年，一个每天按时出摊卖草鞋的人。

一天，刘备正在大街上摆摊卖鞋，有人说他做的鞋质量不行，连连被退货，日子已经到了揭不开锅的程度。要说刘备起点实在太低，开局一双鞋，装备全靠捡啊！

人穷则思变，揭不开锅的刘备，开始想办法另谋生路。恰好他看见招兵榜。《三国演义》的作者罗贯中在此描述得生动又形象，就在 24 岁的刘备看榜时，结识了卖豆子的关羽和卖猪肉的张飞。三人一见面，那真是相见恨晚哪！关羽赶紧拽着饥肠辘辘的刘备，拉上张飞一起组了个局。席间，刘备一顿忽悠，关羽和张飞听得那是直瞪眼！最终二人决定拿出全部积蓄为刘备投资，让他招兵买马开公司。最为有趣的是，这个公司投资人说的不算，反而是一毛钱没有的

刘备事事拿主意。刘备因为能忽悠，拥有了人生中的第一桶金。

咱们不得不佩服人家刘备的识人术，一上来就把天下三大高手中的两位囊括在手，而且关系铁，是结拜兄弟，桃园三结义的故事流传甚广。这三人的关系用今天的话说就是死党，一顿饭的工夫，关羽和张飞被刘备忽悠成了铁杆粉丝，从后来的表现来看，这两人也是忠心耿耿、不离不弃、至死不渝，对刘备从无半点怨言和背叛之心。刘备走到哪，这两个人绝对跟到哪！所以，从这个历史事实来看，刘备绝非一无是处，至少口才好，能忽悠。

刘备在关羽和张飞的资助下，有了一小支人马以后，在乱世中开始正式创业，加入战场。老罗在《三国演义》中，为了把刘备仁义的形象刻画得让人印象深刻，下手的确是重了点，这才让人误以为刘备过于“柔情”。其实，在战场上的刘备是相当凶猛的，战斗力极强，有历史为证。刚刚步入职场，刘备真是“起起落落”。他先是带领自己的小团队加入了很多不知名的小公司，干的也都是刀尖上舔血的活，在战场上也是相当勇敢，所以刘备很快就因为战功，加入了公职人员的行列。后来刘备因看不惯朝廷对有功人员的遣散制度，打了朝中官员，一下子变成了通缉犯。随后又加入了对黄巾军的作战，因为太能打，经组织考察，破格提升为安喜县武装部部长，可没干几天，又被炒了。这真是多少奋斗全白玩，想想都要掉眼泪……

哭完了，擦擦眼泪，重新振作起来的刘备又带领自己的小团队开始四处讨生活。已经是30岁的刘备首先找到老同学公孙瓒，公孙瓒收留刘备后，反而实力一天不如一天；刘备眼看老同学就要玩完了，赶紧逃跑，去投靠了陶谦。果然，没过两天，公孙瓒就宣布破产了。后来刘备加入讨伐冀州袁绍的战争，并多次立下战功，还重创了袁术集团。

这时候的刘备似乎开始走向人生的巅峰时期，升任平原国相。此时的他外御强敌，内得人心，粉丝量骤增，可以说是热度爆棚。就连前来杀他的刺客，一想到刘备的仁慈，举起来的刀都卡在半空中，落不下去。

这段时间，刘备干了两件大事，都是舍身助人，甚至帮到了妻离子散的地步。第一次是带兵支援孔融，第二次是带兵支援徐州。后来，徐州的城主陶谦因重病领了盒饭，但他感恩刘备曾经对自己出手相助，没有把徐州交给儿子，也没有交给侄子，单单送给了刘备。自此也算有了根据地。

刘备战场上的好运气到此也算用尽，开始吃败阵了。拜把子兄弟张飞喝多了，被吕布偷袭，不仅徐州丢了，还顺便弄丢了自己的两个媳妇。关羽大骂张飞，张飞无地自容，立刻就想把脑袋拿下来送给大哥。刘备一把拉住张飞，说出千古狠话："兄弟如手足，女人如衣服！"

老刘无处可去，回头去找吕布，想让吕布原地收编，没想到，吕布一脚就把刘备踢出群。刘备没办法只好投靠了曹操。刘备在曹操那里，待遇级别那是相当高。老刘甚至还受到汉献帝的亲切接见，并称其为"皇叔"。这也就是后人称他为"刘皇叔"的原因。

对于刘备的人品和能力，曹操给出了相当高的赞扬。曹老板在帮助老刘收拾完吕布以后，还把老刘的媳妇都给带回来了。两人一高兴，青梅煮酒论英雄，喝到高兴处，曹老板问刘备："天下都有谁是英雄啊？"老刘掰开手指头就开始算，"袁术、刘表、孙策……"只见老曹直摇头。最后，老曹"厚颜无耻"地说："现在，天下间的英雄，只有你和我两个人而已！"这可真是不怕风大闪了舌头。刘备一听，不知道是高兴还是惊讶，下巴差点没吓掉，筷子和勺子都拿不稳了，直接掉在地上。

刘备在曹操的手下，却不安分起来，他开始搞小动作，想要联合人手对付曹操。被曹操知晓后，刘备赶紧逃跑，投靠了袁绍。老刘和老袁虽然也打斗过，但是他们现在有一个共同的敌人——曹操！俗话说得好，敌人的敌人就是朋友。老刘和老袁合伙搞曹操，但是失败了，没多久，老袁就下线了。

北方是混不下去了，在接下来的年月里，刘备投奔了他在南方的亲戚刘表，在刘表手下一干就是六年，却依然没有赢得对方的信任。此时，47 岁的刘备人生突然发生了重大的转折，他去到隆中，三顾茅庐，请出了一世英明、助他得天下的诸葛孔明。果然，孔明一到，就如一缕阳光横空入世，刘备的前途立刻一片光明。没过几年，刘表也下线了。

公元 208 年，刘备终于拉到合伙人孙权。此时曹老板带着他的武装集团疯狂扑向荆州，刘备率部转移至夏口。得到合伙人东吴集团军总司令、江东行政区长官孙权的有力支援，配合东吴集团军参谋长、长江舰队司令周瑜在赤壁打破曹操集团的“围剿”，取得决定性胜利。这个回合，老刘和老孙在赤壁大败了曹老板。胜利后，老刘开始忙着圈地盘，安抚人心，再也不轻易出兵了！为了巩固和东吴的关系，刘备还迎娶了孙权的妹妹。至此，刘备才算大业初成。但他闲不住，好运气也开挂，开始大显神通，他不停地扩大自己的地盘。公元 215 年，也是刘备最辉煌的一年，他与孙权平分了荆州。

公元 217 年的汉中之战，刘备又打了一个翻身仗。当时的汉中由张鲁管控，他是五斗米教祖师爷张天师的孙子，也就是第三代天师，这位“张三代”把汉中百姓全部当成了自己的信徒，他用道教、道规创建了乱世中的伊甸园。这时曹操来了，汉中军民哪见过这阵势，曹操只放出几千头麋鹿，汉中军民就彻底迷路，投降了。

曹操得了汉中后，想起了曾经和刘备的爱恨情愁，立刻派兵去骚扰刘备。张飞一见，有人胆敢来骚扰大哥，二话不说，上手就是打啊！把曹操派来的人打得屁滚尿流。

“是可忍，孰不可忍”，公元 217 年，老曹和老刘正式开战，老刘留下诸葛亮和关羽看家，亲自带领班底挥师北伐。两个集团干仗，眼睛红得跟兔子似的，却分不出胜负。夏侯渊守着阳平关，那是死活不给刘备开门啊！老刘在城下，急得脑瓜子“嗡嗡”地疼。说巧不巧，这时曹老板的手下纷纷策应，原来背后是关羽帮着大哥搞事情！老曹是顾头顾不了尾，只能屯兵，哪里不行打哪里，像极了今天小朋友玩的打地鼠。只是老曹在这场阵仗中，将快乐留给了小朋友，将痛苦留给了自己。老刘打不开阳平关，就出了狠招，爬上定军山，开始了地狱式的攻击。老刘最终放了一把大火，击毙曹操集团西北“剿总”司令夏侯渊。老曹一看老夏被迫下线，赶紧跑过来和老刘对战，老刘一看曹老板回来了，又立马跑回山上。两个老男人连耗数月，曹操最终放弃，退出汉中。老刘终于享受到了痛扁曹老板的快乐……

这是老刘第一次率领自己的集团与曹老板展开的正面交锋，刘备平生第一次凭着自己的实力，痛扁曹军，占领了汉中，并进位为汉中王。

公元220年，孙权集团单方面撕毁合同，抢占荆州。关羽壮烈牺牲。

卖草鞋的刘备从20岁开始创业，到60岁成功，先后五易其主，4次经历妻离子散，13次大败逃亡。用今天的话来说，就是公司5次破产，4次扔下老婆孩子，13次投资失败赔得血本无归。刘备从河北起家，历经坎坷，一路上都在逃亡中度过，但他从未放弃，从一无所有、寄人篱下到最终建立蜀汉政权，最终才能参与三分天下。

自此来看，刘备并不是流传中的只会哭，只会演。因为用膝盖来思考都知道，“刘备哭江山”并不成立。刘备在《三国志》中只哭了6次，跟曹操的14次相比还是远远落后的，孙权也哭了13次。刘备终于沉冤得雪。在《三国志》里面，刘备终于摆脱了三国第一哭包的“美名”！

再说，如果老刘没有一点真本事，没有一点真仁义，又哪里骗得过那么多的豪杰为自己卖命呢！看看千古一相诸葛亮，他对老刘家那是献完青春献终身，献完终身献子孙哪！他的儿子诸葛瞻为国捐躯，就连十几岁的孙子都冲入乱军之中，战死沙场。我们是不是应该给“智慧”代言人诸葛亮的领导刘备也点个赞呢！是不是也可以逆向思维一下，刘备要不是个帅才，大聪明诸葛亮又怎么会鞠躬尽瘁、死而后已呢！所以，刘备被黑假仁假义，其实也不尽然！

公元220年，曹丕最先称帝。刘备一看这晚辈都称帝了，他哪里还能坐得住，应广大群众的强烈要求，决定择期建立新政权。曹丕称帝的第二年，刘备也称帝进入了帝王群，建立蜀汉。在世人眼中，一个活了五十多年都一事无成的人，居然能在61岁当上皇帝，可见人生要能开挂，年纪大点也不怕啊！只是刘备没有享福的命，当了两年多皇帝，就一命呜呼，享年63岁。

孙权踯躅立国　江南创业红火

他是三国时期的长寿帝王，是吴国的霸道总裁；他是战乱期间，众多少女心目中的男神。乱世三国，打了三场流传千古的大战役，这位乱世男神一个人足足赢了两场。霸道总裁——孙权，二代，人又长得帅，据说：孙权长着紫色胡须，上身长，下身短。不知道是不是古人的审美跟现代人不同，不过，孙权身上的看点闪烁如夜空星辰，这优点多的，数星星的孩子是怎么也数不过来的。

“千古江山，英雄无觅孙仲谋处”。曹老板曾经在教训儿子小分队时说：“生子当如孙仲谋”，不仅仅在少女的心目中，孙权是稳居榜首的男神，在大英雄曹老板的心目中，孙权也绝对是高居英雄榜首的人物。诗人辛弃疾曾经评论孙权说：“年少万兜鍪，坐断东南战未休。天下英雄谁敌手？曹刘。”说的就是，想当年孙权年纪轻轻，就已经统领千军万马，成为霸道总裁。坐镇东南，连年征战，帅气的他，从来没有向任何敌人低过头。算一算，天下英雄谁是霸道总裁孙权的敌手呢？也就只有曹操和刘备了。踩在曹、刘两位大咖的身上，是妥妥地把孙权捧上了天啊！

世事变迁，沧海桑田。许多人就看不明白了，明明是历史中的一号主角，无数少女心目中的男神，无数英雄心目中的榜样，怎么就把自己活成了跑龙套的角色呢?

俗话说:“人生七十古来稀”,帝王将相中,能够活到70岁的,掐指一算,那也不多啊!孙权就过线了,一共活了71岁。孙权的一生大致分为两个阶段:33岁之前,英明神武;33岁之后,越活越混蛋。

孙权的老爸孙坚一生四处征战,所以,孙权一出生就比曹操和刘备的地位高出大半截,是个舒舒服服的“官二代”。可就在这个小少爷刚刚长到9岁时,孙坚带着孙权的大哥孙策一起讨伐董卓,战争中孙坚一个不小心,就直接被干下线了。

没有了老爸孙坚这把大伞,孙权的小少爷生活也就戛然而止,小小年纪跟着母亲投靠舅舅吴景,开始经历“娘亲舅大”,过起了寄人篱下的生活。幸好小少爷还有一个好大哥,他的大哥孙策起兵击破后,心系小弟,就赶紧派人把小弟孙权接回自己的身边。

时间过得“嗖嗖”地快,孙权渐渐长大,他为人宽容大度、处事果断、尊贤重士,这位少爷的名气越来越大。

15岁的大男孩孙权很快当上阳羡(今江苏宜兴)的县长,这简直让今天的家长惊掉下巴。回想一下,孔夫子曾留下了千古训言:“吾十有五,而志于学”,这可真是“有志不在年高”,再回头,看看咱家孩子!

缓口气,咱们继续!孙权16岁时,他的大哥孙策与袁术开撕,打仗亲兄弟,小弟孙权立刻穿盔戴甲加入战斗,在这场战斗中,孙权以一千人的兵力成功击退了袁术派来的六个县城的山贼,真是虎父无犬子!之后的几年中,小弟孙权跟着大哥孙策拼战沙场,连连立下战功。

时间的车轮还没有走两圈,孙权和孙策的兄弟二人组,就齐心协力恢复了江东的地盘。孙权也成为妥妥的霸道小总裁,羡慕、嫉妒、恨的眼光,像射线一样飞向孙权。

公元200年,大哥孙策一个不留神,被许贡门客踢下了线。快要咽气前,断断续续地嘱咐老弟:“江东的未来就交给你了!”

这一年,孙权虚岁19,大哥没将刚统一不久的江东,交给自己的儿子,反而交给了这个亲弟弟。孙权感动的是一把鼻涕一把泪。这边还没有等孙权哭完，那边就有人出来搞事了。原来，那时候孙策刚刚统一江东，江东的内部还十分混乱，整个局势动荡不安。此时在外面喊着要搞事的，就是一个叫李术的人。这个李术在孙策还活着的时候，是十分乖巧听话的。孙策一下线，他欺负孙权年少，立刻就浮出水面，冒泡反叛，扬言想要跳槽到曹老板那里去。

李术跟曹老板的秘书联系过多次，想要见曹老板谈谈合约的事，曹老板都因为抽不出身给推了。原来，此时的曹老板正和他的发小老袁互撕得焦灼无比。两个老男人正打得热闹，没空搭理李术。

还有几个不安分的反动分子，一看李术都浮出水面，自己也别潜着了，纷纷起哄。这些人实在是太小看刚刚上任的霸道总裁了，别看人家年纪小，要知道，人生套路那也是玩得通透！对于这些冒泡反叛的人，该灭的灭，该收编的收编，没过几招，江东又恢复了平静，不敢再有人冒泡了。此刻，闪光灯亮起，总裁的人生高光时刻才刚刚启航！

孙总裁让不听话的大臣全都退居二线，自己开始广纳贤士。一朝天子一朝臣，不听话的，都大树底下凉快去。孙总裁的招聘启事刚刚发贴，各路英雄豪杰纷纷赶来投靠，什么鲁肃、陆逊、诸葛瑾啊，全都在霸道总裁旗下签约。江东集团正式宣布成立，前途一片光明。

年轻却老练的孙总裁，有勇有谋，懂得战场拼杀，也懂得韬光养晦。终于在 24 岁的时候，进攻江夏郡，报了杀父之仇，让老爸在九泉之下安心。

孙总裁 27 岁的时候，曹老板给他来了一封信，大概的意思是这样的：“我是挟天子以令诸侯的曹老大，已经打败了卖草鞋的刘备。我接下来的计划是要收编江东。希望小孙别闹事。要不然，我就带着 80 万大军踢你下线。”

孙总裁手下的大臣知道曹老板来信的用意后，面对实力上巨大的差距，大部分人主张说：“留得青山在，不怕没柴烧。收编就收编吧！能多活两天是两天啊！”年轻气盛的孙总裁却执意不肯，立刻召唤手下大将周瑜，给你 5 万人马去打吧！孙总裁又与刘备签下合约，刚刚被老曹痛扁的刘备再次带着 1 万多人也加入了战斗。曹老板果然召唤来了 20 万人，两边奋力拼杀，这一打就打出了著名的赤壁之战。最终，年轻有为的孙总裁完胜曹老板，老刘也顺便品尝了胜利的果实，孙权、刘备合力暴打了曹操。

圈粉无数的孙总裁决定再打一仗，去合肥战场耍一耍，却一无所获。没过两年，孙总裁手下最得力的周瑜下线了，有人怀疑是孙总裁嫉妒比自己才大几岁的周瑜事业、爱情双丰收，这才下了黑手。不知道是心中有愧，还是伤心过度，周瑜下线后，孙总裁安分了不少，有好几年没上战场。

霸道总裁孙权 32 岁时，曹老板终于缓过气来，他带着 40 万大军，来报当年的赤壁之仇。孙总裁威力不减当年，以 7 万人打败了曹老板 40 万大军——濡须之战，曹老板被霸道总裁孙权打得服服贴贴了，并向全世界喊话："生子当如孙仲谋！"

33 岁之前的孙总裁，人生虽说不上圆满，但也算得上是颇有成就，一路都是星光大道，十足的人生赢家。可是，33 岁之后的孙总裁脑子似乎有点进水了。跟曹老板打完濡须之战的第二年，孙总裁不知道怎的，看自己的盟友、卖草鞋的刘备就是不顺眼，居然单方面破坏同盟关系，说好的荆州一人一半，现在他想把老刘那一半也收入囊中。这事老刘哪能答应啊！刚想跟孙总裁大战一百回合，拉开弓，还没等射箭，曹老板就跑过来捣乱，非要跟老刘在汉中干仗。无奈，老刘只好向孙总裁妥协，哭着说："我只是一个卖草鞋的，你们二代就是太任性……"

孙总裁在刘备那里占了大便宜，又想起曾在合肥一无所获，打算带着 10 万大军去合肥战场再玩一玩。这一玩却玩出了孙总裁毕生的痛，也玩出了一生的噩梦。原来，比起赤壁之战和濡须之战的胜利，孙权这一场合肥之战却成为更加出名的战役。这场以"八百破十万"的战役，打出了中国军事史上的奇迹。合肥战场上，曹老板的大将张辽仅用 800 人，六天的时间，打得孙总裁 10 万大军抱头鼠窜。

张辽放眼望去，看到孙总裁要走，说什么也得送送，便带领着自己的手下列队相送。此时，孙总裁的 10 万大军正在渡河，一看张辽又来了，吓得腿直哆嗦。孙总裁彰显英雄本色，发扬吃苦在前，享受在后的传统，目送大部队过去了，自己才走。孙总裁刚一跨步，张辽就冲了过来，孙总裁想喊人，已经来不

及了。情急之下，孙总裁只好让战马先往后退一退，然后助跑，同时抽打马屁股，那匹马激发了潜能，居然跳过河去，逃了出来。

在这场战役中，孙总裁也成功的为自己赢得“废物孙十万”的外号。

历史并没有因为孙总裁脑子进水而停止，在孙权38岁的时候，卖草鞋的刘备手下大将关羽发动了襄樊之战，孙权派出手下大将吕蒙，白衣渡江，偷袭荆州，还顺便把关羽关二爷踢下线。这一脚，踢到了全天下关羽粉的痛处，要知道，关公那是一世英名，被你个吕蒙踢下线，这算什么事！但天下人把这一脚全都算在了孙权头上，孙总裁从此臭名昭著。舞台上的灯光全部熄灭，黑他的声音，远远高过了捧的声音。孙总裁从此也就开始了他的黑暗下半生。

关羽下线，大哥刘备开始复仇计划，在为自己办完称帝大事之后，宣布与孙权开战。可卖草鞋的即使当了皇帝，也依然不是孙二代的对手。

此时，三国鼎立的格局已经形成，曹操的儿子曹丕称帝了，紧随其后，刘备也称帝。就剩下一个孙权卡在中间，迟迟不敢称帝。那么，孙总裁到底在担心什么呢？孙总裁是在担心身份的尴尬。曹丕是以魏王的身份接受汉献帝禅让的，刘备刘皇叔是以维护汉室之名。孙权左思右想，左寻右找，就是找不到一个让自己称帝的好理由。再加上，他先前杀害关羽、抢了荆州，得时刻防着刘备的报复，而且他与曹老板关系又闹得那么僵，分分钟怕曹老板的儿子会落井下石。

最后，孙总裁失去了年轻时的铮铮铁骨，他选择向刘备求和，向曹老板的儿子曹丕称臣，地下的曹老板看到这里，肯定都笑出声来，“我的儿子比孙仲谋强！”

孙权向魏国称臣后，曹丕封他为“吴王”，这时的孙权只能夹着尾巴做人。接下来的年月里，孙权就活一个“熬”字。他先是熬没了刘备，再送走了曹操的儿子——曹丕，又泪别了诸葛亮……和他同辈的，几乎都被他熬下线了，小一辈的人也被他送走了不少。

几个劲敌都下线了，最后孙权也称帝，进入了帝王群，建立吴国。至此，天下才形成了魏、蜀、吴三国并存的局面。

虽得贤相猛将　奈何庸儿投降

天地英雄气，千秋尚凛然。

势分三足鼎，业复五铢钱。

得相能开国，生儿不象贤。

凄凉蜀故妓，来舞魏宫前。

这几句呐喊，是唐代大诗人刘禹锡感慨刘备请来了能力出众的诸葛亮，却未给自己留下一个好儿子。

蜀国老板刘备，从摆地摊卖鞋起家，家里既没有矿，也没有钱。靠着同为摆摊的关羽和张飞，组成了“地摊三人组”，四处奔波打工，终于自己当上了老板。最关键的是，他们还拉到了风投，这才渐渐在市场站稳脚跟，成立了天府蜀国集团！都说“虎父无犬子”，但在历史上，“虎父多犬子”的例子才比比皆是，蜀国集团的刘老板一共有 4 个儿子，还得算上一个养子。刘老板在后代的繁衍上，那可是大大地输给了曹老板。无论是从数量上，还是从质量上，刘老板输得都叫一个“彻底”。

先来看看刘老板的大儿子，也是他的养子——刘封。看这个儿子的性格就知道，真不是刘老板亲生的。此人性格刚烈勇猛，气力过人。曾跟随刘老板手下得力干将赵云、张飞等扫荡西川，在战场上不失为一员猛将，颇有战功。虽然只是干儿子，那也是深受刘老板信任。刘老板“地摊三人组”中，卖豆子的关羽北伐曹魏集团，申请让刘封赞助，刘封却犯起了大少爷的脾气，“你个卖豆子的，也想使唤本少爷，门都没有”。就这样，这位刘家大少爷就是不肯赞助关羽，还去孟达那里挑事，孟达与曹魏的徐晃最终签订合约，两人一起暴打刘大少爷。

这时候，集团实力派，说话算数的诸葛亮站出来了，让刘老板把儿子踢下线。无奈之下，刘老板只好听了诸葛亮的建议，赐死刘封。刘封见干爹都让自己下线，干脆拿刀一抹脖子！刘老板的大儿子就这样被踢下了线。

刘老板的第二个儿子，是亲生的，名叫刘禅，母亲甘夫人怀他的那天晚上，据说梦见了北斗被吞。梦是真是假，只有他娘知道，就连他爸——刘老板，也只能是一个猜字。因为这个梦，刘禅的小名叫“阿斗”，就是历史上大家所熟悉的那个“扶不起的刘阿斗”。他是刘备 4 个儿子中，最重要的一个，也是让他老爸刘备死不瞑目的一个。

小时候的阿斗有着许多与众不同的经历——“被扔”“被摔”。小阿斗一生中最出名的一次“走秀”，是在他一岁多的时候。当年曹老板追了过来大开杀戒，小阿斗的老爸刘备虽然不爱读书，《孙子兵法》还是熟悉的。他早已经掌握了“三十六计，走为上策”的精髓，立刻溜之大吉。不过跑也要讲究策略，刘备把身上的衣服撕成了乞丐服，顺手又在地上抓起一把不知是臭泥还是马粪的黑暗作料，往脸上一抹，还把城中想要逃命的群众都组织起来了，藏在人群中的刘老板回头微微一笑，“不用马甲，你们也认不出我啦”！于是，刘老板成功地自导自演了一场“刘玄德携民渡江”的好戏。

再看看小阿斗的妈妈，刘备的甘妹妹怀里抱着仅有一岁多的阿斗，见她的备哥哥早已不知道踪影，气得直跺脚，本想借助这位备哥哥也在历史舞台上赢得一个崭露头角的机会，没想到却被忽悠了，悲愤交加的甘妹妹将阿斗扔给了她的情敌糜妹妹，糜妹妹竟将阿斗“啪嗒”一下扔到了地上。此时，乱军之中杀出一人，“赵子龙七进七出，单骑救主”正式上演。只见赵四爷怀里揣着吓得不敢哭、不敢尿的阿斗，砍瓜切菜一般剁了曹老板集团的有名战将八十多员。这一份功业，当真是惊天地、泣鬼神。赵子龙出名了，阿斗也跟着走了一把秀。

赵云九死一生从战场上赶回来，抱着小少爷阿斗来找老板刘备，心想：“这回老板肯定会好好夸我一番，说不定年终奖还得翻倍。”谁知，见到自己亲生的儿子阿斗，刘老板“啪嗒”一下，又给摔到了地上，随之就上演“哭戏”，“就为了这臭小子，差点折损了我最得力的兄弟，呜呜呜……”赵四爷一看，自己在老板心目中地位比亲儿子都高，感动得也跟着一起演戏。“老板，呜呜呜……太感动了……”。“呜呜呜……”，这又是哪来的哭声啊？大家往地上一看，“呜呜呜……”虽然不是这场戏的主角，却是这场戏中哭得最真心的！

在这之后，小阿斗安安稳稳地当了几年的小少爷，但是好景不长。老爸又为他娶了一个后娘，江东集团孙总裁的妹妹。岂料孙总裁暗箱操作，让妹妹带着刘备的命根子阿斗回江东。幸好阿斗的赵云赵四叔和张飞张三叔追了上来。上一场戏是赵云抢了主角，这一场，张飞也不示弱，说什么也得当回主角啊！他像一只猛兽一样，当场嗷嗷怪叫着。可怜的阿斗，在长坂坡那一吓一摔落下的病根还没好，又经历了三叔现场大开杀戒的刺激。从此便万劫不复了。阿斗又回到了亲爹身边，求此时阿斗的心理阴影面积。

曹老板又来了，刘备除了哭以外，依然是一招制敌，跑啊！为了轻省，跑之前还得抛重物。五岁的小阿斗又被亲爹给扔了。小阿斗在民间流浪，“老天饿不死瞎家雀”，小阿斗也居然长成了大阿斗，还娶了老婆生了儿。阿斗的老爸刘老板也大器晚成，取荆州、夺益州、攻汉中，成就帝业。现在刘老板心里有一件愁事，自己动不动就“抛妻弃子”，导致现在身边连个优秀的儿子都找不到。再看看人家曹老板那儿子小分队，真是太上火了，这是吃几顿火锅也解决不了的硬伤啊！旁边一位姓简的老先生赶紧汇报工作：“属下前几天找到了一个人，叫阿斗！”

刘老板一听到老简的汇报，那是高兴万分，立刻让阿斗当了太子。

3 年后，蜀国集团刘老板在夷陵之战被痛扁，失去了荆州，主力军团又被全歼，夷陵之火，焚尽了刘老板一生的心力。刘老板无法面对残酷的事实，决定下线找曹老板诉说衷肠。

临下线前，刘老板将自己的儿子刘禅托付给了跟随自己一生的诸葛亮，这就是历史上有名的“白帝城托孤”。刘老板的托孤致辞，也非同一般，只见刘老板断断续续地说：“若嗣子可辅……辅之……如其不才……君可自取……”刘老板下线前的这句话，感动得诸葛亮一辈子都没有取之。

于是，刘禅做了继承人，这一年他 17 岁，你会想，这和孙权接班的年龄也差不多，但也许是成长环境不同，也许是后来培养不足，刘禅并没有孙权的淡定，更没有曹丕的城府。事情来得太突然，阿斗还没有做好准备。赶紧喊来了诸葛亮，集团上下、大事小事全都找诸葛叔，刘禅自己则当上了甩手掌柜。“帮完老子，再帮儿子”，诸葛亮打算好人做到底。刘老板下线前留下了一个烂摊子，现在蜀国集团的地盘已经减半，集团内部人心浮动、风雨飘摇的局面，这让诸葛亮欲哭无泪。而让诸葛大叔掉下第一滴眼泪的，还是反叛者的冒泡声。

严峻的困境，就如一团乱麻，诸葛大叔决定，找到头，一根一根剪。

诸葛大叔首先要用剪刀“咔嚓”的，就是南中的叛乱团伙，南中这一团伙在刘老板刚下线时，就冒泡反叛。诸葛大叔决定挂帅亲征。古话说得好，“老将出马，一个顶俩”，诸葛大叔一到，南中反叛团伙瞬间“咔嚓”！南边算是“搞定”了，北方还有猛虎紧盯着势力逐步走弱的蜀国集团。

原来，曹老板的儿子小分队十分给力，接班人曹丕已经先刘备一步称帝，又把魏国发展得繁荣昌盛，就等着找机会吞灭蜀国集团呢！诸葛丞相左掐右算，集团现在的实力根本没法与魏国集团相抗，想要单挑魏国，就等于拿着鸡蛋碰花岗岩，还是找老盟友江东集团——东吴。面对诸葛丞相送来的橄榄枝，江东集团孙总裁半接半推。诸葛丞相对“吴蜀联盟”的本质早已是心知肚明的，毕竟孙总裁背叛过一次联盟了，再度联合只是形势所逼，权宜之计，要是北伐成功，双方过后势必要开打！诸葛丞相也不指望孙总裁能帮自己什么，只要他杵在那里，不帮助曹老板的儿子就行。身在后方的刘禅，也忙得不亦乐乎。虽然身在后宫，依旧勤勤恳恳，为集团破产默默地奋斗着。他每天除了吃喝玩乐，还要负责宠幸美女。完全没有时间理会朝政，十分巧妙地、成功地瓦解了他老爸留下的蜀国集团的斗志。

诸葛亮在刘备死后，辅佐了刘禅 11 年，这期间，诸葛大叔数次北伐，六出祁山，刘禅也配合得相当好，完全做到乖巧、听话地配合诸葛大叔的工作。虽说刘禅能力一般，业绩也一般，但在工作中也算是能本本分分地混个合格。

公元 234 年，一个寒冷的冬季，下完第一场雪后，压根还没有发明 2 路汽车，诸葛大叔再次领军出发。诸葛大叔对待工作，真是兢兢业业，平时“996”，周末“007”。半年后，在征伐北魏的军营中，病势加重，死于军中。

没了诸葛大叔帮忙，刘禅必须自食其力，他沿用了诸葛大叔在世时的治理方针，可集团发展却一天不如一天。但别说，不知是命运的垂怜，还是刘禅也跟诸葛大叔学了几招，蜀国集团在他的治理下，又维持了 30 年，加上前面的 11 年！阿斗居然成了三国时期在位时间最长的皇帝。

后来，刘禅耳根子软听信了宦官的谗言，集团在下坡的路上，那是越走越远啊！诸葛大叔曾在《出师表》中叮嘱刘禅要“亲贤臣，远小人”。估计他早就抛之九霄云外。直到公元 263 年，魏国大将邓艾偷渡阴平，直取成都。刘禅一下没打，就举城投降，士兵们大喊：“臣等正欲死战，陛下何故先降？”气得蜀国集团上下将士只能拔刀砍石，发泄愤慨。

刘禅自愿投降，倒也给自己和城中百姓赢得了一线生机。他带着蜀国集团的一些旧部下，一同到了魏国，当上“安乐公”。蜀国集团已经宣布破产，刘禅似乎不在乎这些，反正自己从小就流浪，到哪都一样。他在魏国待遇也不错，继续过着吃喝玩乐的日子，完全忘记他老爸留下的集团已经破产了。

有一天，魏国的大将军司马昭请阿斗来参加饭局，还故意找了一些会表演蜀国杂耍的人，想羞辱这些蜀国来的人。曾是蜀国集团的旧部下一看，个个都脸红脖子粗，正到处张望寻找周围有没有洞可以钻。只有阿斗高兴地拍着手说：

180cm

“好耶！好耶！”一点也没有伤心的样子。

司马昭都被眼前的阿斗逗笑了，说：“怎么样！在魏国过得开心吗？你会不会想蜀国呀？”没想到，阿斗居然开心地说：“此间乐，不思蜀。”意思是说：“不会呀！在这里有得吃有得玩，我一点也不会想念蜀国呢！”司马昭听了以后，在心里窃笑：“真是一个扶不起的阿斗呀！难怪会让自己的国家灭亡！”后来大家就用“乐不思蜀”来形容一个人过得很开心，都忘记要回家！刘禅也就成为流传至今的“扶不起的阿斗”。司马昭封刘禅为“安乐公”，这“安乐”二字对于阿斗倒也是十分贴切。

而刘备的另外两个儿子，刘永和刘理都平凡无奇，自然死去。从老曹和老刘的后代中，我们不难看出，教育孩子真可谓是一个闭眼工程啊！教育得好，死时能闭上双眼，安息下线。教育得不好，死时只能双眼圆睁，死不瞑目啊！曹老板一生虽然有很多的过错，可他对妻子不离不弃是真的；刘老板一生虽然有很多功绩，但他抛妻弃子也是一个不争的事实。由此可见，家庭环境对于一个孩子成长来说，是多么的重要！

作为接班人，刘禅远不如曹丕。能力平庸的他，却生在了帝王家，时运不济，遭到淘汰是必然的。阿斗的一生，是否也触动了你我呢？生活中的我们，挑选的不应该是地位，而应该是能力吧？我们能控制的不是飞得多高，我们能掌握的是身上的能力到底有多强！练好本领，教育好后代！是人生的两大要紧事。

司马狼子野心　篡权手段阴狠

魏国集团是老曹家一手辛苦建立起来的，与蜀国集团和江东集团相比，魏国集团更是龙头老大，实力相当“欧耶”！

只可惜曹操曹老板打下江山后，没玩多久，就下线了。他儿子曹丕当了6年的皇帝，身体也宣布报废。曹丕可能是因为心眼太多，用心过度，导致40岁就下线了。

曹丕临下线前，给儿子曹叡安排了四大主管辅助管理集团。武将分别是曹真、曹休，一看姓氏就知道，都是老曹家里人，宗族 + 武将；文臣是陈群、司马懿，看姓氏也知道，这都是外姓，异姓 + 文臣。曹丕虽然年纪不老，但绝对可以称得上是深算。东汉亡于外戚干政，很多家族企业做不大也是因为此。为了避免重蹈覆辙，曹丕采取了用异姓文臣，牵制宗族武将的人事安排。曹丕算是给儿子扶上马，又送一程。

曹丕下线后，魏明帝曹叡匆匆上线，却是“来也匆匆，去也匆匆”，曹叡继承了他爸的短命血统，36岁就忙不迭地下线了，比他老爸曹丕还少活3年。曹叡下线后，他的幼子曹芳继位。

根据魏明帝遗诏，他沿用了老爸曹丕的人事安排，由大将军曹爽、太尉司马懿共同辅佐幼子曹芳，然后就挥挥手说拜拜了。曹爽，看姓氏，大家知道，也是老曹自家人，曹爽和下线的魏明帝关系十分要好，被请来辅佐曹芳在情理之中。这怎么还有司马懿呢？没办法，谁让老曹家的短命皇帝们偏偏碰上了长寿的司马懿。

司马懿出身于世家大族，是妥妥的富二代。要说三国人物最腹黑的是谁，司马懿称第二，没有人敢称第一。他就是一个“阴人”，能杀人就突一波，形势不好就躺平。

想当年，曹操曹老板的第一份工作，还是司马懿老爸帮忙找的，可见当时司马家族也是相当有实力的。司马懿总共有七个兄弟，这哥们八个并称为“司马八达”，虽然没有潘安的美貌，那也绝对是“帅哥团”的候选，所到之处，回头率极高。

司马懿到了该工作的年纪，也加入了曹魏集团，一直在给老曹家打工。但曹老板是“宦官的后代”，这是他心里永远过不去的坎，一辈子解不开的结。所以，曹老板一辈子都没有重用过世家大族，司马懿也不例外。一直到曹老板下线，司马懿还只是一个没有实权的小小丞相主簿，干的就是秘书的活。

曹丕上线后，重用世家大族，司马懿的人生也迎来了曙光。在曹丕的提拔下，他开始了职场开挂，由小小的秘书直接升为秘书长。曹丕称帝后，司马懿又被升为尚书右仆射，这可是一个大官。司马懿在短短的3年时间内，就从一个普通的机要秘书，直接升到副宰相的位置。司马懿在老曹家一直都是曹丕的跟班，曹丕非常信任他。有时曹丕要外出打仗，司马懿就被留在根据地，替曹丕看家。看家没有兵权也不行，曹丕十分信任地把守城兵留给马司懿，他这个文臣也就开始慢慢接触军权了，但基本上做的都是后方保卫工作。

曹丕下线后，江东集团的孙总裁听到消息，看准机会，立刻带兵前来骚扰。曹叡让司马懿领兵与孙总裁撕杀，曹魏集团是真没把“孙十万”放在眼里。要知道，这可是司马懿第一次上战场。司马懿也果然不负众望，完成人生首战，孙总裁被打回江东。此战之后，司马懿弃文从武，正式开启军旅生活。

在曹魏的军团，司马懿被封为骠骑将军，这可是一个非常大的官，是整个军队中的二把手，仅仅在大将军之下。汉武帝时期著名的霍去病就是骠骑将军，可见其地位之显赫。而真正成全司马懿军事才能的，还是刘备集团的顶级召唤师诸葛亮。刘老板下线后，诸葛亮这个文臣也开始带兵攻打曹魏集团。最初，曹魏集团派出大将曹真应战，无奈老曹家人命短，老将、小将都先后去世，也就让司马懿自然而然地成为曹魏集团武装力量的主心骨、扛把子。蜀国集团的诸葛亮就是在与司马懿对战时，被司马懿给耗死的。司马懿的粉丝量一天比一天多，并且还在直线上升中，新上线的曹叡也是一个有心思的人，赶紧给司马懿安排了太尉的官职，让他离曹魏集团的武装力量远一点。

曹叡死前把曹爽和司马懿留给了曹芳，这步棋绝对没有他老爹曹丕走得高明，曹爽和司马懿早已是面和心不合。曹叡一下线，曹魏集团内部就要变天了。曹爽以魏少帝曹芳的名义把司马懿升为没有实权的太傅，司马懿立刻明白了曹爽的用意，十分配合地开始在家里装病。曹爽一听说司马懿病了，高兴得手舞足蹈，心想:“看来，老家伙是熬不住了。”曹魏集团现在是曹爽一人独大，他得意忘形，吃穿用度全部按照皇帝的规格来，更让人难堪的是：曹爽居然把宫中的嫔妃带到自己的家里充作乐伎。

但是，玩归玩，耍归耍，老曹家就是“命短，心思多”。曹爽在玩耍、快乐的同时，还是没有忘记司马懿的存在。这时，正赶上曹爽的心腹李胜要出任荆州刺史。曹爽赶紧让李胜去和司马懿拜别，拜别是假，窥探是真，“黄鼠狼给鸡拜年，哪能安好心呢”！

司马懿跟了三位曹老板，没吃过猪肉，也看过猪跑，心思也变得多了起来，他一听李胜来了，立刻明白用意。司马懿十分配合地让两个婢女搀扶着他从床上爬起来，见到李胜之后，司马懿更是大秀演技，一副老态龙钟的样子，伸手想要拿衣服，激动的心，颤抖的手，衣服“啪嗒”一下就掉在了地上。演戏要做全套，司马懿又咧着大嘴，跟身旁的婢女要粥喝，整个人看起来就像得了痴呆一样。喝的时候，那是十分有技巧的，只见粥顺着嘴角一直流到胸前。李胜也绝对是一个合格的演员，他看着眼前衰朽不堪的司马懿只想吐，但还是得装模作样地哭着说："现在的老板年纪还小，大事小情的，全都指望着您拿主意呢！没想到，您病得这么重啊！"

司马懿长叹一口气，连连咳了几声说："老了，不中用了！听说你要去并州，辛苦你了！"

"不，是荆州！"李胜连忙纠正。

"哦，去并州啊！那你可要注意身体啊！"司马懿继续揣着明白装糊涂。

"是荆州，不是并州。"李胜心想，这戏真是没法演了。

"哦，哦，是荆州，不是并州！"司马懿似乎这才想起来。

随后，司马懿又把两个儿子叫了来，泣不成声地说："我这两个儿子，就拜托你了！"

这演技，三国影帝刘备在地下估计都得为司马懿拍手叫好。

李胜回去赶紧找曹爽如实汇报，曹爽信以为真，哈哈大笑。从此以后，再也不提防司马懿了，任由其自生自灭。

暗地里，司马懿却开始拉帮结派，让大儿子偷偷地培训了3000名死士，朝中凡是对曹爽不满的大臣也都被拉拢过来。原来，被架空的司马懿一直没有放弃翻盘的计划。但他的对手是曹爽，曹爽是集团老板的自家人不说，还有自己牢固的团队，想翻盘谈何容易。司马懿就选择了表面上隐忍，背后搞小动作。

公元249年正月的一天，曹魏集团现任老板曹芳早早就起来了。洛阳城的宣阳门打开，一支浩浩荡荡的军队向北行进，大将军曹爽和他的两个兄弟也趁此机会，享受一次公费旅游。原来，这是魏少帝曹芳要去给老爸魏明帝扫墓，此行的目的地就是高平陵。接下来，真正的大戏开始。主角是跟着老婆婆跳广场舞都费劲的71岁的司马懿。

司马懿站在高高的城楼上，凝视着诗和远方，顺便看了一眼远去的皇帝，他奇迹般地康复了，准备对曹魏集团动手。

司马懿的儿子召唤秘密部队——3000名死士和老爸的护卫家兵，兵分两

路，一路由司马懿的大儿子司马师率领，向东冲，攻取朝廷的兵器库；另一路由司马懿的小儿子司马昭率领，向西冲，奔向永宁宫的皇太后。作战时，带着两个儿子是司马懿一直以来的作风。看两个儿子都忙得不亦乐乎，老爸司马懿也没有闲着，他召集各部门高级官员开会，宣布重要通告：曹爽意图篡位，自己奉皇太后旨意，罢除曹爽官职。就这样，曹魏集团的根据地被司马懿给控制了。

司马懿又让人快马加鞭给还在高平陵扫墓的魏少帝曹芳送了一封信，信中主要是列出了曹爽的种种罪行，并指出皇太后已经批准罢黜曹爽兄弟。这三兄弟如果能服从命令，回来以后可以继续当一个部门经理，生活无忧。否则，就让他们脑袋搬家。

曹爽知道此信的内容后，后悔已经来不及了，心想："司马老贼，你骗我一回不够，还要来第二回。"正当曹爽想要和司马懿拼个你死我活之时，又有消息传来，曹氏众兄弟的家人在城内都安然无恙，只是被监视，并没有生命危险。难道，这司马老贼说让我们哥仨回去继续当部门经理是真的？思来想去，曹爽带着兄弟们出来投降。司马懿只用了一天，就夺取了老曹家四代打下来的江山。

历史上称之为"高平陵之变"，也是三国时期最为重要的一个转折点，司马懿通过这场政变一举夺取了曹魏集团的大权。

然而，失败者还是高估了对手的仁慈，曹爽回到洛阳城之后，他的团伙及其三族百十余人，全部收到了判决书，以犯上叛乱的罪名，全部被处死。

曹爽等人被处死，起到了杀鸡给猴看的作用。朝中百官纷纷上书，要曹芳封司马懿为丞相。司马家在朝中独揽大权，彻底将曹氏的宗亲势力踢出圈。曹芳不甘心做一个傀儡皇帝，带着手下去打司马懿，却遭遇惨败。

公元 251 年秋，司马懿病逝。他的大儿子司马师被封为抚军大将军，二儿子司马昭被封为骠骑大将军，魏国集团尽归司马家族独裁。

公元 255 年，扬州发生叛乱，司马师率军平叛，同年，司马师旧疾复发下线。司马昭在集团开始独大。公元 264 年，司马昭晋封为晋王，享受着只有皇帝才能享受的礼仪。

公元 265 年，司马昭因病下线，他的儿子司马炎接续了晋王之位。几个月过后，也就是在公元 265 年 12 月，司马炎胁迫小皇帝曹奂，最终以禅让的方式接过曹家的集团玉玺，“名正言顺”地进入了帝王群，建立西晋王朝，司马炎就是晋武帝。这也难怪，曹操在帝王群里大骂司马老贼，而后人也常把司马懿看作乱臣贼子。

司马懿曾是曹丕和曹叡把他从文臣一步步扶持成了能翻云覆雨的武将，可谁知曾经为曹丕看家、守护后方的司马懿，等到自己的势力大了，居然连老曹家的窝都给端了呢！难怪司马懿被称为三国“最腹黑的人物”。

打铁还需自身硬，魏少帝曹芳要是英明神武，也许曹魏集团不会改姓。由此可见，阿斗能够碰到诸葛大叔何其幸也！

西晋鲸吞东吴　南下迅猛如虎

三国时代，三个大体量的集团中，蜀国集团已经破产。蜀汉的灭亡，也标志着三国局面的彻底崩溃。三国时代开始进入倒计时。

一直处于辅佐角色的司马家将纵横多年的老曹家踢下线后，经历了三代司马一族的努力，司马家的势力已经不可动摇、毫无阻碍，重新组建了新的集团。新建立的西晋集团因为直接接手原来的集团，在业务和人事安排上都是轻车熟路，再加上之前的铺垫工作做得巧妙，新集团内部并没有因为江山易主而动荡不安。司马家族的第四任总裁是新上任的司马炎，他的称号为“晋武帝”，这也为曹氏政权正式画上了句号。

司马炎是一个相当有手腕的皇帝，他在工作上也勤劳肯干，励精图治。司马炎运用以柔克刚的政治策略，安抚之前破产的蜀国集团和曹魏集团的遗老遗少，让他们成为司马家的粉丝。司马炎如此做，是为了减少因为战争带来的矛盾，为自己减少敌人。

现在，让我们一起去看看东吴的江东集团。作为三国时代，唯一一个还活着的国家，江东集团也已经历经了三代。

公元 252 年，江东集团的长寿总裁孙权病逝下线，接手整个江东集团的是

年仅 9 岁的孙亮。因为年纪太小，又没什么天赋异禀，所以小小的新总裁根本无法独自处理集团事务。集团的各大部门经理与宗亲开始了政治斗争，大家都想要离总裁的位置更近一点。

经过一年多的相杀相咬，最终以孙峻为代表的集团各大经理、权臣骨干获得了胜利，孙峻一直将胜利的局面维持到底。孙峻死了以后，他的弟弟孙綝代替了哥哥的位置，继续享受胜利果实。但孙綝没能搞好与大领导的关系，他与逐渐长大的江东集团总裁孙亮产生了矛盾。年轻气盛的总裁，准备发起行动，想把孙綝踢下线。只可惜孙亮太缺乏经验，又没有过人的才能。孙綝很快就收到小道消息，他先下手为强，发起军事攻击，顺便还罢免了集团总裁孙亮。

江东集团的第三任总裁是孙权的第六个儿子孙休，没想到孙休上任后的头等大事，就是干掉孙綝。孙休顺利拔掉了悬在自己头上的这把刀，结束了孙吴政权交接的动荡局势。然而，孙休没有继承老爸孙权的长寿优势，他在总裁的位置上没干几年，就下线了。

现在的江东集团是内忧外患，集团的董事们都一致决定要找年纪大一点的总裁来渡过危机，董事们将孙总裁的后代筛选了一遍。废太子孙和的儿子孙皓，符合董事们的条件——年纪够大。只是，董事们似乎忘记了“有志不在年高”，他们本来以为要迎来一位稳健的能治理集团的国主，却怎么也想不到，拥立了一个恶魔为君。

江东集团新上任的总裁孙皓，刚刚上任的时候，抚恤百姓，开仓赈贫，放生珍禽，一副明主的作派。然而很快，孙皓的本性就暴露了出来，成为三国时期著名的暴君。孙皓贪食好酒、荒淫无道，集团骨干、宗室亲族乃至身边的宫女，几乎无一幸免备受其虐待欺辱。所有大臣家里的女儿到了十五六岁，就要任由他挑选，选剩下的才能允准出嫁。私生活乱套不说，在集团管理上，他更是任用奸佞而迫害良臣。孙皓基本上没什么事就会向亲族发难，让他们中的一些人去领盒饭。对于朝中大臣，孙皓也是十分残忍，皇宫里每天都在进行着暗藏杀机的鸿门宴，大臣们只要微有差错，就会被记录下来，被孙皓处以种种酷刑。孙皓的残暴，让整个江东集团都笼罩在恐惧的阴云之下。在孙皓的命令下，大修宫殿，民众苦不堪言。哪里有压迫，哪里就有反抗。孙皓的暴虐，激起了人们的反抗，暴动频频发生，还有一些人选择逃去了西晋集团。

而新成立的西晋集团，正处于牛股良好的长势。西晋总裁司马炎一边安抚老将，一边为灭江东时刻准备着，这一准备就是十几年。看来，司马家族的人都能忍。当初，司马懿为了夺取曹魏集团，在朝中隐忍几十年，到了司马炎这一代，为了灭江东集团，一忍又是十几年。

在这期间，司马炎为西晋集团请来一位主力干将——羊祜。羊祜是武将世家出身，他自己又非常有才华。曹魏集团的曹爽想请他出山，但羊祜看出曹爽是干不过司马家的，就没有答应。一直等到司马炎建立了西晋集团以后，他才决定出山，加入西晋集团。

羊祜在西晋集团的主要责任就是灭东吴，羊祜和司马炎一样，也是非常能忍耐的一个人，而且沉着、冷静。羊祜居然用了 10 年的时间做准备，他分出一半的兵力去种粮食，还在军营中办起了教育，羊祜虽为大将军，但是为人十分亲和，西晋集团大小官员和普通百姓都非常喜欢他。

然而，羊祜的对手正在长江对面，是江东集团的大将陆抗，陆抗也是江东集团最后一位名将。而这一对敌手特别有趣，彼此非常欣赏。羊祜生病了，陆抗就送药来，羊祜连考虑都不考虑就喝下。陆抗喜欢喝酒，羊祜有了好酒就给陆抗送去，陆抗也从不起疑心，全部照单收下。这就是高手之间的对话，不是小肚鸡肠，而是厚德载物。他们在用这种方式，来表达自己的仁义品德。

10 年的时间，就在这两位将军和平相处之下过去了，这场特殊的友谊一直维持到陆抗去世。4 年之后，羊祜也去世了。两位将军一直没有在战场上兵戎相见。只是，他们在自己老板那里得到的待遇截然不同，西晋集团的总裁司马炎听取羊祜对于武装部队的建议，积极备战，操练水军。而江东集团的总裁孙皓却完全不理会陆抗对于要加强长江防御的上书。真不知陆抗有没有过跳槽的想法。

只是在当时的情况下，江东集团还是有老底的。原来，江东集团的家门口，有长江作为天险屏障，江东集团的水军也是相当有实力的。想当年，曹老板就吃了它的亏，留下了毕生的痛——赤壁噩梦。面对这个情况，西晋开始积极筹备，疯狂囤积粮草，疯狂制造战船，训练水军。

经过 14 年的准备，时机终于到了。江东集团政治上的混乱和总裁的智力低下，直接导致了江东集团自卫能力十分松懈。自从蜀国集团破产后，江东集团实际上已经处于独木难支的状态。现在江东集团处于岌岌可危的关头，司马炎看准机会，组织得力干将，准备向在风雨中摇曳的江东集团发起猛烈进攻。

公元 279 年，西晋集团正式开启了伐吴之战。司马炎对于这次进攻，采用羊祜的遗策，水陆两军共 20 余万兵力，兵分六路，水陆并进，战略部署如下：

第一路：最东边的军队，这支军队的总指挥是琅琊王司马伷，作战范围是从江苏睢宁直奔安徽滁河流域。

第二路：在第一路军队的西边，第二路军队由安东将军王浑作为总指挥，主要作战范围从长江下游的江西进军安徽和县。

第三路：紧挨着前一路军队，是中路军，总指挥由豫州刺史王戎担任，这一路军主要的作战范围是从中原地区向湖北鄂州进发。

第四路：在中路军的西边，作战总指挥是由平南将军胡奋担任，这路部队主要负责由河南向湖北武汉进军。

第五路：往西是镇南大将军杜预，他将从襄阳出击，直取湖北荆沙。

第六路：最后一路军队是从巴蜀出发的水军，由益州刺史王濬与巴东监军唐彬率领。沿着长江由西向东，直逼东吴都城——建康。

西晋集团如此安排，是因为江东集团兵力只有 10 万左右，他们顾东顾不了西。前两路西晋军用来牵制江东集团的上游部队，第三路和第四路军意在切割夺取江东集团防御薄弱的中游地区。第五路和第六路以长江下游为突破口，在另外四路的配合下，水陆并进，就可以彻底粉碎江东集团一直引以为傲的天险长江防线。

然而，江东集团的现任老板听到此消息后，吓得双腿直发软，立刻想打开城门投降。但董事会不同意。孙皓压根不懂得怎么打仗，幸好江东集团的老班底还没有彻底烂掉，他们的水师军团依然存在着实力，这使得只知残暴、毫无能力的孙皓，在董事会的鼓励下，才敢与西晋集团应战。

江东集团的水军也开始进行战略部署，为了防止西晋集团的水军沿着长江进攻，江东集团的水军指挥部封锁了长江。水军总指挥命令将士们先是在江面架起一条条粗粗的铁链，远远望去，整个长江就像被罩了一个大铁网。然后，又在水下投放了许多又尖又长的铁锥，这部署也真够狠的，光是听着就能令人起一身鸡皮疙瘩。西晋集团的战船要是敢贸然进入长江，水下的铁锥就可以扎破他们的船底，战船和战士瞬间就可以玩完。就算有漏网之鱼，那些横在江面上的铁链，也将成为他们生命中的死结。这长江还怎么过啊！

西晋集团的水路总指挥王濬知道江东集团的战略部署以后，开始寻找应对的法子。王濬两个肩膀扛着的绝对是颗聪明的脑袋。看似无法破解的死结，他却很快想到了办法。首先，王濬让士兵们造出几十个巨大的木筏，造完木筏造草人。然后，把草人安放在每个木筏上，为了让草人看起来更加形象逼真，还给这些草人穿上盔甲，手里还拿着刀枪，远远看上去就和真人一样。大家是否想起一代牛人诸葛亮曾经的草船借箭呢？

就这样，王濬让一支小分队的水军划着木筏，顺着长江漂流而下，藏在水下的大铁锥一碰到木筏，就被木筏深深地吸引，铁锥牢牢地扎在木筏上面，随着木筏继续漂流。就这样，大铁锥都跟着木筏流走了，东吴布在水下的大铁锥，被清理得一干二净。王濬又想到了清除江面上铁链的方法，所用材料就是麻油，很多小伙伴都爱吃的麻辣烫中要用到它。

王濬下令让人在木筏上架起许多火把，并把麻油灌在这些火把上。代价实在太大了……吃货们真得大哭："这是要以我们少吃多少碗麻辣烫为代价啊！"当木筏碰到铁链时，火把中的麻油也被浇在铁链上，马上就会燃起熊熊大火，时间一长，铁链全部都被烧断了。江东集团的水上男团的部署就这样被轻松拿下了。王濬率领大批战船顺利攻进了江东集团的地盘。

江东集团像一只巨大的肉食鸡，被西晋切割、分开、吞食。西晋集团的第五路和第六路军势如破竹，一路进攻，所向披靡，所到之处早已经是人心涣散的江东集团成员，大多不战而降。所遇抵抗，也都很快被击破。

公元 280 年 3 月，江东集团的老板孙皓自缚于王濬军前。历时 4 个月，三国之中，防线最长、最险的江东集团宣布破产。

在西晋建立之前，曹魏集团在公元 263 年灭了蜀汉。公元 280 年，西晋干掉东吴，三国时代结束。近百年的割据状态，宣告终结，天下九州，重归一统。

第二章

西晋一统难　乱套无底线

西晋的一统天下，似乎终结了这动荡的时代，可这一切皆如镜花水月。短暂的平静后，随之而来的是『八王之乱』，『五胡乱华』，北地触目惊心……

痴皇妒后执政　司马八王乱蹦

司马炎带领的西晋集团在统一天下后，有 10 年的美好时光，被史学家称为“太康之治”。

然而，中国历史上似乎没有哪一个王朝像西晋一样，开国皇帝就像亡国之君。西晋的开国皇帝司马炎从干掉江东集团这件事情上来看，政治上的确可以称得上英武果敢。但自古英雄难过美人关！司马炎就死死地卡在了美人的关卡上，他的后宫佳丽就有一万余人。晚上去哪一个美女那里成为迫在眉睫的问题。一到傍晚，司马炎就坐上羊车，美羊羊停在哪个美女的门口，司马炎就去那里安睡。司马炎非常宠爱皇后杨氏，杨氏是被西晋推翻的曹魏集团董事的女儿，此女颜值极高，为司马炎生下三男三女。长子早逝，次子就是后来的傻皇帝司马衷。可能是上天给司马家的智商都用完了，晋惠帝司马衷成了皇帝群里有名的“大傻子”。面对傻儿子，司马炎欲哭无泪，自己点的菜，跪着也要吃完啊！只是司马衷会投胎，司马炎的长子下线后，司马衷就成了名副其实的大儿子。司马炎因为离不开杨皇后的温柔乡，只好立智力低下的司马衷为太子。不想好好活，偏偏要作死的节奏。

有一年，民间正闹饥荒。已经成为皇帝的司马衷对粮食非常不爱惜，大臣们看到以后，就直接对惠帝说："碗中的米饭，都是农民辛苦耕作得来的！如今旱荒严重，老百姓没有粮食吃，都在忍饥挨饿。"

司马衷听后，眨了眨毫无生气的眼睛，天真地问道："没有米饭吃，不能吃肉粥吗？"司马衷是出了名的智力低下，而"何不食肉糜"，却让他名扬千古。

其实，司马炎一共有 26 个儿子，其中不乏聪慧之子，司马炎也不是不知道自己的傻儿子根本没办法接手西晋集团。但是美人不让，司马炎就没敢换太子。为了能让傻儿子顺利成为接班人，司马炎还给他娶了一个肤黑貌丑的聪明媳妇。

司马炎在位时，对自家人是极好的，大批的分封同姓的王爷，让他们拥有自己的领地和军队，他认为自家人靠得住，一切都好说。这也为后来的"八王之乱"埋下伏笔。

公元 290 年，司马炎开始着手下线前的安排，他为傻儿子安排了他的姥爷杨骏和三大爷司马亮前来帮忙处理集团内部大小事务。就这样，傻乎乎的司马衷接手了西晋集团。司马炎心想："只要儿子不乱作，有他姥爷和三大爷帮忙，集团正常运转还是没有问题的。"想到这里，司马炎就安心下线了。因为刚才说到司马衷名扬千古的事迹，这里就称他为"糜粥皇帝"吧！

糜粥皇帝上任后，她的老妈杨氏一族势力强大，姥爷杨骏更是将司马炎遗诏中的辅政大臣改成了只剩自己一个人，司马亮一看秒懂，下手挺快啊！于是留着小命赶紧跑路。如此一来，集团上下唯皇太后和她父亲杨骏的势力最为强大。

别看糜粥皇帝司马衷是一个没心眼的人，他的皇后可是一个心眼比莲藕都多的人，司马衷的皇后就是贾充的女儿贾南风。此女真是人丑心又丑，也是"八王之乱"的始作俑者、导火索，司马家几代人隐忍打下的江山，几乎毁在这个女人的手里。贾南风一直死死地盯着趾高气昂的杨骏，她正在背后酝酿情绪呢！

接下来要上演的是历史上著名的"八王之乱"，这场内乱直接导致中原汉族差点被团灭的严重后果。因为这场戏全是乱码，咱们把它分为三个阶段。与

此同时，为了让大家分清楚八个作乱的王爷，我们均用代号，按照登台演出的顺序，从 001 标到 008。

第一集　婆媳大战

主角：婆婆皇太后　儿媳皇后贾南风　司马亮　司马玮

配角：姥爷　糜粥皇帝

剧情：儿媳干败婆婆，司马亮和司马玮相杀

历时：3 个月

贾南风知道自己的丈夫就是一个傻子，无法真正成为当家人，她想自己做集团的当家人。想要掌控集团，首先要除掉的拦路石就是她的婆婆和辅佐丈夫的姥爷。通常一个强势的儿媳都无法与婆婆和睦相处，贾南风这婆媳关系也似水火难容，已经不是一个简单的家庭会议能够解决得了。所以“八王之乱”的第一个阶段，其实就是婆媳大战。而能够与皇太后这个婆婆和作为辅政大臣的姥爷抗衡的，也只有司马家的王爷们了。可惜，司马家的王爷也都智商有限。

贾南风通过密报找到汝南王司马亮，代号 001，希望他能够带兵讨伐自己的婆婆和姥爷杨骏。001 又一次秒懂，你放心，上天会收拾他们的。

贾南风又去找楚王司马玮，代号 002，002 正愁没办法回到集团总部呢！贾南风就送来了梯子，002 立刻答应了贾南风的邀请。有了兵力支持，贾南风立刻以谋反之罪，将姥爷杨骏杀死在府里的马棚，杨骏惨死在外孙媳妇的手里了。更为狠毒的是，贾南风又顺便杀了姥爷的三族。贾南风又以丈夫糜粥皇帝的名义下诏书，废除了婆婆的皇太后之位，真不知女人为何要为难女人呢？这也许都是颜值惹的祸。后来，婆婆在集团中的势力就被这个儿媳妇彻底给粉碎了。婆媳大战结束，儿媳妇贾南风胜利。

由于王爷辈的 001 汝南王司马亮的势力和名声都很大，所以集团中的主要事务都由司马亮来处理，这可不是贾南风想要的结果。既然 001 没有把她放在眼里，又以丈夫的名义下了一道秘密诏令给小叔子 002，让 002 杀害 001。这 002 也是一个没脑子的，居然被耍得团团转。002 自己忙乎了一番，连胜利果实

的皮都没得到，正在憋屈呢，贾南风的密诏就来了。002想都没想，三下五除二，砍瓜切菜般就痛快地干掉001。本来以为终于可以吃一口胜利果实的002，却忘了自己的智商不在线。

贾南风立刻反咬一口："002，谁让你杀害皇室宗亲的？"

"啊！我这有你派人送来的密诏？"002被指问得一头雾水，到现在也没明白自己是被人给耍了。

"什么密诏？我看是伪诏吧！"原来贾南风想将002也一起除掉，就卸磨杀驴，说什么也不承认密诏的事。最后，贾南风以伪造皇帝诏令的罪名，也让002下了线。可怜的002竹篮打水一场空，到底也是一个冤大头。

"八王之乱"在第一集"婆媳大战"中，就下线了两位王爷，这智商连一集都没活过，也真是让人感慨。

第二集　断子绝孙

主角：皇后贾南风　司马伦　司马冏　司马颙　司马颖

配角：儿子　孙子　糜粥皇帝

剧情：贾南风下线　司马冏、司马颙、司马颖联杀圈踢司马伦

历时：9年

在这一集中，贾南风的好日子到头了。贾南风在第一集后，春风得意，独揽朝政大权。这贾南风一得意就是8年，集团倒也正常运转。

贾南风觉得春风不够猛烈，就开始想要作妖风。糜粥皇帝虽是白痴，但有一个非常聪明的儿子，也是糜粥皇帝唯一的儿子，却不是贾南风所生。贾南风一想，这聪明的小伙要是长大了，哪还有我的好日子过，毕竟自己是后妈，危险当然要被扼杀在摇篮中。于是，贾南风在代号为003的司马懿的小儿子赵王司马伦的鼓动下，下手杀害司马家的太子。还弄了一个野孩子，说是她与糜粥皇帝的儿子。这一操作激起了司马家族的公愤，众王纷纷呐喊："真当我们司马家没人了！"首先冲上来的是太子的老师003。您听得没错，司马家就是爱玩腹黑，003先前抱住皇后的大腿，这次又跳出来指说皇后太毒。003虽不聪明却够

腹黑，他一直是为贾南风办事的，也偷偷学了几招。他高举为太子报仇的大旗，照葫芦画瓢，也伪造了一份糜粥皇帝的诏书，以杀太子的罪名拿下贾南风和她的小伙伴，让贾南风喝下送命的金屑酒。之后，又学着贾南风的样子斩草除根。

战斗胜利的003自封为相国，走上人生巅峰，主管集团事务，糜粥皇帝又成了摆设。即使是个摆设，003也嫌他碍事。003一脚踢开糜粥皇帝，自己黄袍一披，亲自盘起了玉玺。公元301年正月，003自立为帝，把糜粥皇帝关进了小黑屋。只可惜，003智商也不够用，他为了讨好集团各部门，开始大肆封爵，以至做顶戴的貂毛都不够用了，只好用狗毛来代替，可见当时的爵爷得有多么不值钱。为此还创造了一个成语“狗尾续貂”。

八个王爷中的三个王爷一看这003也不比糜粥皇帝强多少，就都按捺不住了，纷纷带着自己的小伙伴出来冒泡。榜样的力量是无穷的，一直跟在003屁股后面当跟班的代号004齐王司马冏，从中看到了机会。叫上了代号005的河间王司马颙，和代号006的成都王司马颖一起露出头来，三个王爷从三个方向向洛阳城发起进攻。西晋集团的小伙伴被踢下线10余万人，刚刚当上集团总裁的003就被硬拉下宝座，被灌了一杯金屑酒下肚，也不枉他学贾南风一回。003下线后，司马冏把糜粥皇帝从小黑屋解救出来，又把他扶上总裁大位，而真正管理西晋集团的，却是004。此时，糜粥皇帝的孙子也病死了，真正做到了断子绝孙。

第三集　王爷圈踢

主角：司马冏　司马颙　司马颖　司马乂　司马越

配角：糜粥皇帝

剧情：司马冏下线　司马颙和司马颖打司马乂　司马越胜出

历时：7年

权力是男人的兴奋剂，004司马冏达到了人生的高潮，一旦成瘾就很难戒掉。004也和叔叔司马炎一样，难过美人关。不但如此，他给自己安排的待遇绝对不比皇帝低，皇帝的东西，说拿就拿，说用就用，从不拿自己当外人。

糜粥皇帝无后，将来只能兄终弟继，谁不想当总裁啊！这一集加入进来的王爷就更多了。

看在眼里，痒在心里的代号007长沙王司马乂，不甘心当观众，立刻跳出水面，带着小伙伴直接闯入总裁办公室，杀害004，007开始独揽朝中大权。他猜中了开头，却没有猜中结尾。

已经参加过战斗的005司马颙和006司马颖一看，你们都品尝到了胜利果实，就我俩啥也没有，真拿我们当傻子呢？凭啥你们都吃肉，就让我俩喝汤啊！这两个王爷也不干了，一不做二不休，召唤了20多万小伙伴，007连忙应战。要说这司马家干别的不行，打起自己人来，一个比一个狠。005、006、007三王打了几个月，都没有分出胜负。

代号为008的王爷，东海王司马越看准时机，背后下了黑手，买通了007手下的将领，将007活捉送给005，可怜的007被炭火炙烤而死。这司马家族对自己的亲族下手也真是够狠毒的。

此时，司马家海选中胜出的八位王爷，只剩下了三位，005、006和008。这三位也打算将司马家自相残杀的传统继承下去，内讧继续上演。

006司马颖开始独揽大权，但他不好好治理西晋集团，偏偏要把办事处设回自己的小地盘，也不知他有什么放不下的。008司马越带着傻皇帝就去找006算账，却被一脚踢了出来，但糜粥皇帝被扣下了。外姓的小伙伴看司马家打得热闹，也积极参与战斗。他们先是打败006，006带着糜粥皇帝连滚带爬跑到了洛阳根据地。此时掌控根据地的是005。005一看006来了，立刻废除了他的权力。

公元305年，005想起还有一个008在默默潜水，就下令要废黜008的位置。008生气了，我不招惹你，你就老实待着得了，我可是八王中唯一一位善良的人啊！只可惜，005把老实人008给惹急了。008以救糜粥皇帝的名义，踢飞了005。

公元306年，笑到最后的008成为八王之乱最后的赢家。糜粥皇帝司马衷一看没有自己什么事了，也就主动下线去领盒饭了。

长达16年之久的“八王之乱”到此结束，希望您现在不觉得乱了！

五胡疯狂降临　北地触目惊心

中国漫长的历史长河中，有波涛汹涌之时，也有暗黑无光之日。说起哪一个朝代最凄惨、最痛心，排在队伍中的肯定有腹黑司马家族的西晋王朝。为什么这么说呢？因为在西晋王朝掌权期间，上演“八王之乱”的同时，历史上惊心动魄的“五胡乱华”也渐渐拉开了序幕。这次的外族入侵，让中原经历了第一次大劫难，汉人差点被团灭。那是历史上的至暗时刻，生灵涂炭、尸横遍野这些词语都无法形容当时的悲惨景象。

也许你是第一次听说这段历史，这并不足为奇。因为这段历史很少被人提及，无论是历史书籍、教学课本还是影视剧，都很难看到“五胡乱华”的历史。也许是因为这段历史太过血腥、残忍，就连史书的记载都是少之又少。而这背后又究竟隐藏着多少不为人知的秘密呢？

导火索

五胡乱华的导火索，还要从腹黑家族司马家说起。历史上的腹黑高手司马懿和他的儿子司马师、司马昭，三人“同心”篡夺了老曹家的魏国集团后，司马家后代的智商突然直线下滑，很快就上演了司马家族的内讧大戏“八王之乱”。

一夜间，各地兴起了无数个政权。这些公司的规模，强弱不等、大小各异。由于内讧不断，西晋集团内部已经是风雨中摇曳的小船，百姓更是食不果腹、衣不蔽体。西晋集团总部根本无暇顾及各地刚刚兴起的公司。在西晋集团准备OVER的时候，华夏大地陆续蹦出来五个流窜团队，开始趁火打劫，在中华大地折腾了一百多年的时间。这些团队分别是匈奴、鲜卑、羯、羌、氐这五个大部落。

今天，我们就来认识一下入侵中原汉族的这五个少数民族部落。

匈奴

匈奴是五胡中实力最强的大部落。《史记》上说，匈奴也是华夏后裔，是夏朝后裔逃到了北方后，吞并一些小部落而形成的民族部落。自从秦朝开始，匈奴就与中原王朝展开了数百年的“你打我一下、我踢你一下”的互动活动。

“八王之乱”让西晋集团内部的经济、军事、政治都大大受损，同时也给了

一直对中原虎视眈眈的匈奴部落以可乘之机。

公元 304 年，一个匈奴贵族在左国城（今山西方山县一带），首先向西晋集团发难，这个人叫刘渊。身为匈奴贵族的刘渊，长期居住在汉族政治文化中心，他熟读史书、兵书以及儒家经典，深受汉文化影响，他住在汉人的地方，学习汉人的文化，过着汉人的生活，但他的野心却一直未改。

“八王之乱”打得正热闹的时候，成都王司马颖找到刘渊，让他成为自己的外援部队，刘渊欣然接受了司马颖的邀请后，立即召集匈奴部队入驻中原。刘渊很快就组成了一支拥有 5 万余人的队伍。只是刘渊举着司马颖的大旗，却为自己干起了私活。有了军事实力的刘渊更有底气，在公元 304 年自立为王，正式与司马颖决裂。刘渊为什么不是自封单于，而是自立为“汉王”，还立国号为“汉”呢？

许多中原的汉人不禁跳出来大喊：“刘渊，你一个匈奴人，为啥非要跟我们汉人扯在一块儿呢？”

其实，刘渊算是一个混血儿，并不是纯粹的匈奴血统。他的祖上冒顿单于曾与汉族和亲，汉族也算得上是刘渊的姥爷家。爷爷是匈奴，姥爷却是汉人，这让拥有重兵的刘渊有两条路可选：一是以匈奴的身份直接称王，说不定他就是草原上再度飞起的雄鹰，成为第二个冒顿单于，也算没有辱没其身为冒顿后代的名声；二是跟汉人攀亲戚，以光复汉朝的名义称王，说不定还能顺便捡一捡刘备遗留的装备。

刘渊饱读诗书，思维也特别敏捷。在他看来，经过“八王之乱”的西晋，早已经不堪一击，自己想要趁机消灭晋朝，实在是如探囊取物一般。但是，如何将胜利的果实保存得更加长久，才是刘渊真正关心的问题：在爷爷家自己可以做“单于”，在姥爷家自己就要当“汉王”。这是很多小孩都懂得的“吃糖规则”。毕竟自己身在汉人的领地内，这么多的汉人百姓，他们不愿意让腐败的西晋管理，但也肯定不会认同一个匈奴政权来管制他们。如果自己以继承汉朝正统的名义灭晋，那就不一样了。经过深思熟虑的刘渊最终选择以姥爷家的身份称自己为“汉王”。刘渊带领匈奴军队攻占了太原等晋北地区，在4年之后的公元308年，正式称帝。刘渊带着姥爷家的遮掩布，却在中原创建了实际意义上的匈奴集团。

氐族

氐族是生活在中国西部的一个少数民族部落，关于起源众说纷纭，多数学者认为氐族的来源可能与古老的三苗部落有关，同时由于氐族与羌族相邻，又杂居共处，也吸收了一些羌族生活习俗。氐部也是五胡中生命力最为顽强的一个民族部落。

公元304年，因为常年战乱，百姓流离失所，氐族中一个叫李雄的首领在蜀地崛起，自立为成都王。李雄人如其名，身高一米九，长得非常帅气，年少的时候，性格刚烈。因其有英雄气概，所以不少有识之士都非常看好他，愿意跟他结交。于是，李雄凭着自己的高、帅却并不富有的人设，在自立为“成都王”两年之后，进帝位，国号“成”，成为五胡之中第一位帝王，比匈奴部落的刘渊称帝还要早两年。

李雄与五胡中其他部落的人大不相同，他在西蜀当上老板以后，没有大开杀路，反而致力于恢复生产，让百姓有粮吃、有衣穿。在政治方面，李雄广纳天下英才，兴办学校，设立史官，天下豪杰纷纷涌向蜀地。当时的蜀地百姓开始过起了丰衣足食的生活。

李雄不但对天下豪杰和蜀地百姓讲仁爱、讲信义，对于西晋王朝也没有不轨之心。

有一年，凉州守官张骏想派人和晋朝宗亲琅邪王司马睿（后来的东晋王朝创立者）联系。当时的道路都被各个小公司把控着，东西方交通被隔断，没法通行。无奈之下，张骏只好派出使者张淳去成都，希望可以向李雄借路。李雄知道张淳是天下一流的人才，惜才心切，就想把他留住。

李雄把张淳请到旅馆，以十分关心的口吻试探道：“天气酷暑炎热，先生体宽，行动不便，还是暂时住下，可以派一个随从先去晋朝，先生等秋凉以后再走吧？”

张淳却神情凝重地说：“我家大人看到国都内讧不断，百姓苦不堪言，自己远在凉州，无法为朝廷解忧，无法为百姓谋福，而深感不安。所以专程叫我去表明拥戴朝廷的态度和想要为百姓谋福的焦急。此等大事，即使是刀山火海我也要去。炎热又算得了什么呢？”

李雄略显不解地问：“你家大人才华出众，占据险要地势，军队也强盛，何不自立为王，造福一方呢？”

张淳却坚定地答道：“我家大人世代忠良，天下无战事，才是最大的造福一方！”

李雄听了张淳的话沉默良久，最后向张淳表明自己的祖父也曾做过晋朝的臣子。自己是因为天下大乱，才带领苦难中的百姓逃到蜀地来避难，因百姓爱戴、豪杰相助，最终被推举为盟主。如果琅邪王真的能够为百姓谋福，振兴国家，他也愿意派兵支持。

由此可见，李雄真乃天下英雄，注重道义，讲求正义。在李雄统治蜀地期间，他并没有向晋朝出兵挑衅，这也为当地百姓免去了战乱之苦。

羯族

从某种意义上来说，羯族不能算是一个真正的民族。羯族由西亚地区迁入，之所以出现在中华大地，还得让匈奴站出来解释：羯族本是匈奴所征服的一个北方部落，跟着匈奴一起归附西晋。它只是匈奴族的一个分支或是部落。

羯族却是五胡中最为凶恶的一伙人，根本没有什么文明可言。他们是凶悍无比、信奉暴力的族群，甚至还保留着食人的恶性。当时，“流动的军粮”就是羯族发明的，简单的文字不能表达当时的恐怖，现在就给大家讲一些当时的情况。

羯族入侵中原，在攻占一个地区之后，他们就会把城中老人和孩子杀死，只留下壮丁和少女。他们把壮丁充作奴隶，少女则迎来噩运。羯族士兵肆意地践踏汉人女子，还会将她们残忍杀害，充作军粮。这种野蛮部族的行径让人触目惊心。

那时，五胡中一些部落学着羯族的做法，把中原的汉人称作“两脚羊”。顾名思义就是两只脚的羊，而他们则是猎人。一支军队曾将5万名汉人杀害，用他们的碎骨残骸堆成了山。一支军队中途碰到大河拦住去路，他们把汉人尸体丢入河中，用来筑成桥梁，听起来真是毛骨悚然。

在那一段最黑暗的日子里，中原人口锐减，曾经有人说，如果五胡乱华持续的时间再长一些，估计中原的汉人会被屠戮殆尽，极有可能致使华夏灭绝、文明失传。根据史料记载，在这次蛮族入侵的过程中，中国北方1200万人口最后只剩500万人。

我们难以想象，在那样一个黑暗的时代，中原生民经历了怎样的地狱般的生活。

羌族

羌族源于古羌，主要生活方式为放牧。在众多“五胡乱华”的少数民族部落中，羌族是极具个性的一个民族，它以外贼的身份侵入中华，又成功给自己洗白，与中原握手言和，接受文明影响，和中华民族大家庭成员手拉手，共同颂赞大融合。传说中国古代四大美人之一的杨贵妃就是羌族人。

鲜卑族

鲜卑族是蒙古草原上崛起的又一位霸主。鲜卑族最大的特点就是：家族内部矛盾纠纷重叠，无法化解，兄弟之间一直不能很好地玩耍。东汉时期，鲜卑族随着南匈奴一起依附东汉，成为东汉的跟班。但是整个鲜卑族的影响力非常大，甚至贯穿了整个两晋南北朝。

“五胡乱华”作为中国历史上最为黑暗的一页，再后来，很多的人慢慢地把这段黑暗的过往视为极其羞辱、极其悲痛的过去。人们都不愿意去触碰最重的伤，那刚刚结好的痂，一碰就痛彻心扉，难以忍受。五胡乱华被后人选择性地淡忘了，但历史不会因为忘却而消失。

匈奴连啃带咬　西晋快速跌倒

“八王之乱”让西晋集团的司马家族直接打成一锅粥，胡人在乱套的西晋集团中，看到有鱼可捞，于是纷纷下锅，一起搅和！五胡乱华给西晋集团的破产，撩开了门帘。

五胡之中最强匈奴部落首领刘渊，靠着姥爷家的名声，将自己的集团迅速做大做强。当时，普通百姓对于司马家的好感已经降到了冰点，关注量极速下滑不说，剩下的也就是些死粉。刘渊举着姥爷家的“汉朝大旗”，深得人心。刘渊也不是只会举大旗的老板，他手下的战斗力相当野蛮，只会内乱的西晋军队，根本不是刘渊的对手。刘渊给自己的集团起名叫“汉赵政权”，他带领集团骨干，把大半个山西都收入麾下，并且逐渐将业务范围扩张到河北、河南、陕西等地。

就在刘渊不断发展和壮大“汉赵政权”的同时，其他几个强大的边境胡人势力也都没有闲着。这不，刘渊刚刚接到下属汇报，辽东那边的鲜卑族，就是之前给东汉当小跟班的，现在也开始自己搞事了，业务范围不停地向内地扩张。此时西晋集团的指挥部已经摇摇欲坠，破产正在一步步逼近。

偏偏在这种关键的时刻，司马家那几个智力堪忧的王爷还在整幺蛾子，你打我，我打你，没完没了。最后，整场游戏的胜利者东海王司马越也一直不让西晋的董事们省心。只要看谁不顺眼，司马越一抬脚就将其踢出群，群员们每天一睁眼就得先看看自己是否还在线，闹得西晋集团内部人心惶惶，哪还有什么心情和实力去镇压起来冒泡反叛的五胡。

痴呆皇帝司马衷这几天也正闹心呢！三天两头就找大夫，不是这疼就是那痒，反正就是一个浑身不得劲。没过几天，司马衷莫名其妙地下线了。也有史料记载，说司马衷是被司马越给毒害的。不管怎么样，司马衷到死也是一个冤大头。但是没有皇帝哪能行啊！司马越又一把抓过司马衷的弟弟司马炽，拽着脖领子把司马炽按在龙椅上，管你乐不乐意，就封你做晋怀帝。

公元 307 年，晋怀帝登基之后，司马越更加疯狂了，“皇帝都是我封的，你们瞅啥，再瞅就灭了你。”司马越只顾着在集团内部做排查工作，让那些冒泡发动叛乱的胡人拥有了公司创业的机会。汉赵政权想将业务拓展到洛阳，意图吞并西晋集团，由于西晋军民强力反抗，所以没有得逞。

公元 309 年，汉赵政权以精骑 5 万在前，步卒在后，再次向西晋集团的根据地洛阳发起进攻。此时西晋军队依然顽强抵抗，致使汉赵政权的呼延翼大将军兵败，被部下杀害，军队损失惨重。汉赵政权的军队两次进攻失利，一点便宜都没有占到，说明西晋的军队还是有一定实力的。但是毁就毁在司马家的内乱上。司马越与晋怀帝之间的矛盾日益尖锐，晋怀帝稍微想要管点事，司马越立刻拉下“驴脸”。晋怀帝想找两个心腹聊聊天，没等聊到正题，司马越一个箭步冲上来，就把两个“陪聊”诛杀在晋怀帝的身边。晋怀帝又气又怕又难过，无奈只能叹口气，算了吧！实力不如人，别说话，说话就是找抽。汉赵政权看西晋实力尚在，于是改变策略，分兵消灭各地分散的晋军有生力量，积聚粮食，扩大武装。

公元 310 年 8 月，汉赵政权的老板刘渊病死。刘渊的四儿子刘聪杀了老爸立下的太子刘和，自立为帝。

公元 310 年秋，刘聪再次向洛阳发起进攻，此次进攻声势浩大。司马越听

到消息，赶紧向各地征发援军，晋怀帝吓得更是脸都变绿了，悲悲切切地派出使者转告各地说:“现在还有救，晚了就没救了。”可派出去的使者就如泥牛入海，杳无消息，更是没有一兵一卒前来救援。各地倒也不是不想救援，有的地方已不能自保，有的地方压根没兵可派，还有的援兵没走几步，就被汉赵大军给灭了。

而身为宰辅与最高军事统帅的司马越现在是彻底没办法了，既没有退敌良策，也没有坚守洛阳的伟大志向。最后以出讨汉赵大军为借口，把皇帝扔在洛阳，自己则带领大军和一大批公卿官吏匆匆出征。到达战场后，只会窝里斗的司马越一见到凶猛的匈奴兵，立刻就当起了“缩头乌龟”。

傀儡皇帝司马炽一忍再忍，还是没有忍住，他大笔一挥给各地主管写信，把司马越这么多年的罪行都数了个遍，让各地主管帮自己痛扁司马越。司马越得到消息后，一股火没顶住，就病死在战场上。

司马越死后，整个军队群龙无首，西晋军队也完全失去了抵抗的能力。就在司马越去世几个月后，汉赵大军一路杀来，西晋最后一部分精锐部队，也很快被汉赵大军团灭了。西晋集团离破产只差一步之遥。这时，汉赵大军再次向洛阳城拓展自己的业务，此举加速了西晋集团走向破产。汉赵大军不费吹灰之力攻进了洛阳城，昔日繁华的洛阳城几乎损毁殆尽。西晋皇帝司马炽一看，大难临头，抬腿就要开遛！他悄悄地想从后门溜出去，本以为自己这小动作做得神不知鬼不觉，却不知早就被匈奴人盯上。司马炽刚费劲巴拉地逃出半里路，一抬头，匈奴兵就在他对面等着呢！

晋怀帝只好带着自己的集团班子出城跪拜投降。为了击败西晋集团的心理防线，刘聪先是封晋怀帝为稽郡公，可匈奴再怎么仁慈，也没有丢弃自己骨子里的野性。刘聪又大开杀戒，西晋的皇室宗亲和集团骨干人员，被大批杀害，士兵和普通百姓更是死伤无数，后宫都被当作奴隶。而当年晋惠帝的第二位皇后羊献容更是被匈奴大将刘曜强行纳为了小妾。

晋怀帝为了能够活下去，也为了能够再次呼吸新鲜的空气，他决定苟且忍耐。刚开始在汉赵集团过得还不错，可好日子没过两天，羞辱的日子就来到了。

原来，刘聪眼看废帝司马炽的日子过得一天比一天好，他就不开心了。他开始让司马炽做他的马童，鞍前马后地服侍自己，就像服侍亲爹一样，刘聪还专门为司马炽换了一身“青衣白衫”，意思就是投降的皇帝。

公元 313 年大年三十的晚上，汉赵集团总裁刘聪举行派对，刘聪趾高气扬地端坐在龙位上，这时一个身穿青衣的人，提溜着酒壶，开始挨桌倒酒！这倒酒的不是别人，正是晋怀帝。我命由天不由我，无奈的晋怀帝只好屏气息声，手执酒器，在席间往来逡巡，在满殿匈奴人的吆喝和笑骂声中为他们斟酒。

吃饱喝足了，刘聪要上厕所，晋怀帝麻溜地在后面跟着，负责服侍汉赵集团总裁上厕所。然后还得用他那倒过酒的双手把马桶给倒了。西晋集团的老兄弟们看到这一幕号啕大哭，不知是哭自己还是哭老板，反正就是“呜呜呜……”哭个没完没了。刘聪看到了，心里十分不满，“我们开个派对，你在底下一个劲地掉眼泪，这唱的是哪出啊？”

刘聪那是实力派男神，专治各种不服。待所有人正襟危坐的时候，刘聪让大家举起了酒杯，殊不知这喝下去就是一辈子，西晋众人无一人逃过杯中毒酒。

匈奴人将当年贾南风喝过的金屑酒满上，晋怀帝干杯后下线。被俘两年后的司马炽，在公元 313 年被毒杀。就这样，晋怀帝司马炽在历史舞台上落下了帷幕，时年 30 岁，着实让人觉得有点可惜。

咱们再看看洛阳城那边，“瘦死的骆驼比马大”，西晋集团一些逃出来的司马家的王爷们，想着咱们司马家不能这么轻易就认输，总裁没了，咱们再立呗！皇侄司马邺又被西晋集团的老兄弟们推举成为皇太子。洛阳是回不去了，司马邺这一小伙人在长安重新组建了一个小西晋。晋怀帝下线的消息刚刚发布，司马邺就登上大位，历史上称他为晋愍帝。晋愍帝登基之后，司马家总算暂时停止内讧，不再窝里斗了，他们开始手拉手、肩并肩对付汉赵大军。

然而，小西晋集团刚刚组建，班子成员还不太稳定，集团里一些不懂事的干部就与当地的地头蛇发生了冲突。“强龙干不过地头蛇”，刚刚成立的小西晋又哪里打得过当地的军阀势力。此时的小西晋内有军阀不服，外有汉赵大军，哪能坚持多久呢?

汉赵集团的汉中王刘曜花了 3 年的工夫，终于扫清了长安的外围。

公元 316 年，汉赵集团知晓已经破产的西晋又在长安偷偷建起了小西晋，想要东山再起，就派出了大军进攻。小西晋哪里扛得住汉军来袭，长安城被大军围得水泄不通。两个月后，长安城内粮食短缺，米价大涨，一斗米价值二两黄金。普通百姓根本吃不起，一大半的长安百姓都因饥饿而死。最后，人吃人的现象开始发生，“百姓饥馑，白骨蔽野，百无一存”。晋愍帝一看小西晋集团也没啥希望了，投降或许是条生路。于是，书信一封，宣布投降。

六个工作日过后，晋愍帝袒肩露背，光着膀子，嘴里还咬着传国玉玺，乘坐着羊车出了长安城，他以最屈辱的方式向汉赵投降。西晋彻底灭亡。

晋愍帝投降之后，日子也不好过。他在汉赵集团受到了极大的侮辱，那位之前强娶了西晋皇后的将军刘曜，让晋愍帝给他当门卫。举行派对的时候，又让晋愍帝站在自己的旁边洗酒杯，自己想上厕所，晋愍帝也得跟着去倒马桶。即使这样，晋愍帝还是没能苟且地活下去，在受辱了两个月之后，这位西晋末班车上的皇帝还是没能保住性命，最后被杀，死的时候只有 18 岁。

至此，统治中国北方只有 51 年，统治全中国只有 36 年的西晋王朝正式宣告灭亡。西晋在建国以后，历时了四代君王，除了司马炎以外，其他三位皇帝都没有得到善终。对西晋亡国一事，多数人认为这是司马家咎由自取，是司马氏“得国不正”造成的，算是活该倒霉。

只是，西晋王朝的灭亡给普通百姓带来了无法描述的灾难，当时北方人民对于匈奴十分恐惧，听到匈奴杀来了，宁愿自尽也不愿意落入匈奴之手，可见当时匈奴人之残忍。到处的战乱，致使千里焦土，普通百姓不仅有被匈奴杀害的，还有饿死的、病死的不计其数。

虽然晋王朝的另一段历史已经在远离长安千里之外的建康继续展开了，汉人可以重建一个政权仍然叫“晋”，看上去似乎是把所谓的“正统”带到了中国的南方。但晋王朝却永远无法带走北方的大片土地。在接下来的数百年中，续写中国历史北方部分的权力，就留给了盘踞在北方的几个少数民族。

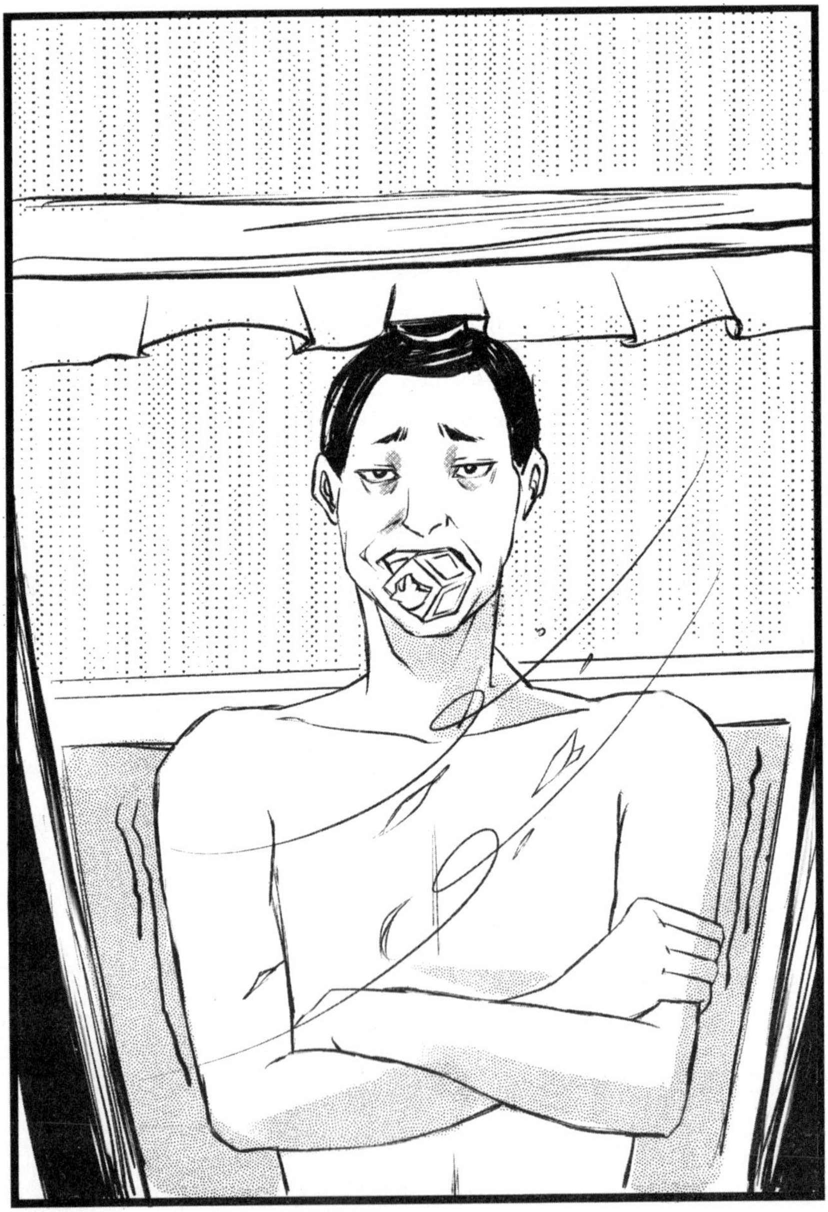

第三章

东晋十六国 凉菜大拼盘

权力的角逐诞生了乱世英雄，这是用鲜血与智谋书写而成的东晋十六国。在这场时代乱局中，寥寥几笔便是一个政权的崛起与覆灭……

王与马共天下　羊和狼是冤家

西晋集团灭亡后，大家别以为司马家全都下线了。这不，长江下游就有一个叫司马睿的人站了起来，振臂高呼："司马家在此！司马家还有人呢！我……我……我就姓司马。"

一时间，南方和北方，众多贵族纷纷跑出来围观。司马睿开始做起了自我介绍。

悠闲的王爷

"咳！咳！本人司马睿，是大名鼎鼎的腹黑高手司马懿的曾孙，虽然在司马这个家族中，我不太受待见，但我的确是司马家族的子孙，论起姓、排起辈，我可是西晋开国大总裁司马炎的侄子。我的爷爷是腹黑高手司马懿的儿子司马伷，想当年，我爷爷在西晋那可是赫赫有名的大将军，威风八面，也是男神团里的大个儿。无奈我老爸司马觐，没什么能耐，关键他还下线得早。

"幸好老爸下线时递给我一个铁饭碗。靠着给我留下的铁饭碗，我承袭了琅琊王的爵位。刚上岗没几天，我就听说，集团总部那边就打乱套了。我在司马家毫无优势，毫无地位，毫无发言权，只能识趣地躲在角落里看戏。

“咱也没啥能耐，只能少说话，多做事，带着我老娘忙不迭地就跑回封地。公元 305 年，我的邻居东海王司马越在下邳起兵，他强势拉我入伙，我也不敢不从，临走前，他还让我帮他镇守下邳。咱也不明白这是啥套路，也不懂，也不敢问。

“后来，五个少数民族也来了，这乱套的世界，胡扯的人生。我的铁哥们儿，家里有矿的琅琊王氏家族的王导突然跑来劝我：‘西晋早晚要完蛋，咱们没实力，脚下得明白点啊！’我这个人最大的优点就是听人劝，吃饱饭，带着跟随我的属下将领和一些贵族，我们脚底抹油，就是跑啊！在‘五马浮渡江，一马化为龙’的背景音乐下，没过多久，我们这伙人就离开了下邳，渡江到了建康。听说后人还给我们这次迁徙起了个名，叫‘衣冠南渡’。”

捡漏的幸运儿

司马睿虽然没啥本事，既无文采又无其他功能，但绝对是一个幸运儿。当时西晋朝廷先是爆发了“八王之乱”，接着又迎来了凶狠的“五胡乱华”，整个北方都陷入乱战之中，身为皇室的司马家族也几乎被集体踢下线，有的死在了家族互撕之中，有的死在战乱刀下，被毒害的也有好几个。当大佬们在北方为了争地盘打得你死我活的时候，司马睿却和他的好哥们王导猫在南方，隔岸观虎斗。最终，为人低调，走位到南方的司马睿躲过了这些战火纷飞的灾难，成为乱世之中的“漏网之鱼”。

没有啥本事的司马睿到了南方也不太受待见，没实力，没威望，即使你姓司马，江南的士族们也照样看不起你。司马睿想在江南大展宏图，却没有能人愿意来自己旗下签约，司马睿一筹莫展。关键时刻，北方贵族中一位杰出人物站了出来，成功扭转乾坤。他就是东晋政权的实际奠基人——王导，他是司马睿从小玩到大的发小，两人关系杠杠铁。

王导人如其名，生在晋王朝时期，虽不会演戏，却是最佳导演。他看南方大族没有一个人来找司马睿喝酒、聊天的，司马睿自己也急得团团转，就是想

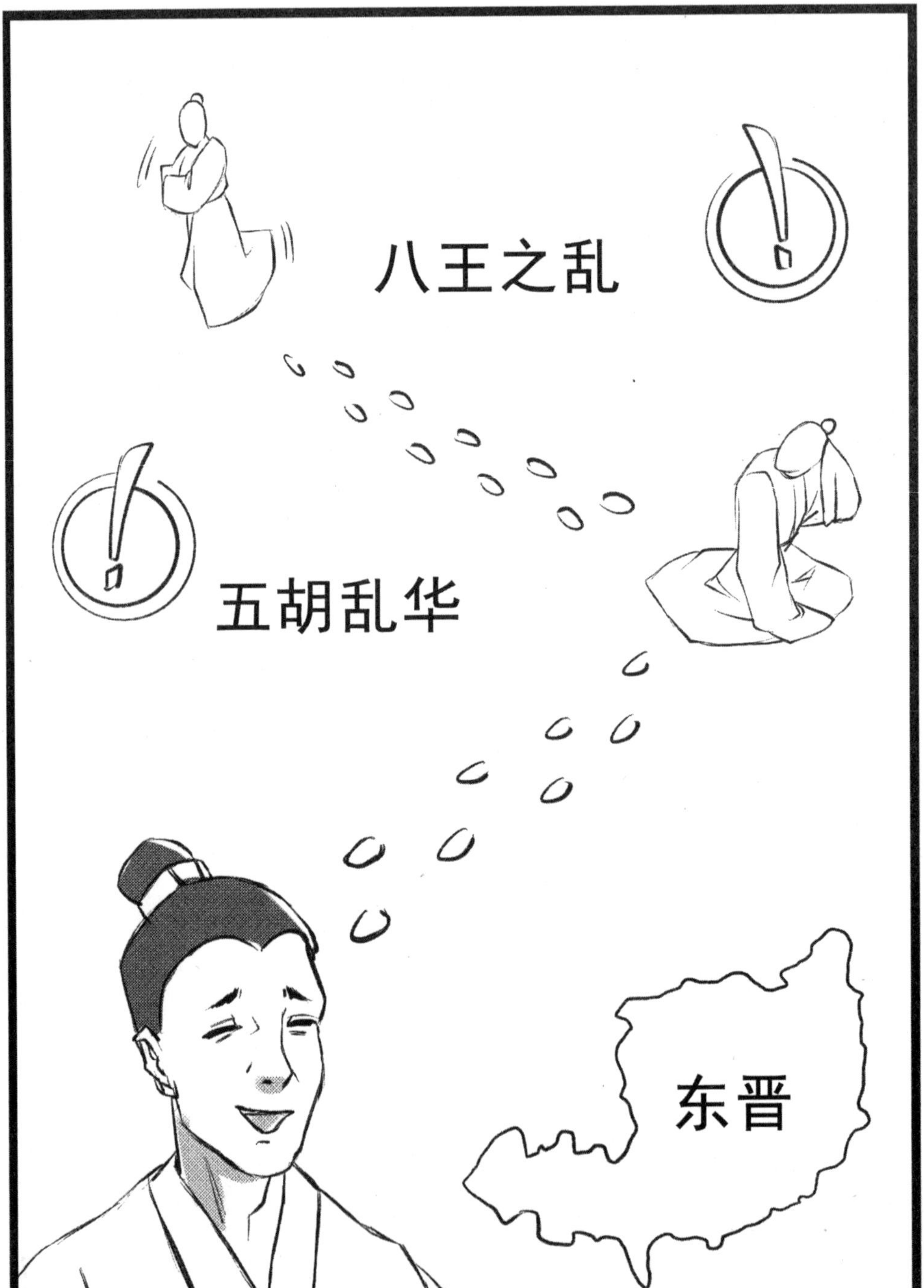
八王之乱
五胡乱华
东晋

不出办法来，顿时感到问题的严重性。为了捧红司马睿，拉拢南方世家大族，王导亲自上阵指导，给空降部队司马睿安排了一场走秀。王导找到了已经在南方工作多年，红得发紫的明星，也是自己的堂兄王敦前来充当助演嘉宾。

“走秀”，那自然是人越多越好啊！每年三月初三是江南百姓传统的禊节（也叫上巳节），士族和百姓们都会到水滨河畔祭祀、求福除灾。王大导演一拍脑门，决定走秀的日子就选在了三月初三。

公元307年三月初三，司马睿乘坐着豪华的大轿子，后面跟着以王导和他的堂兄王敦为首的北方贵族名士，这些人恭恭敬敬地骑马跟随在后，仪仗队伍有钱又多金，极其威武庄严，十分吸引眼球。这长长的出巡队伍，立刻惊动了众人。南方大族被眼前这“唬人”的场面震动了，他们讨论着司马睿就像是北方大族要拥戴的皇帝，南方大族开始对司马睿刮目相看。一场走秀让司马睿的热度“蹭蹭”往上涨，南方士族也纷纷跳出水面，点击加关注。

王导这一出戏，票房大卖，在两个明星经纪人的运作下，使得“男一号”司马睿名声大振，一路飘红，自然也高兴得要飞上天。南方世家中一些头面人物也都相继跳出来，给司马睿点关注、送火箭。

这王大导演又找到司马睿，说：“想创业当老板，您手下得有能人啊！南方有两位出众的人才，他们要是能跟咱们公司签约，其他人都会跟着来的！”司马睿一听，太有道理了，“听人劝，吃饱饭”，回想好哥们王导，一劝让司马睿有了命；二劝让司马睿有了名；这三劝，说不定能给司马睿弄出个大礼包，于是赶紧上门谈合作。在王导的引荐下，司马睿先是找到在南北大族中比较有影响力的顾荣、贺循，并给予他们福利、高位，请他们出来做官。南方的士族们这段时间也闹心，北方打得乱套，南方还有流民暴动，说不定哪天就会杀到自己家门口，他们也着急找一个靠谱的大公司，保住自己手里的家产！顾荣和贺循一听北方大公司老板司马睿来找自己签约，急忙就签了合同。其他南方大族见顾荣和贺循都开始给司马睿打工了，也都跟风，想过好打工人的生活。司马睿赶紧画大饼，“加油吧！打工人！”

琅琊直聘

司马睿得到南方士族的支持，在江南算是站稳了脚跟。司马睿这辈子就赢在他好哥们王导身上了，王导一劝让司马睿有了命；王导二劝让司马睿有了名；王导三劝让司马睿有了人……接下来的日子，司马睿就忙于各种签约。原来，北方的贵族们因为战乱也纷纷跑来南方，司马睿将这些来南方避难的北方老乡也都拉到麾下。此时的司马睿虽然名义上是镇守一方的藩王，但是实力上，他早已收纳了南北两地的精英，成立大集团指日可待。

就在这个时候，小西晋集团的孤独老板晋愍帝向他的皇叔司马睿发来哀求信，请求司马睿出兵支援自己。司马睿才不想做赔本的生意，更何况自己也早已是天高皇帝远，羽翼丰满，不再受小朝廷的牵制了。他回信说："我的好大侄儿，我在江南这地方才刚刚起步，没啥实力，你自求多福吧！"回完信，就把晋愍帝给拉黑了。

公元316年，匈奴拿下长安，孤立无援的晋愍帝出城投降。可这司马家就是不缺皇帝。一年之后，司马睿挺身而出，次年在建康登上了皇帝的宝座。国号还是"晋"，历史上将这个政权称为东晋，以便与已经灭亡的西晋区分开。

司马睿能够从一个地位平平的宗室远支成为东晋开国皇帝，大导演王导及其堂兄王敦功不可没。在晋元帝司马睿正式上岗那一天，他庄严地走向大位，突然猛地一转身，走下台阶，直接奔向王导，然后毕恭毕敬地说："王大导演啊，没有你，就没有我司马睿的今天，我一个人坐那心里七上八下的，跟我一块上去吧！"

"您是皇帝啊！就是天上唯一的太阳，我最多就是一个月亮。我要是太阳，那还不得让后羿给我射下来啊！"

司马睿却拉着王大导演的手不松开，"咱哥俩好，皇帝一人一半"，两人就这样你拉我扯三四个回合，司马睿见王大导演真的不愿意跟自己做伴，这才松开手，独自向前走。这个举动充分说明了司马睿也知道如果没有王大导演的话，凭自己那三脚猫的功夫，根本坐不上皇位。

这是好哥们王导最后一次劝司马睿，却不是他最后一次帮司马睿。王导的这第四次劝说，让司马睿得了皇帝的宝座。

东晋集团正式成立以后，王氏家族的老老少少大多在集团身居要职。当时民间流传一句谚语：“王与马，共天下。”“马”即司马氏的简称，“王”说明东晋集团的成立离不开王家大族的支持。只是令司马睿想不到的是，“成也萧何，败也萧何！”

在东晋集团的内部，王家的势力已经渐渐达到一个高峰，王导被司马睿尊为“仲父”，在朝中任宰相，管理集团上下重要事务。而王大导演的堂兄王敦则控制着长江中游地区的军队——兵权在握。东晋集团的骨干有四分之三都是王家人，或者是与王家相关的人。看着王家的势力一天比一天大，司马睿心中忐忑不安，十五个吊桶打水——七上八下，他的脑海中一遍又一遍地上演着自己的祖上司马懿是如何夺得曹魏集团的大戏。

“天道好轮回，苍天放过谁”，司马睿越想越害怕，为了牵制王家的势力，司马睿开始在暗地里启用自己的亲信刘隗、戴渊等人，同时还疏远王导，牵制在外地的王敦。司马睿这翻操作是想告诉王导和王敦，小弟永远是小弟。这个暗黑的操作，很快就被王导的堂兄王敦知道了，心里十分不爽，心中回骂道：“皇帝可不一定永远是皇帝”。

王大导演有才、多金，人老实，没有跟司马睿针锋相对。王敦可不是一个好惹的主。公元 322 年，手握军权的王敦在武昌举兵，以讨伐刘隗为名，发动叛乱。抄起家伙直扑东晋集团的根据地。司马睿也不甘示弱，“我是皇帝，我怕谁！”调兵遣将的同时，还将自己的发小王导全家都拘捕起来。可是，司马睿和他手下的人都弱爆了，根本不是王敦的对手，他们被王敦迅速打趴下，最终司马睿一败涂地。

“悲伤逆流成河，我的天空从此失去了颜色”，无奈之下，司马睿只能发挥司马家族的优良传统“忍”。认怂的司马睿脱下戎衣，穿上朝服，近似哀求地对王敦说：“公若不忘本朝，于此息兵，则天下尚可共安；如其不然，朕当归琅琊以避贤路。”意思是说，你若还想让东晋集团继续运转，就别打我了；如果你想当皇帝，早和我说啊，我把皇位给你，我还回去当琅琊王。”

此时，推司马睿上位的王大导演发话了：“司马睿不干人事，忘恩负义。咱们是王氏，可不是司马氏，篡位夺权的事可干不出来！”这是王大导演的第五次劝说，只是这次劝说的对象不是司马睿而是王敦，却着实又帮了司马睿一把。王导作为一个恪尽职守、忠诚的人，极力维护皇室的尊严。王敦取得胜利后没有篡位，成为东晋的权臣，只是将司马睿囚禁在宫中，独自掌握了大权，司马睿的皇帝之位变得形同虚设。被架空的司马睿成了花瓶。

连宫门都出不了的司马睿大势已去，终日被囚于宫中，自知无法动摇王氏的权力。说起历代的开国皇帝，大多具有极强的个人魅力和高超的驭下之术，只有自己是一个另类，甚至没有掌握一天实权，司马睿越想越憋屈，自己这颗易碎的玻璃心，被王敦这么一折腾，天长日久便忧郁地死掉了。在历史上，司马睿没有什么特别重大的事迹来让人们歌颂他，可是他的死却让人记忆深刻。因为他是被气死的，时年 47 岁。

CEO

草原旋风出场　匈奴刚猛称王

历史上的五胡十六国时期，存在于公元304—439年之间，这是中国历史上的一段凉菜大拼盘时期。五胡十六国自公元304年李雄在巴蜀建立成国（成汉）和刘渊在汉地建立汉赵（前赵）拉开帷幕，直至公元439年北魏太武帝拓跋焘将北凉撤下桌为止，一共产生了70多位皇帝大老板，一直持续了135年的五胡十六国也是在战乱纷飞中度过的。当时的中国被一分为二，南方的那一半，像江南、荆襄地区主要由东晋负责。而餐桌的另一半——北方，则比较混乱，今天他来上一盘菜，明天他端上一碟。并且北方独立的公司，远远不止16个。十六国之称是源于北魏史学家崔洪所撰的《十六国春秋》，主要是北方上菜人数太多，经过海选之后，前凉、成汉、前赵、后赵、北凉、西凉、后凉、南凉、前燕、后燕、南燕、北燕、胡夏、前秦、西秦、后秦这16个公司实力强劲，成绩突出，并称为十六国。为了方便记忆，简称五凉四燕、三秦二赵、一成一夏。

在这16家公司中，由最强大的部落——匈奴控股的有3家，分别是：汉赵、北凉、胡夏。

匈奴上市公司一

公司名称：汉赵

曾用名：前赵、伪汉

在世寿命：公元 304—329 年

创始人：匈奴贵族刘渊

成立地点：山西

公司总部：平阳、长安

公司历史：

公元304年11月，匈奴贵族刘渊举着姥爷家的大旗，在山西正式成立公司，自封汉王。公元 308 年 10 月，刘渊的集团正式成立，成为总裁，将集团根据地迁到了平阳，搬完家才一年，公元 310 年，刘总裁累病，被阎王爷接走了。

刘渊下线后，他的大儿子刘和接班上岗，刘和的老板大位还没坐稳，弟弟刘聪上来一脚，刘和就下线了。刘聪可是一个干大事的人，上位后夺了西晋集团的根据地洛阳，又杀了晋怀帝。

公元 329 年，后赵追上来了，在前面跑的前赵（汉赵）被后赵给灭了。

汉赵集团一共存活了 25 年，产生了五位皇帝，平均每五年一个。这可怕的数字游戏，也不知道背后意味着啥。

主角人物：

第一任总裁

姓名：汉光文帝——刘渊

身份：汉赵开国皇帝

第二任总裁

姓名：汉废帝——刘和

身份：刘渊的大儿子

第三任总裁

姓名：汉昭武帝——刘聪

身份：刘渊第四子

第四任总裁

姓名：汉隐帝——刘粲

身份：刘聪的儿子

第五任总裁

姓名：汉昭文帝——刘曜

身份：刘渊的从子

第一集

公元304年，冬天的第一场雪比以往来得更晚一些。身在山西汉赵集团和西晋集团互掐上了，五胡乱华也正式开演。此时的西晋集团正处于“八王之乱”决赛阶段，西晋集团内部忙得不可开交。只有山西地盘的管理者司马腾派兵与汉赵集团掐架，咱们都知道司马家这些王爷水平确实都很一般，战场上的刘渊对司马腾的人那是来一个杀一个，来两个杀一双，司马腾大败。

汉赵开国皇帝刘渊绝对是个人才，文武双全，擅长骑射。要是没有两把重量级的刷子，想要开国，那真是不容易。毕竟世界上没有几个王大导演。人生一世，草木一秋，刘渊这辈子，在管理集团时，任贤纳谏，恭俭勤劳，励精图治，绝对是一个好老板，就是下线太早。公元310年，刘渊下线。

第二集

汉光文帝刘渊大儿子刘和，身长八尺，自幼好学，身为优秀的大哥，顺其自然地成为了刘渊的接班人。刘和最大的毛病就是多疑。公元310年，刘和刚刚继位，老板大位还没等坐稳，他就担心自己四个弟弟有异心，想踢四个弟弟下线。刘和为人挺狠，老爸刘渊下线三天后，双眼还没闭上，他就派出大将去击杀自己的弟弟们。当天，刘裕被杀；第二天，刘隆被杀；第三天，早有防备的刘聪发起反击，攻克西明门，进入南宫，刘和被四弟刘聪狠踢，被迫下线。

第三集

汉昭武帝刘聪，脚上功夫特别厉害，一脚将大哥刘和踢飞。刘聪不但体育好，文化课成绩也是名列前茅。他在老爸刚刚成立公司时，也帮了不少忙，出了不少力。无论是从文治武功，还是从经验值上看，刘聪都是一个人才。刘聪在位期间，干了两件大事，先是派兵攻破了洛阳城，俘虏并杀害晋怀帝；之后又派兵攻破了长安城，俘虏并杀害晋愍帝。拿下了西晋的两个根据地，杀了西晋的两位皇帝，腹黑家族血统的西晋王朝就是被刘聪给吞并的。

成功是一些男人失去理智的酒。和父母喝酒，喝的是亲情；和恋人喝酒，喝的是爱情；和兄弟喝酒，喝的是友情；和成功喝酒，喝的绝对是狂情。成功后的刘聪，变得很疯狂，老爸的老婆，他都敢睡。远离每天“996”的朝政，专找颜值高的聊天；找会说话的喝酒。谁要是忠言逆耳，在他这里就是一个“死”。

至此，集团内部开始一天比一天乱套。公元318年，私生活乱套无底线的刘聪下线。

第四集

同年，刘粲继位。“上梁不正下梁歪”，老爸的本事一样没学来，老爸的放纵倒是学得有过之而无不及。刘粲一共就当了两个月的总裁，一件正事没干过。刘粲跟老爸学的第一件事就是：谈情说爱。整日里，喝酒、聊天，找美女。甚至还和自己老爸的四个老婆，做无法言表的事。刘粲跟他老爸学的第二件事就是：滥杀无辜，大肆诛杀辅政大臣。

真是“作得欢，死得快”，手下权臣靳准发动叛乱，抓着刘粲就是一顿数落，说完还不过瘾，又直接给踢下了线。

第五集

“刘渊从子”？简单点说，就是刘渊不是刘曜的亲爹，类似于刘封叫刘备老爸的关系。原来，刘曜从小就没了爹，是集团创始人刘渊将他抚养成人。接下来，刘曜就上演了现代版的“霸道总裁上位记”。

“自古英雄不问出处”，刘曜自幼就显出了非同寻常的气质。据说，刘曜八岁时，曾随刘渊到山上打猎。天公不作美，哗哗下大雨。刘渊没有常识地带着

大草原有限公司
北凉
汉赵
胡夏

这一伙人到树下避雨，刘渊告诉我们一个深刻的道理：不做亏心事，真不怕被雷劈。

可谁知，这回雷公看走了眼，“咔嚓”一道大雷电，大树都震三震，旁边的人都吓得两腿一软直接坐到地上，只有刘曜神色自若。刘渊一看，这孩子长大后肯定有出息，至少胆肥啊！

刘曜还是一个超级学霸，最好的科目是当时最实用的兵法，其他科目也都不差，什么写作、书法，样样精通。关键是体育还非常好，箭术娴熟，能一箭射穿寸余厚的铁板，号称“神射”。在刘渊建立集团时，刘曜常常替养父拓展业务。业绩突出的刘曜自我感觉非常良好，总能拿自己和大明星萧何、曹参等人相比，很多人都觉得刘曜太狂了，但刘聪却是刘曜的忠实铁粉。

靳准将上一任总裁刘粲干掉以后，不知“螳螂捕蝉，黄雀在后”，很快被自己的手下靳明踢下线。靳明自己没当老板，反而将这传国玉玺给了刘曜。

公元319年，刘曜成为集团总裁后，平定叛乱，将集团根据地迁到了长安。并改国号为“赵”，这个集团的政权又被称之为“汉赵”。

刘曜管理集团时，发现集团内部有个叫石勒的刺头，想敲打敲打他，谁知石勒直接辞职不干，自己开门营业，公司叫后赵。

公元329年，两赵相争，刘曜和石勒大打出手，刘曜身受重伤，最终被石勒杀害。

至此，汉赵正式玩完。

匈奴上市公司二

公司名称：北凉

在世寿命：公元397—460年

创始人：匈奴沮渠蒙逊 / 汉人段业（争议中，官司未结）

成立地点：姑臧

公司总部：姑臧、张掖、高昌

公司历史：

公元 401 年，段业听沮渠蒙逊说，沮渠男成某天曾当着很多人的面振臂高呼："大爷我要折腾了！"，这还了得，段业很快便斩杀了沮渠男成。可是还没等段业回过神来，沮渠蒙逊又举起大刀，把段业给斩了。

公元 412 年，沮渠蒙逊在姑臧正式称王，主要业务范围在今甘肃西部、宁夏、新疆、青海一带。公元 433 年沮渠蒙逊下线后，他的儿子沮渠牧犍接班。

公元 439 年，北魏皇帝拓跋焘前来拓展业务，沮渠牧犍投降。沮渠牧犍的弟弟沮渠无讳不服，准备重整旗鼓东山再起。

公元 444 年，沮渠无讳也下线了，他的弟弟沮渠安周接班继续干。

公元 460 元，小弟沮渠安周再次被人踢下线，北凉灭亡。

北凉也成了十六国餐桌上，最后一个被撤下的菜。

北凉集团一共存活了 63 年，共产生了五位皇帝。而关于北凉的创始人，有人说是匈奴人沮渠蒙逊，也有说是汉人段业。我们暂且以段业为创始人来做介绍。

为了方便阅读，我们将这个民族的那些拗口的名字，按着登台演出的顺序，均用小号来代替。

主角人物：

第一任总裁

姓名：凉文宣王——段业

身份：开国皇帝

第二任总裁

姓名：凉武宣王——沮渠蒙逊

身份：狄地王沮渠法弘的儿子

小号：蒙逊

沮渠男成：小号阿成

第三任总裁

姓名：凉哀王——沮渠牧犍

身份：沮渠蒙逊的第三个儿子

小号：小牧

第四任总裁

姓名：高昌王——沮渠无讳

身份：高昌北凉政权创始人　沮渠牧犍的弟弟

小号：四哥

第五任总裁

姓名：凉河西王——沮渠安周

身份：沮渠无讳的弟弟

小号：安周

第一集

段业出生在长安，刚刚步入职场时，也是为人打工。

公元 397 年，匈奴人阿成在征战时，发现段业是一位盖绝当世的奇才。在星探阿成的再三劝说下，段业终于下定决心自己创业，公司注册名称“北凉”。在段业集团中，有一个业务能力超强的人，他就是阿成的堂弟蒙逊。

公元 398 年，在蒙逊的指挥下，北凉打败了后凉，把根据地迁到张掖。

由于功高震主，段业开始对蒙逊产生了妒恨的心理，也渐渐疏远蒙逊。段业的做法，让坐了冷板凳的蒙逊十分心塞！蒙逊找到自己的堂兄阿成，倾诉自己英雄无用武之地，想要废掉段业。阿成却不同意弟弟的做法：“段业一个人孤苦无依，咱哥俩只能做捧人的事，可别干踩人的活啊！”

蒙逊见阿成不帮自己，就决定利用一下阿成，不为我所用，就要为我所利用。蒙逊大力发扬“为前途灭良心”的作风。这天风和日丽却暗藏杀机，蒙逊约阿成一起祭奠兰门山，并派司马许咸报告段业说：“阿成想谋反，假以时日就会作乱。如果他请求去祭奠兰门山，臣下的话就应验了。”

到了时间，果然如此。段业把阿成抓起来，让他自尽了。

公元 401 元，蒙逊听说阿成下线了，借着堂哥的人气，就向段业发起了猛攻。段业兵败，被蒙逊踢下线。

第二集

蒙逊出身高贵，少年时熟悉史书，上通天文、下知地理。小小的年纪，大大的本领，才智出众、雄才大略。最主要的是他为人还很搞笑，深得人心。当时很多老板见过他以后，都深感诧异和畏惧，不知道这小伙子长大以后，会不会抢了自己的公司。为了保住自己年幼的性命，蒙逊只能用经常打猎、喝酒、瞎胡闹，来掩盖自己“呼呼”往外冒的才华。以免自己被哪一个有心机的老板防范于未然，消灭在萌芽中。

在伪装下，蒙逊猥琐发育、渐渐长大。长大后的蒙逊开始为段业打工，一不小心，没有按住自己“呼呼”往外冒的才华，被段业妒恨，蒙逊一气之下，把段业踢下线，自己成为了北凉集团的第二任总裁。

公元 401 年，刚刚成为北凉集团第二任总裁的蒙逊，就出兵进攻后凉集团。一翻操作后，在公元 403 元，将后凉撤下十六国的大餐桌。公元 412 年，迁都姑臧，自称河西王。公元 421 年，再一次扩大业务范围，端下了西凉集团，同时也为自己找了两个大靠山，遣使朝贡南朝宋、北魏，受封为凉王。

公元 433 年，蒙逊因病退休后下线。

第三集

小牧是匈奴中少有的绅士，聪颖好学，和雅有度。

公元 433 年，老爸下线，接班上岗。公元 437 年，娶到了大靠山北魏拓跋焘的妹妹武威公主为老婆。

抱得美人归的小牧并不知满足，居然上演了小叔子和嫂子相好的大戏，更让人觉得不可思议的是，小牧兄弟三人都和嫂子李氏相亲相爱，还下毒要害死武威公主。有哥哥的妹妹，都是横着走的人生，绝对霸气。大哥拓跋焘立刻派医生把妹妹武威公主救下，并向小牧索要害妹妹的凶手，小牧没舍得交出，要不然，嫂嫂就得人头落地。

北魏集团大总裁拓跋焘一看，你小伙子是想谋反啊！

公元 439 年夏，拓跋焘率兵亲征，小牧一听大舅哥来了，吓得腿都发软了，赶紧摇人。小牧的弟弟带来了一万多人，被大总裁拓跋焘三下五除二就打得满地找牙。

小牧听说弟弟败了，赶紧加固防守，想当一只缩头乌龟。可谁知，他上辈子欠了两个侄子的债，这辈子这两人来讨要，纷纷投降北魏，并把北凉的军事布置都如实告诉了北魏。小牧缩头乌龟没当成，也只好投降北魏。

拓跋焘拥有大海一般的胸怀，还是把投降的小牧当作妹夫看待，官职不变，待遇不降，小牧的小日子过得也挺滋润。

人间世事难料，放着好日子不过的小牧因宣称又要搞事，在公元 447 年，被大舅哥给踢下线。

第四集

大集团北魏把北凉吞并时，四哥带着残兵败将跑到酒泉，大集团北魏找到了四哥，还给他封了一个酒泉王。

公元 441 年，北魏担心四哥暗地里搞小动作，就派兵想让四哥下桌。当时酒泉城内发生饥荒，无粮可吃。四哥见无力抵敌北魏大军，拉起自己的弟弟就开跑，这一跑，没有刹住车，就跑到了茫茫大沙漠，占领了西域鄯善、高昌之地。还在那里创办了一家小公司，注册名称“高昌北凉政权”。大树底下好乘凉，四哥也为自己找了一个靠山——南朝宋。

公元 444 年，四哥下线。

第五集

安周是北凉武宣王蒙逊的儿子，从小就不受老爸待见，被送到北魏充当人质。

北魏攻打北凉的时候，安周也趁乱跑到了沙漠，与四哥会合。哥哥沮渠无讳下线后，弟弟安周就成了老板。

公元 460 年，柔然部队攻克高昌，杀死安周，高昌北凉政权自此灭亡。

匈奴上市公司三

公司名称：胡夏、成夏

曾用名：夏国、大夏、赫连夏

在世寿命：公元407—431年

创始人：匈奴人赫连勃勃

成立地点：陕西榆林

公司总部：统万城

公司历史：

自从公元304年，十六国大聚会在中华大地正式开始，打打杀杀过去100多年，公元407年，十六国大聚会，音响师刚要播放《曲终人散》时，匈奴人赫连勃勃又举着大马刀，挥砍出一道恐怖高潮、鲜红血色的大菜。

这一年，赫连勃勃建立了胡夏政权，并自称大单于。本以为自己的家族可以轰轰烈烈干一番延续千年的大事，结果才过了24年，也就是公元431年，北魏大集团便将胡夏撤下了桌。

胡夏仅存在了24年，共产生了三位皇帝。

主角人物：

第一任总裁

姓名：武烈帝——赫连勃勃

身份：胡夏开国皇帝

小号：小勃

第二任总裁

姓名：德武帝——赫连昌

身份：赫连勃勃第三个儿子

小号：阿昌

第三任总裁

姓名：平武帝——赫连定

身份：赫连勃勃第五个儿子

小号：连定

第一集

小勃，原名刘勃勃。名字可爱、长相帅气、为人残忍、刀剑饮血，就是夏主小勃的人设关键词。小勃是匈奴左贤王刘卫辰与前秦公主苻氏之子。小勃生性残忍，与他那张帅气的脸庞极不相配。

小勃的老爸早年间被北魏大集团所害。只有 10 岁的小勃死里逃生，大难不死，跑去投奔叱干部落，部落首领却想将不折不扣的美男子小勃送给他的仇家北魏。幸得跳出一人把其救下，还把自己的女儿嫁给了小勃。小勃又跑到后秦打工，深得老板信任。

公元 407 年，小勃残忍地杀害了对自己有救命之恩的岳父，抢了岳父手下的团队及物资，随后自号天王、大单于，国号大夏。改姓赫连，定都统万城，然后就开始不断发挥其残忍本性，打南凉、打后秦、打东晋，尽占关中之地。

小勃十分凶残，看着不顺眼的，他就直接踢下线；集团内部敢直视他的，就直接挖掉对方双眼；有敢发笑的，直接割掉嘴唇；有敢进谏的人，舌头就没了……

公元 425 年，这个没有人性的家伙，终于离开人间，终年 45 岁。

第二集

阿昌，大名赫连昌（赫连折），和他老爸一样，身材魁岸，容颜俊美。

公元 425 年，老爸小勃下线，阿昌继位。

公元 426 年，大集团北魏拓展业务，想要吞并胡夏。阿昌有勇无谋，被北魏打得节节败退，却又不肯认输。轻率好斗的阿昌时常亲自出阵挑战。

公元 428 年，阿昌马失前蹄，被北魏擒获。北魏集团对于自己收编的公司，给的待遇还是不错的，他们为阿昌安排了住处，像对待皇帝一样。北魏集团老总还把自己的妹妹嫁给了他，对阿昌的职位也是一升再升。

公元 434 年，生性并不安分的阿昌决定背叛北魏，但很快被诛杀。

第三集

公元 428 年，阿昌被北魏抓走后，他的弟弟连定继位。连定继承家风，凶暴残忍。

在北魏攻打胡夏时，连定在战斗中身负重伤，他只身骑马逃跑，途中又集结残兵败将，强行驱使百姓五万人，逃往上邽。

公元 431 年，连定因惧怕北魏，打算跑去抢北凉的地盘，途中被吐谷浑擒住，标志着胡夏集团正式灭亡。

公元 432 年，吐谷浑将连定送给北魏，北魏自然不客气地将连定斩杀。

至此，匈奴上市的三大公司，全部为您介绍完毕，收工。

鲜卑修仙很忙　洞中惊现猛狼

鲜卑部落曾居住在嘎仙洞，他们茹毛饮血，很难想象他们是如何在群峰密林之中生生不息的？又是如何在上千年后，走出丛林成为一代草原霸主的？

敕勒川，阴山下。天似穹庐，笼盖四野。

天苍苍，野茫茫。风吹草低见牛羊。

这首著名的《敕勒歌》，本为鲜卑语。

鲜卑族在匈奴部落开始走下坡路的时候，一跃而起，成为草原上的第二代霸主。鲜卑部落经历了短暂的统一以后，就开始各自为政，像大草原上的羊，东一群、西一伙的。其中有三个家族业务能力比较突出，分别是东边的宇文氏、西边的拓跋氏和中间的慕容氏。首先参加十六国宴席的是慕容家族，一进门就开始不断上菜，分别建立了前燕、后燕、南燕。紧跟着拓跋氏也跑了上来，踢下了慕容家族，把北魏、东魏和西魏，端上桌。最后，大腕宇文氏缓缓上场，把前面的菜都给撤了，端上来了北周。

今天，我们主要讲鲜卑族在十六国中比较有名气的五个公司：前燕、后燕、南燕、西秦、南凉。

鲜卑族上市公司一

公司名称：前燕

曾用名：燕、木燕、慕容燕

在世寿命：公元 337—370 年

创始人：鲜卑贵族首领慕容皝

成立地点：龙城

公司总部：龙城、邺城、蓟城

公司历史：

鲜卑的慕容家族自辽西举家搬迁到辽东，首领慕容廆在公元 307 年自称为大单于。不过名义上还是接受晋朝的封号，东晋也破例封慕容廆为燕王。燕国名义上是晋朝的异族王诸侯国，实际上已经拥有绝对的国权。

公元 333 年，慕容廆下线。慕容皝上位，后自立为燕王。

公元 342 年，慕容皝将后赵的二十万大军踢出十六国宴会，将燕国的根据地建在了龙城（今辽宁省朝阳市）。

公元 352 年，燕王慕容俊（儁）称帝，又把根据地迁到了蓟城（今北京市）。

公元 357 年，根据地又被迁到了邺（今河北省临漳县）。

公元 370 年，前秦一脚踢翻了慕容家族的这盘“前燕”大凉菜，前燕也就此彻底歇菜。

前燕集团共存活了 33 年，产生了三位皇帝。

第一任总裁

姓名：燕文明帝——慕容皝

身份：前燕开国皇帝

小号：阿光

第二任总裁

姓名：燕景昭帝——慕容俊

身份：慕容皝的二儿子

小号：大俊子

第三任总裁

姓名：燕幽帝——慕容暐

身份：慕容俊的三儿子

小号：三儿

第一集

阿光是鲜卑慕容部首领慕容廆的第三个儿子，天生帝王相，心脏多孔，全是心眼，富有权谋策略。

阿光的老母亲还为他生了一个弟弟——慕容仁，慕容仁从小就十分能讨老爸欢心，阿光是看在眼里，气在心里。只是恨在心里口难开。

公元333年，老爸慕容廆下线，心眼多的阿光继位。弟弟慕容仁回想起哥哥看自己那爱恨交加的眼神，直冒冷汗。他决定做临死前的挣扎，说不定自己也能成就一番大事业。

慕容仁举刀起事，众人都来帮忙。怎奈阿光心眼真多，在公元336年，把老弟慕容仁踢下了线。

公元337年，身边大臣劝阿光说，你本事这么大，公司不集团化，不是白瞎了吗！于是，阿光自称燕王，公司前燕政权正式成立啦！

公元342年，阿光拿起望远镜一看，辽宁朝阳那块地不错，人杰地灵，仙气十足。于是举家搬迁，将前燕集团根据地就搬到了朝阳，当时叫“龙城”。

阿光在位期间，平定集团内讧，踢飞宇文部落和段部鲜卑，又一后蹬脚踹飞前来进攻的后赵，攻破高句丽。心眼多的阿光，称霸北方地区。

公元348年，52岁的阿光下线，去了另一个世界。

第二集

大俊子，又叫慕容俊，是爷爷慕容廆最得意的孙子。

慕容廆曾说：“我这个大孙子，骨相天生异样，慕容家族事业后继有人了。”大俊子长大后，身高1米89，魁伟壮实，还特别爱学习，能文能武。打仗也是一把好手，曾领兵踢段部鲜卑，让对手找不着北，并大胜而归。

公元 348 年，老爸阿光下线，大俊子接班，开始大显身手，其武力值绝不输他老爸。

接手前燕集团第二年，大俊子就把业务拓展到了中原地区。

公元 350 年，大俊子攻下蓟城，放眼一看，这块地不错，一拍大腿，举家搬迁，前燕集团的根据地就迁到了蓟城。大俊子这眼光真是不错，后来，蓟城发展成了现在的北京。

公元 352 年，大俊子听说有一个公司叫“冉魏”，挺狂野，就直接过去将其灭了，随后又占领了后赵统治的中原地区。

这时，大俊子拿起老爸阿光留下的望远镜一看，邺城那块地又挺好，再次一拍大腿，举家搬迁，前燕集团的根据地就迁到了邺城。

在大俊子的带领下，前燕集团的事业蒸蒸日上，国势进入鼎盛时期，与东晋、前秦形成三足鼎立之势。

凡事有一利，就有一弊。由于大俊子太注重业绩，不停扩大集团业务范围，在你争我夺中屡次获胜，野心不断扩大，甚至还想消灭东晋和前秦两个大集团。根本不懂得什么叫“你太累了，也该歇歇了”。下面的员工不干了，纷纷罢工、反抗，大俊子被迫停止对外业务的拓展。大俊子在统治的末期，穷兵黩武，百业凋敝，盗贼兴起。

公元 360 年，一生都没能好好休息的大俊子，不知是太累了，还是因不能拓展业务太憋屈，在 42 岁的时候病退后下线了。

第三集

三儿没啥本事，是他爸大俊子老眼昏花，没找着合适的老花镜，才选出的继承人。

公元 360 年，大俊子刚一下线，集团内的股东就找到了大俊子的弟弟慕容恪，说：“三儿啥也不是啊，你快当总裁吧！”

慕容恪却十分讲仁义，说：“我哥已经选好人了，抢别人的位置，也不符合

大草原有限公司
鲜卑
拓跋
慕容
慕容

我慕容恪的人设啊！”

11 岁的三儿成为前燕集团第三任总裁。上位以后，三儿平庸，啥也不是，啥也不懂，集团大事全都交付给慕容恪处理，国家倒也是稳定发展。

公元 367 年，慕容恪病死，集团内部就开始乱套了。

统治后期，太傅慕容评、太后可足浑氏、大司马慕容冲这些在集团中管事的人，都是只能拿工资，不能干活的人，前燕集团于是开始走下坡路，日益衰落，最后被前秦集团给吞并了。慕容暐被收编到长安后，受到前秦集团的优待。

公元 384 年，一直不能接受集团破产事实的慕容暐，暗中联系慕容泓，图谋东山再起。只是保密工作没做到位，消息走漏，致使慕容暐被迫下线。

鲜卑族上市公司二

公司名称：后燕

曾用名：燕、木燕、慕容燕

在世寿命：公元 384—407 年

创始人：鲜卑贵族慕容垂

成立地点：荥阳

公司总部：中山、龙城

公司历史：

后燕集团是十六国时期由鲜卑慕容家族前燕文明帝慕容皝第五个儿子慕容垂创建的。公元 384 年，慕容垂在荥阳自称燕王。最初，后燕集团的根据地定在了中山，后来又搬迁到了龙城。后燕集团高光时刻，其业务拓展到了今天的河北、山东及辽宁、山西、河南大部分地区。

后燕刚刚成立的时候，干劲十足，霸气外露，曾打退东晋、击败前秦、攻灭西燕，一度登上当时北方最强大佬的位置。

公元 395 年，后燕在一次业务抢夺赛中，惨败于北魏拓跋珪。公元 396 年，北魏集团大剪子“咔嚓”一下，将后燕一分为二。被“咔嚓”成两半的后燕集团，从此一蹶不振。后燕集团迁都龙城，外有强敌，集团还内卷不断。

公元 407 年，后燕宣布破产。后燕一共生存了 24 年，产生了四位皇帝。

主角人物：

第一任总裁

姓名：燕成武帝——慕容垂

身份：后燕的开国皇帝

小号：小锤子

第二任总裁

姓名：燕惠愍帝——慕容宝

身份：慕容垂第四个儿子

小号：阿宝

第三任总裁

姓名：燕昭武帝——慕容盛

身份：慕容宝的大个儿子

小号：大盛子

第四任总裁

姓名：燕昭文帝——慕容熙

身份：慕容宝的弟弟

小号：熙熙

第一集

小锤子是前燕文明帝慕容皝的第五个儿子，文武全能、骁勇善战、勇猛过人、武力值爆表。13 岁的时候，还未成年，就跟着老爸上阵杀敌，屡立战功。十六国牛人慕容恪去世以后，小锤子被人陷害，跳槽去了前秦集团。

公元 383 年，小锤子返回邺城，筹划创业当老板。

公元 386 年，小锤子正式称帝，建立后燕集团。随后吞并了翟魏、西燕，集团业绩飞升，几乎可以与老爸创立的前燕集团鼎盛时期的版图相媲美。

公元 395 年，小锤子听说自己的太子，心爱的“宝儿”，被人痛扁，心痛不已。老态龙钟的小锤子带病上场，想为太子找回面子，面子是找回来了，回来的路上，小锤子没坚持住，下线。享年 70 岁。

第二集

阿宝，人如其名，是被老爸捧在手心里的“宝儿”。从小就生活在温室中，已经是少年了，还只会游手好闲，胸无大志。他最喜欢听“好话”，要是有人给他拍马屁，立刻把尾巴翘上天。

老爸心疼“宝儿”，便立阿宝为太子。人的心态有时会随着位置的变化而变化，当上了太子的阿宝，立志痛改前非，重新做人。

公元 396 年，后燕集团第一任总裁为了给他心爱的阿宝找回面子，病死在半路上，阿宝正式继位。

阿宝刚当上总裁没两天，北魏大集团前来骚扰。阿宝决定要和北魏集团死磕到底，他把粮食都转移到城内。阿宝决定打持久战的想法，有点太过天真。

公元 398 年，阿宝一个没忍住，不顾集团骨干们的强烈反对，出城攻打北魏。已经被北魏吓破了胆的员工，半路集体发起叛乱。阿宝只好仓皇逃回龙城，惊魂未定，屁股还没坐稳，又有人攻入龙城，阿宝顾不上穿鞋，继续逃跑。

就在阿宝跑得气喘吁吁的时候，他的舅姥爷兰汗来接他回城。阿宝刚一进龙城，便被舅姥爷的弟弟给踢下线，时年 44 岁。

第三集

“自古英雄出少年”，大盛子年少时，沉着聪慧，富有谋略。从小就放出狠话：“做人要像鸿鹄一样，嗷嗷使劲飞。”大盛子也被称为慕容家族最后的希望。

想当年，大盛子的老爸阿宝被人追杀时，全凭大盛子的聪明才智，才得以脱身。聪明又有智慧的大盛子曾多次向阿宝献奇策，只可惜这个没心眼的老爸，却不肯听聪明儿子的话。慕容宝去龙城时，大盛子没跟着老爸走，留在后方，这才保住了小命。

公元 398 年，一生都有点笨的老爸阿宝被杀，大盛子接到消息后，飞速前往现场去吊丧。兰汗一看到大盛子那装可怜的小眼神，就喜欢得不得了。大盛子也是使出浑身解数讨兰汗的欢心，并趁此机会，在兰汗的内部做起了卧底。

月黑风高夜，杀人放火时，大盛子密谋已久的计划，终于开始实施了，他成功地干掉兰汗，回到自己的根据地龙城。在大盛子的治理下，后燕也出现了短暂的美好。

公元 401 年，大盛子亲自讨伐叛乱。就在叛乱即将被平定之时，意外发生了，大盛子被藏匿的叛军突然偷袭，年纪轻轻的他没有挺住，年仅 29 岁就下线了。

第四集

公元 401 年，大盛子被乱军偷袭遇害，后燕集团的骨干们都希望立阿宝的第四个儿子慕容元为总裁。这样看来，阿宝的弟弟熙熙根本没有成为新一任总裁的可能性，但是命运的轨迹有时候总是会向着十分神奇的方向发展。

太后突然冒出来干政，她认为集团正处于危机之中，应该选年龄大一点的总裁继位更加稳妥，太后力推阿宝的弟弟、17 岁的熙熙担当总裁之位。熙熙为人非常勇敢，大盛子在世时，曾称赞熙熙："英武果敢，有祖父慕容垂的风范，只是谋略不如祖父。"

此时的熙熙显得十分绅士，他把皇位让给慕容元，慕容元也不傻，知道熙熙只是在做表面工作，也就没有接受。在这场皇位争夺赛中，太后战队最终取得了胜利，熙熙成为后燕集团第四位总裁。熙熙上岗后，第一件事就是诛杀自己看着心塞的大臣，并灭其三族，顺便还收拾了让皇位给他的慕容元。

太后为什么要扶持如此凶狠的熙熙上位呢？天下没有免费的面包，太后之所以力挺熙熙，主要还是爱情那点事，熙熙凭着个人魅力，成为太后心目中的男神，两个人背地里相亲相爱。

公元 402 年，熙熙又纳了两个妃子，宫中迎来了一对姐妹花，两个新来的美女深得宠爱。太后眼见熙熙移情别恋，由爱生恨的她，开始暗中策划要废黜熙熙。熙熙知道此事后，气得肝都疼，逼迫昔日的情人太后自尽。

在此之后，熙熙整日里荒淫无度，滥杀无辜，致使朝政倾颓，百姓流离失所。

公元 407 年，熙熙被起来反叛的慕容云所杀，年仅 23 岁。

鲜卑族上市公司三

公司名称：南燕

曾用名：燕

在世寿命：公元 398—410 年

创始人：鲜卑族慕容德

成立地点：滑台

公司总部：滑台、广固、青州

公司历史：

南燕集团是建立在后燕集团的基础上，其统治范围包括今天的山东及江苏的一部分。

公元 397 年，后燕的第二任总裁慕容宝在参合陂战役中，被北魏集团打败后，后燕就被北魏集团的大剪刀“咔嚓”成了两部分，被分出去的那一伙人，由慕容德带队，在滑台（今河南省滑县）自立为燕王。

公元 399 年，大集团北魏公司拓展业务，拿下滑台。慕容德只好再次带领团队集体转移，攻下了青州、兖州。

公元 400 年，慕容德挑选了一个吉利的日子，登上皇位。

公元 405 年，慕容德下线，他的侄子慕容超成为新一任总裁。

公元 409 年，东晋跑来拓展业务。一年之后，南燕集团被吞并。

南燕集团在十六国战乱纷纷的时代，一共艰难地存活了 12 年，产生了两位皇帝。

主角人物：

第一任总裁

姓名：燕献武帝——慕容德

身份：前燕文明帝慕容皝幼子，后燕武成帝慕容垂弟弟

小号：三德子

第二任总裁

姓名：南燕末帝——慕容超

身份：慕容德的侄子

小号：小超

第一集

慕容家绝对是当时的创业大族，慕容皝的小儿子三德子也不甘心只给别人打工。

三德子身高1米89，标准的大个儿，更让人称奇的是：三德子的额头中央还有一个隆起的半月形重纹，所以他为人清明谨慎，真不知千古留名的包公与三德子有着怎样的关系？

当时，前燕最后一任总裁慕容暐不采纳三德子的建议，三德子见自己满肚子的心眼没地方用，就跟随欣赏他的慕容垂到了邺城。慕容垂建立了后燕集团后，三德子在其手下一直勤勤恳恳地做着本职工作。三德子人如其名，有德有才，深受同事的爱戴。

后燕第二任总裁慕容宝上任后，很多同事都劝三德子取代其位置，但三德子却紧抓自己的“德行”不肯上位。

直至后来，三德子的哥哥和集团同事，在多次动之以情晓之以理的鼓励、劝说下，三德子才计划开始创业。

公元398年，三德子率领团队进入滑台，建立南燕政权。当三德子听到母亲和哥哥的死讯，放声痛哭，以至吐血。历史上，像三德子这样的哭法，还是非常少见的。公元405年，三德子因病去世，享年70岁，其侄儿继位。

第二集

小超是前燕文明帝慕容皝的孙子，南燕献武帝三德子的侄子。

慕容垂在建立后燕时，前秦集团把慕容纳和三德子的儿子们全都砍了头。小超的母亲也被关在狱中，而小超正在母亲段氏的肚子里。幸好管理监狱的小吏曾经是三德子手下的员工，受过三德子的恩惠，帮助段氏逃出，这才有了后来的小超。这件事情告诉我们，做人要善良。善行惠及他人，善行也会惠及自己。

长大后的小超，为了逃脱其他集团的杀害，只能装疯卖傻。最终找到了叔叔三德子，精神也随之恢复正常，在集团得到重用，工作业绩突出，被立为太子。

公元 405 年，成为南燕集团第二任总裁。

没有了三德子压制的小超，那些年装疯卖傻的劲一上来，精神好像又不太正常了，肆意放纵，奢侈靡费，凌虐宗室大臣，致使集团内部人心离散。小超不关心政事，却喜爱“说走就走的旅行”，并且还开始了作死的节奏，发疯到东晋集团边境抢夺其百姓。

公元 410 年，东晋集团知晓南燕居然敢动自己的人，立刻派兵攻城。南燕集团内部到处都是“老鼠洞”，所以一攻就破。小超被俘，随同他的亲族数千人遇害于建康（今江苏省南京市）。

至此，南燕集团就毁在了年仅 26 岁的小超手里，小超也成为了五胡十六国时期出身鲜卑慕容部的最后一位帝王。

鲜卑族上市公司四

公司名称：西秦

曾用名：秦

在世寿命：公元 385—400 年，公元 409—431 年

创始人：鲜卑族乞伏国仁

成立地点：陇西

公司总部：勇士城、金城、都苑川、都枹罕

公司历史：

西秦集团是由陇西鲜卑族的首领乞伏国仁所建立的。

公元385年，鲜卑酋长乞伏国仁在陇西自称大单于，建都勇士城（今甘肃省榆中县）。

公元388年，乞伏国仁的弟弟乞伏乾归自称大单于，将根据地迁到金城（今甘肃省兰州市西）。

公元400年，西秦被后秦吞并。公元409年，再一次复国，将根据地迁到都苑川（榆中县）。

后来，乞伏炽磐又将根据地迁到都枹罕（今甘肃省临夏市）。

西秦集团业绩鼎盛的时期，其统治范围包括甘肃西南部、青海部分地区。

公元431年，被胡夏集团所吞并。

西秦集团两次成立，一共存活了37年，产生了四位皇帝。

第一任总裁

姓名：秦宣烈王——乞伏国仁

身份：西秦的创始者

小号：果仁儿

第二任总裁

姓名：秦武元王——乞伏乾归

身份：乞伏国仁的弟弟

小号：小归

第三任总裁

姓名：秦文昭王——乞伏炽磐

身份：乞伏乾归的大儿子

小号：大庆

第四任总裁

姓名：秦厉武王——乞伏暮末

身份：乞伏炽磐的二儿子

小号：末儿

第一集

果仁儿是纯纯的官N代，人们常说“书香门第”，果仁儿则是出生于“管理世家”，乞伏家族世代为鲜卑族乞伏部的首领。

公元371年，果仁儿的父亲乞伏司繁被前秦集团打败，胜者为王，败者为寇，他也只能跟随着父亲率领团队，降于前秦集团。

公元383年，前秦集团在与东晋集团争夺土地时失利，果仁儿趁机组建团队，拉拢班子成员。在祖辈留给自己的基业上，果仁儿开始了艰难的创业之旅。

公元385年，果仁儿经过两年的艰苦创业期，正式宣布其公司“西秦集团”成立，并建筑勇士城作为根据地。果仁儿除了拥有家族遗传的管理才能外，在战场上也有勇有谋，这让很多不知名的小公司前来投靠，寻求其保护。

在果仁儿的治理下，西秦集团很快成为国富兵强、称霸一方的大公司。总裁果仁儿在战场上与敌人战斗时，常常会发生打着打着对方就投靠其麾下的场景。在集团内部管理方面，果仁儿大力振兴农牧事业，注重教育文化的发展，是十六国时期少有的好老板。果仁儿在位时期，西秦国泰民安，盛极一时。

美好的日子总是那么短暂。公元388年，果仁儿下线。

第二集

小归能打能杀，长相英俊，还十分绅士，沉雅有度，是众多少女竞相追逐的偶像级人物。

公元388年，果仁儿下线后，在西秦股东一致的推举下，小归成为西秦集团第二任总裁。

公元400年，西秦集团受到后秦集团的攻击。帅气不能当饭吃，帅气不能打败敌手。帅气总裁小归在战斗中失利，无奈之余只好带着团队投降于南凉，又辗转跳槽到后秦集团。

小归家族都是做老板的，他也不愿意总过着打工人的生活。公元 409 年，小归带着团队再次创业，正式复国，拿下了陇西全境的业务。

公元 412 年，小归因为家庭关系没有搞好，被自己的侄子乞伏公府给踢下线。

第三集

大庆完美地继承了家族的管理才能，是一位个性勇敢、做事果断、谋略过人的超强管理者。父亲小归当年被后秦打败，大庆被送入南凉作为人质。后跳槽到后秦集团打工，带着自己的小团队在后秦集团混得有声有色。

公元 412 年，老爸下线后，大庆正式继位，上班后的第一件事就是做好团建工作。

公元 413 年，眼看内部团建做得差不多了，大庆就带着团队，开始四处拓展业务。攻打吐谷浑、灭亡南凉、迁徙羌人，都是大庆接下来的工作重点。

公元 415 年，取得持续性胜利的大庆，开始向北凉集团发起挑战，西秦和北凉开始了拉锯战。

公元 428 年，大庆也下线了。

第四集

末儿，人如其名，真不知当时起名的人脑子进了多少水，"暮""末"，后面还要不要再加上一个"没"字啊！这西秦集团要是不在他手里破产，对得起谁？

老爸大庆重病时，拉起儿子末儿的手说："老爸要下线了，知道你小子也没啥大本事，公司交到你手里，估计也算是到头了！你要是能保住公司，就是天佑我们乞伏家族！别和北凉抢业务，你抢不过的，北凉集团的沮渠成都在咱们这里扣着，你赶紧把他送回去吧，他可是北凉集团总裁沮渠蒙逊心心念念的人。"由此可见，大庆这闭眼工程做得实在不怎么地。

公元 428 年，北凉国主沮渠蒙逊听说老对手乞伏炽磐下线了，这千载难逢的机会哪里能放过，带着团队就冲了过来。

末儿听说北凉大军兵临城下，赶紧请出王牌——沮渠成都，北凉接受了西秦的求和。末儿带着超级大礼包送沮渠成都回国。北凉见到西秦的诚意，就又回赠了一个大礼包。

可是，北凉和西秦友谊的小船还没有划几步，说翻就翻了，两个集团的友好交往还不到半年，就又开始上演争斗比赛。

公元 429 年，北凉总裁派出世子沮渠兴国去攻打末儿，末儿一个不小心居然活捉了沮渠兴国。北凉总裁沮渠蒙逊赶紧给末儿又送来大礼包，末儿收了大礼包后，把自己的妹妹平昌公主嫁给了沮渠兴国，两个集团握手言和。

公元 431 年，胡夏集团又来了，末儿这次没打过，只好出城投降，西秦集团至此宣布破产。末儿和他的宗族五百人，都被胡夏总裁给团灭了。

鲜卑族上市公司五

公司名称：南凉

曾用名：凉

在世寿命：公元 397—414 年

创始人：鲜卑族秃发乌孤

成立地点：乐都

公司总部：乐都、西平

公司历史：

南凉集团是拓跋鲜卑的秃发乌孤在十六国时期成立的集团，主要掌握今甘肃西部和宁夏一部的地盘。他们以“秃发”为姓，也被称之为“河西秃发鲜卑”。

南凉集团一共存活了 18 年，产生了三位皇帝。

第一任总裁

姓名：南凉武王——秃发乌孤

身份：南凉集团创始人

小号：兔子

第二任总裁

姓名：南凉康王——秃发利鹿孤

身份：秃发乌孤的弟弟

小号：小鹿

第三任总裁

姓名：南凉景王——秃发傉檀

身份：秃发利鹿孤的弟弟

小号：孤狼

第一集

兔子在老爸死后，接管了老爸建立的小公司。在混乱中，兔子主抓团队内部建设，尽量不与其他小公司、大集团发生冲突。

一年之后，公元 395 年，兔子开始尝试对外拓展业务，成功吞并了两个小公司。

公元 396 年，兔子开动脑筋，决定改变策略。他以德拉拢人心，对手下员工和治内百姓常常给予爱心大礼包。

公元 397 年，已经有了实力和人心的兔子将老爸留下的小公司变成了大集团“南凉”，并将集团的根据地建在了乐都（今青海省乐都县）。兔子大总裁还跟手下商量着，周围有很多不起眼的小公司，得想办法把它们收编了。

公元 399 年，正当兔子大总裁准备再次拓展业务，并将目标锁定在大公司时，集团内部搞团建，兔子大总裁喝多了，回来时骑着马一溜烟似的狂奔，一个没抓稳，就从马上摔了下来，肋骨被摔折了。不久之后，病情严重，他召来集团骨干说：“乱世之中，立个年龄大点的总裁吧！”说完便下线了。

第二集

公元 399 年，小鹿接手哥哥创建的南凉集团，并将集团根据地迁至西平。

小鹿在位期间，主要做了两件大事：公元 401 年，大败后凉军集团；公元

402 年，攻破魏安。

小鹿完成业务后，就下线了。

第三集

孤狼自幼深得其父亲喜欢，而哥哥小鹿在治理集团期间，很多集团内部政务也都是由年少机警、有才干胆略的孤狼处理的。

公元 402 年，总裁哥哥下线，孤狼继位。

孤狼处理政务是一把好手，可说起军事对战，孤狼就略显不足了。公元 414 年，西秦集团总裁乞伏炽磐打败孤狼，南凉集团彻底破产。

至此，鲜卑上市的五大公司，全部为您介绍完毕，收工。

抽鞭断流张狂　氐族曾经辉煌

氐族并不是一个游牧民族，他们和咱们汉民族一样，都是农民的儿子。所以，他们的姓也都是汉姓，氐族在当时的所有少数民族中，文化程度是比较高的。

五胡十六国时期，氐族先后建立过3个比较有名气的集团。

氐族上市公司一

公司名称：成汉

曾用名：大成、汉

在世寿命：公元304—349年

创始人：氐族李雄

成立地点：成都

公司总部：成都

公司历史：

西晋后期，人们想活着都十分费劲，巴氐族领袖李特率领这些艰难的人民起来反抗。

公元303年，李特在一场战争中下线。弟弟李流继续带队作战，很快也下线了。

李特的儿子李雄接管团队后，攻下让老爸和叔叔丢掉性命的成都。公元306年称帝，国号“成”，史称成汉。

李雄下线后，成汉集团内部，上演你打我，我打他的大戏，集团势力开始衰弱。后来被东晋集团吞并。

主角人物：

第一任总裁

姓名：成汉武帝——李雄

身份：成汉集团创始人

第二任总裁

姓名：成汉哀帝——李班

身份：李雄的侄子

第三任总裁

姓名：成汉废帝——李期

身份：李雄的儿子

第四任总裁

姓名：成汉昭文帝——李寿

身份：李雄的堂弟

第五任总裁

姓名：成汉末帝——李势

身份：李寿的儿子

第一集

李雄，人帅、个高、才多，深受当地百姓和团队成员的爱戴。

公元304年，李雄将小公司打造成了集团。公元306年，集团正式注册，国号大成，史称成汉。

集团刚刚成立时，内部的制度并不完善，大家行事全靠仗义。李雄听取建议后，开始制定体制制度。有了完善的体制和给力的管理，集团内部开始上下一心，对外拓展。

公元314年，成汉集团得到汉嘉、涪陵两座城池，很多远方的人都跑来，投靠李雄的麾下，甚至还有一些匪徒也前来投降。李雄知人善任，凡是来投靠的人，有能力的，都委以重用；没有能力的，也都得到福利。所以说，人没能成功，别总找理由，打铁还需要自身硬。

公元334年，李雄也不知道怎么得罪上天了，年轻时打仗留下的伤口，现在都出来讨债，感染的感染、流脓的流脓，头上还生出毒疮，李雄下线。

第二集

李雄有10个儿子，可能是因为平时工作太忙，所以儿子们没能教育好，没一个成气候的。为了干好工作，李雄立侄子李班为太子。

能入李雄法眼的，那也绝对不是一般人啊！李班是诸多李氏子弟中的异类，他不像其他的李氏公子那样奢侈靡费，而是为人谦虚、敬爱贤人、性情博爱。李雄平时工作中，也都一直重点培养李班。

李雄看人眼光还是很准的，公元334年，李雄全身伤口化脓溃烂，李雄的儿子们看着老爸都觉得恶心。只有李班日夜守在李雄身边，还亲自替叔叔吸吮脓汁。

公元334年，李雄去世，李班即位。集团班子成员找到李班，让他赶紧下令让李雄的儿子们回到分公司。李班宅心仁厚，想着等叔叔下葬后，再让这哥几个走吧！

这天晚上，李班在李雄灵前痛哭，李雄的儿子李越冲上来就把李班给踢下线了。所以，古人总是告诉我们“害人之心不可有，防人之心不可无！”

第三集

上一任总裁李班被害时，李越是主谋，李期是帮凶。

李期其实也是一个好学生，人缘也不错。李班下线后，下一任总裁是谁，

就成了一个谜。对手下线了，这两个凶手还互相让起来了！集团想立李越为总裁，李越却认为李期有才又能干，就让位给了李期。

李期也是自我感觉良好，自恃集团没有人能管得了他。杀人放火、强抢民女，世间的事，能干的不能干的，李期都干了，集团内部人心惶惶，业绩更是江河日下。

“善有善报，恶有恶报，不是不报，时候不到”。后来，李期被手下人踢下宝座，关进了小黑屋。

生不如死的李期，于公元 338 年找了一根绳，了结了自己。十六国时期，自杀的皇帝可不多，李期算是一个。

第四集

李寿学习好，懂礼貌，人见人爱。是李雄在世时，曾经欣赏的一位弟弟。

李雄下线后，李寿因害怕被李雄的儿子们害死，快速跑到东晋集团打工。

公元 338 年，李寿来了一个大反扑，带着团队打回成汉根据地成都，并成功破城，李寿也就顺其自然地成为第四任总裁。

李寿刚开始时，还继承了李雄的宽和俭朴的作风。可后来就一味追求奢侈，班子成员中 90% 的人都想搞事。

公元 343 年，李寿下线，太子李势成为群主。在位期间，无恶不作，什么杀人夺妻，什么残害大臣，在这位总裁眼里都是小事。所以文化高，不代表人品好。

公元 347 年，东晋集团伸张正义，吞并了成汉。14 年后，李势下线。

氐族上市公司二

公司名称：前秦

曾用名：火秦、炎秦

在世寿命：公元 351—394 年

创始人：氐族苻健

成立地点：长安

公司总部：长安

公司历史：

在公元351年，氐族人苻健建立前秦集团，前秦集团是氐族建立五胡十六国时期的政权之一，是十六国中最强大的集团，疆域堪称五胡之最，而其文教和礼乐也都是十六国之最。

前秦集团一共存在了44年，产生了6位皇帝。

主角人物：

第一任总裁

姓名：秦高祖——苻健

身份：前秦创始人

第二任总裁

姓名：秦厉帝——苻生

身份：苻健的儿子

第三任总裁

姓名：宣昭帝——苻坚

身份：苻生的堂弟

第四任总裁

姓名：秦哀平帝——苻丕

身份：苻坚的儿子

第五任总裁

姓名：秦太宗——苻登

身份：苻坚的族孙

第六任总裁

姓名：前秦末帝——苻崇

身份：苻登的儿子

第一集

苻健最初是给东晋集团打工的，后来开始带领团队自己创业。

公元 351 年，建立自己的集团，称为秦。勇猛果敢的苻健在位期间，东晋跑来找麻烦，都被他击退了。苻健在位时，都干了哪些让人点赞的事呢？他倡导节俭，崇尚儒学，工作勤恳，将集团治理得井井有条。每遇到灾荒之年，他更是裁撤膳食，表达愿与百姓共度患难。大家好，才是真的好。

就在苻健努力工作时，一场针对他的谋杀正在密谋中。有一个投降者名叫张遇，苻健笑纳了他的后妈，还常在人前人后对张遇说："我是你爸！"这份尴尬的"父子情"让张遇抬不起头来。他便和总裁办公室看门的大叔勾结，约定一个开门，一个行刺。然而，到了他们约定的那天晚上，苻健派看门大叔外出。消息不灵通的张遇，来到总裁办公室却打不开门，事情露馅，苻健也就此逃过一劫。

公元 355 年的一天，苻健病得起不来床了，他的儿子天生的独眼龙苻生在床边，泪眼汪汪地端茶送水，苻健的侄子苻箐看苻生几天都没出门了，心想："叔叔肯定是下线了，改变命运的机会来了。"符箐带兵冲入宫中，就想干掉太子苻生。

苻健一听，有人敢动他儿子，马上亲自指挥禁军出战。手下人一看，苻健死里复活，吓得纷纷逃散，苻箐被处死。几天后，年仅 39 岁的苻健还是下线了。

第二集

苻健的总裁位置没坐多久，就生病挂了，接班人是他的儿子苻生。这个苻生天生就是一个变态，被称为嗜杀成性的精神障碍总裁。

苻生从小暴躁凶悍，天生少一只眼。有一次，他的爷爷苻洪跟他开玩笑，说："我听说一只眼也可以流泪。"小小年纪的苻生听后大怒，一把拔出佩刀划开了自己脸颊，鲜血汩汩流淌，他咬牙切齿地说："这难道不是眼泪吗？"苻洪大惊失色，命人用鞭子抽打苻生。苻生却面不改色："刀割都不怕，还受不了这鞭打吗！"

为我们的友谊干杯。

长大后的苻生越发凶猛，老爸留给他的辅政大臣和皇后全部被他干掉。

苻生没有老爸的才能、本事也就算了，还整日沉湎于酒色，不理朝政，横行霸道，醉生梦死。

这日，苻生又招呼班子成员喝酒，大家都喝得走路扶墙根，呕吐带血丝。苻生见状放出狠话："继续喝！感情深，一口闷！感情浅，舔一舔！"

集团骨干们每天最大的任务就是陪苻生喝酒。脑补画面，此时地下的苻健气得牙根都痒痒。

公元 357 年，苻坚将大酒坛子苻生关进了小黑屋，23 岁的苻生最终死在小黑屋中。

第三集

十六国时期，政权多得不可胜数。一些好老板也偶有出现，作为总裁，即使将所有好词用来形容苻坚都不为过。

苻坚治理的前秦集团，政治清明，一派繁荣。改革新风吹满地，前秦人民真争气，齐心合力搞经济，家家户户真富裕。

苻坚当上总裁不久，任用了一个叫王猛的当前秦集团的 CEO。这位王猛人如其名，很猛！他在任期间，对内让集团资产翻了好几倍，对外帮助前秦集团几乎抢占了整个北方市场，先后吞并了诸多大小公司，北方的地盘全部被苻坚统一，只剩下了南方的东晋集团，还与之并存着。然而，CEO 王猛的业绩也少不了总裁苻坚的功劳，苻坚特别信任王猛，有人打王猛的小报告，苻坚从来都是双手一捂耳，"我不听，我不听"。

公元 383 年，前秦集团派出 80 多万军队南下伐晋，苻坚在战场上受伤，大军就这样活生生地败给东晋的 8 万人。前秦集团内部也因此战发生了内乱，分解成无数个小公司，苻坚后来也被羌人杀害。英雄就是这样，总是以出人意料的方式退出历史舞台。

第四集

小孩没娘，说来话长。

前秦集团第三任总裁苻坚下线后，他的儿子苻丕正在外面与别人火并呢！接到老爸下线的消息后，火急火燎地赶回根据地接班。现代家长要是见到苻丕，那绝对是双眼亮晶晶。原来苻丕自小就是学霸，是“别人家的孩子”。最重要的是，苻丕这小伙子还特别会处理人际关系，心眼虽然不多，但是情商极高，上到领导，下到员工，都跟他特别亲近。

苻丕还有一个更大的特点——胆子小。公元386年，苻丕因为担心自己被部下苻篡所杀，就带着一千多人的团队，快马加鞭地跑。都说，骑马向东跑，东边草料好。可苻丕一路向东，没有碰到好草料，反而碰到了死对头——东晋集团的小分队。一顿火并，苻丕眼看自己打不过，赶紧跑，谁知战马也不给力了，一个马失前蹄，他被摔了个大马趴。东晋集团小分队队长，大刀一举，苻丕的脑袋就被“咔嚓”了。

前秦本来已经统一了北方，悲催的是前秦想灭掉东晋，一统天下。没想到玩砸了，并且导致北方再次分裂成很多国家，真是“一顿操作猛如虎，定睛一看原地杵”。

第五集

国不可一日无君，家不可一日无主。昨天再好，也走不回去；明天再难，也要抬脚继续。

公元386年，前秦集团第五任总裁苻登正式上班了。苻登是苻坚的族孙，也就是家族的孙子，并不是亲孙子。

苻登这个人，非常的豪迈、霸气，是一个非常MAN的男人。他一生中最大的职业愿望就是想着要把后秦集团吞并了，他的食人魔军，所过之处，全无生机，就连尸体也都照吃不误。

这几天，苻登听说后秦集团的业务骨干姚苌下线了，他的儿子姚兴接替老爸的岗位，刚上任不久。苻登听到此消息，乐得直拍大腿，脸上的肉都跟着乱颤，心想：天赐良机，怎能错过？苻登连夜喊话集团主力，进攻后秦，两军冲上战场。姚兴派员工抢先占据了水源，前秦争夺失败，团队缺水严重。苻登耗不起，主动发起猛攻，此刻前秦战斗力已经滑到低谷，后秦全体上线，两军激烈决斗，前秦大败。

苻登一看人家儿子太优秀，也派儿子上场，让儿子冲出重围去摇人。只可惜，自家的儿子和人家的儿子差距实在是太大了，苻登等来的不是救兵，而是对手的儿子姚兴亲自率领大部队的围攻，霸气的苻登是坚持、坚持、再坚持，坚持到最后只剩下他一人，可还是没坚持过去，没等来自己的救兵，却惨死在了乱刀之中。此翻操作告诉我们，不要小看职场菜鸟，说不定他就是黑马。这可真是太可怕啦！这年头，谁也不知道谁就是黑马啊！

第六集

公元 394 年，苻登跟后秦集团拼死沙场的时候，他让儿子苻崇替自己镇守后方。

这天，苻崇的起床气还没消，就听见手下队长大呼小叫地跑了过来："前方战败！前方战败！"听闻老爸打了败仗，这亲儿子最先想到的就是赶紧开溜，说走就走！老爸可以没有，性命绝对不能丢！

可怜的苻登，儿子都跑了，他自己拼过杀过，还是没有逃过。

苻登下线后，儿子苻崇赶紧继承了皇位。只是，今非昔比，失去了老爸这把大伞，苻崇在战火纷飞的大雨中，带着自己的一小队人马狼狈地活着。屋漏偏逢连夜雨，本来想着要发育一下，却又被西秦王乞伏乾归抢了地盘。苻崇欲哭无泪，此时才想到老爸当年的艰难。

敌人的敌人就是朋友，没有了根据地的苻崇只好逃到对手陇西王杨定那里，希望可以有所发展，至少可以活命。都说老子英雄儿好汉，苻登也许用力过度了，而他的儿子最擅长的就是逃。不过，凡事没有绝对，意外总会在拐角处发生。杨定和苻崇相见恨晚，两个人四个巴掌，一拍"啪啪"就响。随即两人就合伙率领两万人去打西秦王乞伏乾归。苻崇这个皇帝可谓是来充数的，在位仅四个月，就被西秦军杀了。

公元 394 年年中，苻崇失去了老爸，却得到了皇位；同年 10 月，苻崇找到了一个拥有共同目标的朋友，却失去了性命。真是世事无常，无非都是大肠包小肠。

前秦集团的政权，到此为止，剧终。

氐族上市公司三

公司名称：后凉

曾用名：凉

在世寿命：公元 386—403 年

创始人：氐族吕光

成立地点：姑臧

公司总部：姑臧

公司历史：

后凉的创始人是氐族人吕光，年轻的时候也给别人打工。他的老板就是前一场刚刚演出完毕，走下历史舞台的前秦集团第三任总裁苻坚。能够在这位大总裁手下打工，那也绝对不是一般战士。他最大的特点就是淡定，酸甜苦辣自己尝，喜怒哀乐自己扛，任何事情、任何心情，都无法改变他的表情。

公元 386 年，已经长大不再玩木头人游戏，脸上却依然只有淡定的吕光在姑臧创业，建立了后凉集团，成为历史上武力值排行榜首的皇帝。后凉集团的统治范围包括今天甘肃的西部，宁夏、青海、新疆、内蒙古和蒙古国的一部分，一时间成了西北霸主。

公元 399 年，西北霸主吕光不再霸道、不再发光，下线去了另一个世界，他的大儿子吕绍接班上岗，但很快另外一个儿子吕纂就干翻吕绍，成为后凉的一把手。

种瓜得瓜，种豆得豆。公元 401 年，吕光的侄子、吕宝的儿子吕隆又干翻吕纂，成为新任总裁。这你打我，我打你的游戏，在皇室家族中，玩得是没完没了。

公元 403 年，后凉集团被后秦集团吞并，彻底凉凉了。

后凉人集团共存在了 17 年，经历了 4 位总裁。

主角人物：

第一任总裁

姓名：懿武帝——吕光

身份：后凉集团创始人

第二任总裁

姓名：凉隐帝——吕绍

身份：吕光的大儿子

第三任总裁

姓名：凉灵帝——吕纂

身份：吕光的另一个儿子

第四任总裁

姓名：凉末帝——吕隆

身份：吕光的侄子

第一集

吕光是后宫大明星吕雉皇后的后人。

吕光的老爸在吕氏一族惨遭团灭时，趁着月黑雁飞高，只身遁逃了，一直跑到略阳（今甘肃省天水市）。为了隐秘行踪，吕光的老爸和氐族人混居。是金子到哪里都会发光的，在吕光老爸的领导下，吕氏家族渐渐地成为氐部中的大族。

吕光小时候便是一个学渣，因其投胎技术一流，长大后成了标准的“高富帅”。更重要的是，他有一双与众不同的大眼睛：眼睛里有两个瞳孔。古人认为“重瞳”，那是“伟人”的象征，现代医学却认为“重瞳”就是早期白内障的症状。这认知差距也太大了吧。

吕光奉行沉默是金，不爱讲话。渐渐地，周围人都觉得他只是一个“路人甲”，只有王猛认定他是个“狠人”，还把他推荐给了前秦第三任总裁苻坚。年轻时候的吕光，身高约两米，不喜欢读书，只爱好架鹰跑马，骁勇善战。在他22岁的时候，第一次出征就枪挑号称“万人敌”的猛将张蚝，一战成名。吕光这个名字从此变得无人不知，无人不晓。

吕光越战越猛，长期的军队生活，让他的作战能力越来越强。他带着团队打单，打到了西域，一路所向无敌，横扫列国，在西域创下了赫赫威名。而他的老板前秦集团第三任总裁苻坚此时却在长安天天被动挨打。当吕光想从他乡回故乡时，故乡却再不是原来的样子。北方大乱，各个团队纷纷脱离前秦大集团的管理，独自创立品牌。

吕光只好带着团队到达姑臧，他在那里给自己安排了一个职位，自任凉州刺史，还是归属前秦集团管理。没过几天，又听到老板苻坚被杀的消息，作为忠实打工人的吕光下令三军缟素服丧，为老板下线痛哭。可见忠实的打工人吕光当时是真没想自立门户，无奈时势造英雄。于是，吕光非常意外地，“随波逐流”创立一个新集团，开始了他的创业之旅。

公元396年，吕光即天王位，国号大凉，史称“后凉”。同年12月起，吕光感觉身子骨一天不如一天了。为了让自己的儿子能够顺利上位，吕光也真是煞费苦心。他先是传位给太子吕绍，自称“太上皇”。通常情况下，皇帝活着的时候，都不愿意当太上皇，那可是被架空了的卸任皇帝。吕光之所以这么做，是觉得儿子吕绍太柔和，自己身子骨又快不行了，决定要亲自将儿子扶上马，再送一程。

吕光也就成为中国历史上第一位真正意义上的太上皇，那些活着或者死后被动受封的太上皇都不算数。

第二集

世界上有一种死，叫做“听爸爸的话”。

公元399年，吕光开始上演“上气不接下气”，他紧握着嫡长子吕绍的手，泪光闪闪、磕磕巴巴地说：“咱们集团现在的日子不好过啊！邻居南凉、西秦、北凉，这三只恶狼都瞪大眼珠子盯着咱们这块肥肉呢！稍有不注意，就会被他们吞吃了。阎王爷现在还非得让我去报道，我下线后，儿子你可记住了，要让吕纂掌管军事，让吕弘管理政务。你就啥也别干，大事都交给你这两个哥哥，千万别差了主意，造成家庭内部矛盾！你打我，我打你的游戏，咱可别玩啊！”吕光传位后，将儿子扶上马，还没送多久，就一口气没上来，下线了。

吕绍是史上最听爸爸话的儿子，吕光下线后，他老老实实地坐在那里，啥也不干，就是一个“瞧”啊，两个哥哥忙得团团转，他们想干啥就干啥。

这天，大侄子吕超偷摸地对吕绍说：“您哥哥现在粉丝量暴涨，就连您老爸被阎王爷强拉去报道，他都没掉眼泪啊。没事还总看自己的关注量。您赶紧把他踢下去吧，小心他背后给您一脚！”

“你懂啥？我爸说了……”活脱脱的爸宝男，吕绍就一直按着他爸说的，没有对吕纂起一点疑心。

幕后，政务部主管吕弘靠在军事部主管吕纂耳边，小声嘀咕：“凭啥让他做总裁？他只会瞧！大哥你现在支持度这么高，上位吧！集团干部们都挺你！”

吕纂进入沉思者状态，他一拍脑门，大喊一声：“上！”随后就带着几个膀大腰圆的小弟冲进了集团大楼。吕绍见到这阵势，心里拔凉拔凉的。

吕绍只当了5天皇帝，真心把皇位让给两个哥哥，两个哥哥却不要给的，非要自己抢的，吕绍也被逼自尽。嘴里唱着：“听爸爸的话，别让他受伤……”刚上线没几天的吕绍，就泪流满面地下线了。

第三集

公元399年，吕纂把吕绍踢下线后，心中对于大局十分有把握，决定对外拓展业务，向南凉集团发起进攻。不料出师不利，被南凉一脚踢回原地。吕纂这个窝火啊，“南凉斗不过，走，去北凉抢业务！”说走咱就走，吕纂刚一出去拓展业务，就有人跑到他的集团去抢地盘了。吕纂回头一看，后院着火了，只好大叫“崩溃”，跑回去救火。

两次拓展业务失败的吕纂，似乎受了刺激，整日买醉。

这天，大侄子吕超又来了，正在喝酒的吕纂一见大侄子来了，爱恨交织，咧开大嘴，开着生死大玩笑，说："兔崽子，回想起从前，我应该干掉你！"吕超连忙磕头认错，吕纂本来也就是想要吓一吓他，并没有杀他的意思，见吕超认错，就拉着吕超一起干杯。说者无心，听者那绝对是有意。已经喝得烂醉的吕纂，乘车带着大侄子吕超出去开心地玩耍，走到达琨华堂的东阁时，车子过不去，吕纂亲自下车把剑靠在墙壁上，准备推车过门。此时，吕超看准机会，拿起剑就刺向吕纂，吕纂连忙回身想抓吕超，却被吕超刺穿胸部，鲜血直流。吕纂逃到宣德堂，在经过一番与阎王爷的讨价还价后，被强拉下线报道。

第四集

公元 401 年，大侄子吕超和阎王爷合作把吕纂给弄下线了。吕超有一个哥哥，名叫吕隆，此人威武英俊，正是传说中的策马帅气少年郎。吕超把辛苦得来的总裁大位送给了吕隆，吕隆也没客气。

吕隆上班后，主要工作就是打土豪，谁有钱干谁，在那个时代，有钱就是原罪。

公元 403 年，吕隆因频频遭到业务被抢事件，加上危机四伏，派遣自己的老弟吕超带上队伍，又带上很多珍宝，前去投靠后秦集团。后秦集团一听，后凉集团找自己谈收购，立刻派出业务骨干热烈迎接吕超。接下来的谈判顺风顺水，后秦集团没动一兵一卒就成功收购了后凉集团。

自此，后凉也彻底凉凉。

后凉集团最后一任总裁吕隆，因在后秦集团过得不舒心，公元 416 年，他和儿子吕弼密谋再度创业，结果因事情败露而被诛杀。

华夏生命顽强　北方留存曙光

今天，我们要介绍的是“宇宙第一大群”，汉帝国军团。

汉族的起源，绝不是因为个个都是七尺大汉就被称之为“汉族”。汉族最初的名字叫做“华夏族”，而后来之所以改称“汉族”，还真得请出早已下线的西汉集团刘大老板再次现身，为大家解释解释。

西汉帝国在大老板刘邦的“嗷嗷”哭声中挂牌营业了，别的民族也开始称我们为汉人。中间虽然经历了“呼呼”的风和“哗哗”的雨，但依然没有影响到汉族人民的崛起。汉族人民一大重要特点就是勤快，男耕女织，整日里就像小陀螺一样忙个不停。

五胡南下时期，众多的边境地区少数民族都趁中原王朝战乱，大量进入中原创业。在这十六个最有影响力的集团中，有 3 家大集团并非少数民族所建立，它们妥妥是由汉族人士建立的，具体情况如下：

汉族上市公司一

公司名称：前凉

曾用名：凉

在世寿命：公元 301—376 年

创始人：张寔

成立地点：姑臧

公司总部：姑臧

公司历史：

前凉集团的挂牌营业，与其他十五个集团都不相同，可以说是非常无奈的。汉人张轨一心想着兢兢业业地为西晋打工，只可惜，西晋这个大一统王朝自己把自己给玩崩了，天下离乱，小公司、大集团遍地开花。

申请外调的张轨在凉州打造了一片安定乐土，而张姓家族本就不平凡，张姓的祖先张挥是黄帝的孙子，少昊的儿子，所以说，前凉张姓王朝可以算是黄帝的后裔。

公元 314 年，张轨下线，他的儿子张寔接班上岗。此时的凉州是半独立的小集团，名义上依然属于西晋大集团，实际上已经成为了割据政权。

公元 320 年，张寔被杀，他的弟弟张茂正式接班。张茂下线后，张寔的儿子张骏接班，把根据地建在姑臧。张骏在位期间，对外进行业务大拓展，其统治范围包括今天甘肃、宁夏西部以及新疆大部。

公元 346 年，张骏的二儿子张重华接班，家族内部关系出现矛盾，集团实力一天不如一天。

公元 376 年，前秦集团总裁苻坚派出 13 万人的兵团，吞并了前凉集团。

前凉集团从头到尾共存在了 76 年，建国以后历经八代君王。前凉是十六国中皇帝最多的国家，我们将两位皇帝放在一集来演说。

主角人物：

第一任总裁

姓名：凉昭王——张寔

身份：创始人

第二任总裁

姓名：凉成王——张茂

身份：创史人张寔的弟弟

第三任总裁

姓名：凉文王——张骏

身份：凉昭王张寔的儿子

第四任总裁

姓名：凉恒王——张重华

身份：凉文王张骏的儿子

第五任总裁

姓名：凉哀王——张耀灵

身份：凉恒王张重华的儿子

第六任总裁

姓名：凉威王——张祚

身份：凉文王张骏的庶子

第七任总裁

姓名：凉冲王——张玄靓

身份：张耀灵的弟弟

第八任总裁

姓名：凉悼王——张天锡

身份：凉威王张祚的弟弟

第一集

张寔，学问高深，处事明察，深得其父亲真传。

公元314年，老爸张轨下线，张寔接班上岗。上岗后的张寔一直牢记老爸的行事作风，没有自称皇帝。甚至有人将刻有“皇帝玺”的大玉玦献给他，也觉得烫手，赶紧送去了长安，给了当时西晋集团的名义总裁晋愍帝。

张寔在位期间广纳谏言，有一次，手下主管建议他：“老板，您哪都好，就是有一点……”

“哪一点？”

“您太聪明了！要是您装笨一点，决策时听听集团干部的意见，大家肯定能畅所欲言！到时，您的决策岂不是更加周全吗？”张寔一听，有道理，没毛病，立刻采纳了这个意见。老板们都巴不得让下属觉得自己是个人精，像张寔这样，为了得到意见，装傻的老板真是少之又少。所以咱们打工人给老板提意见可得长点心眼，别遇到张寔一样的老板，还在关公面前耍大刀呢！

公元316年，入侵者刘曜进攻西晋集团根据地长安，张寔立刻派出小分队前去营救集团老板。

后来，西晋集团的老板晋愍帝决定投降前，给忠实的打工人张寔飞鸽传书：“寔啊，想当初，大家因为西晋集团的前任总裁下线了，就赶鸭子上架，把年幼的我按在了总裁大位上。我这个总裁做的是既憋气又窝囊，我啥事都没说了算过，成天还得到处逃，现在我又被人重重包围了，崩溃啊！救兵不到，粮尽人困。我泪眼模糊地看，只有你才是我的依靠。我去当俘虏了，希望你可以做西晋集团的代理总裁，西晋这匹死马，交到你手里，希望奇迹的出现……”

张寔接信一看，这哪里是信，明明又是一个烫手山芋，他坚持老爸的做人原则，天子蒙难，谦让不受。

公元317年，司马睿在建邺即皇帝位，张寔一看，自己也别苦苦等待了，狠下一条心，创业吧！于是在第二年建立公司，史称“前凉”。

公元320年，张寔的部下中跳出一个叫刘弘的人，此人擅长旁门左道，忽悠骗人最拿手。别说，被他忽悠的人还不少，就连张寔身边的铁粉也有被忽悠脱粉的。

这日，刘弘又开始了大忽悠，说：“上天托人给我送来一块神玺，让我成为凉州霸王。”

被忽悠的人，居然都像用膝盖思考一样，对大忽悠的话深信不疑，开始密谋杀张寔。更让人无法想象的是，大忽悠的信徒们，居然还成功刺杀了张寔。

张寔的弟弟张茂气得头发都支棱起来了，让人把大忽悠的舌头给割了，然后又给他安排上了车裂。张茂边安排边指着被五花大绑的大忽悠，叫喊：“有能耐，你再起来，继续忽悠啊！还神玺，老子给你安排的都是惊喜……”

张寔下线后，集团股东们都认为张寔的儿子张骏还是一个小孩，就让张茂接管集团。张茂为人高雅，处事果断，有志向有节操，能决断大事。他也不想自己称帝，西晋集团没了，他就找到东晋，让东晋集团继续做自己的老板。

公元 325 年，张茂下线。

第二集

前凉大总裁张寔虽然死于非命，但是他人品过硬，闭眼工程也做得相当成功。他的儿子张骏，在弟弟张茂下线后，接管了集团。

张骏，帅哥一枚，还是一个肌肉男。出身高贵，自身多金，但是张骏为人低调，谨守祖上传统，一直对外声称东晋集团是自己的大老板。有很多人劝张骏：“集团做得这么大，自己称帝吧！”张骏倔脾气上来了，“爷爷不称帝，老爸不称帝，我这做儿子的，头上又没长犄角，不称！都别劝我了，谁劝都不好使！”

张骏每天按时上班，认真工作，还不断对外拓展业务。空闲时间，还带着一把小锄头亲自下地干农活。张骏在位期间，做过最大的两单就是夺取了河南，尽收了陇西。对了，向成汉李雄借道那事，也是他干的。

公元 346 年，年仅 40 岁，正是一朵花的张骏突然凋落了。

张骏下线后，他的儿子张重华接班上岗。张重华自幼宽善端重，看看人家老张家这教育做得那叫一个“成功”，身教胜于言教，再看看司马家，真是惨不忍睹。

张重华上班以后，对内减轻百姓的各种税款，并且对于自己平时休闲用的园林，也进行了从简工作。张重华还派出公关部门的负责人去和后赵集团修好关系。

老老实实做人，认认真真做事的张重华一派明君风范，他以为自己的未来不是梦，却不知未来全都是噩梦。原来，张重华派出去的公关部负责人无功而返，后赵集团不但不与前凉集团修好，还屡屡派出军队和前凉抢地盘，前凉集团的百姓就被抢走7000多人。集团内部工作人员受张重华恩惠，站得笔直，领导讲话时个个都说好，大难来临时个个都往外跑。前凉集团的金城太守当了叛徒，负责抵挡后赵军队的将军“坐山观虎斗”。老板不能只心善，关键时候还得有手腕。

正当张重华崴了脚，闪了腰，后脑勺还磕了个大金包之时，有人向他推荐大将谢艾。此时的张重华只能选择赌一把，派出新上任的谢艾上阵杀敌。爱你才会和你一起拼搏，不然何必拿青春赌明天，大将谢艾大破后赵军团。

男人不是在成功中变坏，就是在沉默中变态。大获全胜的张重华被胜利的果实堵塞了大脑的思考能力，开始一天到晚不上班，就下棋。有大臣及时将他叫醒，他又开始规规矩矩、老老实实地上班了。

公元353年，张重华不甘于寂寞，他派出业务部和前秦集团举行抢单大赛，派出去的业务员被前秦打得丢盔卸甲。张重华一气之下，亲自上阵，抢了前秦两块地盘。

人生就像电话，不是你先挂，就是我先挂。正当张重华想要吞并前秦集团时，他却病重下线了。

第三集

老爸张重华下线后，他的儿子10岁的张耀灵即位，右长史赵长为了自己的利益，假造遗书为自己封了一个领军大将军的官。

一个月后，赵长就带领一伙人提出建议：“一个小孩子最大的优势就是年龄小，除此之外，一无是处。把集团的大权交给他，就是给烟不给火，纯属调戏人。”

张耀灵的奶奶，也就是张重华的妈妈王太后。年轻时有一个老相好叫张祚，吭哧瘪肚地站上了历史舞台。老相好张祚在王太后背后鼓鼓秋秋，把张耀灵降成了凉宁侯，自己却成为前凉集团大总裁。这让10岁的孩子去哪里说理呢？史上最坑孙子的奶奶，也不过如此吧！

张祚靠私通太后上位，他除了是太后的相好外，还有一个让你惊到下巴的身份，张祚还是前凉集团第三任总裁凉文王张骏的庶子，是可怜的张耀灵的爷爷辈直系亲属。

张祚为人诡诈，成为大总裁以后，一不做二不休，在公元355年，将张耀灵残忍杀害，埋在沙坑里。

从张祚所做的事情，我们就可以看出此人荒淫残暴、不讲武德。此后，张祚又与前凉集团第二任总裁张重华的妻子裴氏，你关心我，我关心你，过起了没羞没臊的生活。从宫中的妃妾到张骏、张重华没出嫁的女儿，张祚全部收入怀中。

张祚在后宫闹得红红火火，情场得意，职场却失意。前凉集团业务部丢失了陇右与秦州两块大地盘。由于张祚是贼人上位，平时对集团骨干们警戒心极重，这也为前凉集团的破产埋下了潜在的伏笔。

公元354年，张祚称帝，发出通告，前凉集团彻底脱离东晋集团的管理。

公元355年，先前那帮假造遗书的人，找到张耀灵的弟弟张玄靓，拥其为新老板。

此时，张祚又横竖都看不上同族的守城大将张瓘。张瓘的弟弟张琚招募了一个小团队，在街上摇旗呐喊：“张祚无道，我大哥已经带兵开干了，不服的，出来单挑。”

张祚手下的人一听，迷糊地就开始跑，最后剑架在了张祚的脖子上。有一种不行，叫完犊子。张祚大声呼喊：“给我冲啊！”但他早已经失去了人心，团队也没了斗志，左右的人都跑完了。张祚的脑袋搬了家，头被挂在城墙上示众，尸体被放在马路牙子暴晒。城中的百姓居然没有被眼前的情景吓倒，反而集体上街，边蹦边跳，嘴里还不停地大声喊道：“咱们那个老百姓啊，今个真高兴，高兴，高兴，真高兴……”

第四集

张玄靓是张重华的儿子，是经历悲惨被埋命运的张耀灵的弟弟，在张祚脑袋被搬家之后，张玄靓被按在了前凉集团新任大总裁的位置上。之所以说被按上座位，是因为他比那被埋的哥哥还惨，只有 5 岁。

这位前凉大总裁生活自理都成问题，更别说治理集团了。世上没有不变的承诺，只有说不完的谎言。张玄靓被连哄带骗按在了总裁位置上，然而集团的大权、工资、福利、事务却由权臣张瓘和宋混掌握。一山不能容下二虎，一个厨房容不下两个女人，张瓘和宋混相咬相吞。

前凉集团内部发生“黑吃黑混战”，在第一回合中，宋混取得胜利，将张瓘和他的团队全部踢出群。第二回合，宋混下线，他的弟弟宋澄独揽大权，后来张瓘的弟弟张邕又发起了猛烈的反扑，将宋氏团队全部踢出群。

前凉集团就这样像皮球一样，被权臣们抢来抢去。第三回合又开始了，前凉集团第六任总裁张祚的弟弟张天锡，站出来意外上场，抢回了本该属于张氏皇族的大权。

原以为张玄靓的好日子来临了，可事实愣给了一个大巴掌，直“啪啪”地打脸！

公元 363 年，大权在握的张天锡将张玄靓杀害，自立为王。自家人要是行动起来，更狠。张玄靓在位 8 年，终年 13 岁。

张天锡，小名独活，这个小名取得真是再合适不过了。独活总裁有两大独活，一是文采出众,《晋书》中就说他是“少有文才，流誉远近”。二是，独活总裁还特别擅长“脱口秀”，被称为最会耍嘴皮子的皇帝。如果活在今天，独活总裁绝对可以称得上是口才大师。

只是，能说会道并不代表治理有道，独活总裁是一个彻头彻尾的昏君。前凉集团本就是十六国时期一个只有弹丸之地的小公司，根本惹不起前秦、东晋这样的大巨头。独活总裁自己也明白，所以刚一上任，就立刻派出公关部的工作人员去这两个大集团套近乎，说愿意成为他们的分公司，两大集团高兴地同意了。独活总裁自认为靠着这一招可以在乱世独活，然后就开始声色犬马地自在生活。根据《晋书》记载：独活总裁每天不喜欢上班，就喜欢经常在后宫的花园、游泳池里开派对，玩得是没日没夜、没羞没臊。

集团中的员工都看不下去了，找到独活总裁，细声慢语地劝说："老板，先别玩了，咱们做点 PPT 吧！"

独活总裁满脸的委屈，叽叽喳喳一顿讲，真是舌灿莲花、漫天祥云："你们不懂我的心，你们以为本总裁是在贪玩吗？我是在品味人生啊！通过派对，本总裁学会了太多的人生大道理。看到花开时，我就想着要敬重才子；看到芝兰时，我就想到了要照顾好兄弟；瞧见松竹，我就想到了要寻找人才；面对哗啦啦的清流，我就决定要看重廉政；一回头，又看见了那在风雨中摇曳的狗尾巴草，我就想到了要伸出手指头鄙视贪官。如果你们能将我的这套玩乐理论应用到工作生活的方方面面，做到举一反三，那我们是不是就可以近乎完美了！"

瞧瞧，这就是人家独活总裁，超级能扯，讲得绘声绘色、感动天地，贪玩都能编排一套冠冕堂皇的妙语高论，手下的兄弟们，你看看我，我看看你，集体无语。

公元 376 年，独活总裁与前秦集团关系破裂，前秦集团一举将前凉集团吞并。

公元 383 年，前秦集团攻打东晋集团，两个大总裁打起来了，前秦没打过东晋。独活总裁逃到东晋集团，在他的一顿大忽悠下，东晋集团也没有为难他。东晋总裁还特别喜欢这个能吹的独活，没事就找他胡编乱侃瞎嘚啵，两人感情迅速升温，整天出双入对的。

独活成为了东晋总裁眼中的大红人，东晋集团内部的干部们不乐意了，死活瞧不上他。但是无奈，东晋总裁就得意这一口。

后来，东晋总裁换了人，新上任的总裁没事就拿独活找乐子。独活的日子大不如前，但他凭借着自己城墙一般厚的脸皮和"脱口秀"绝活，大叫道："嘲笑在哥这里都不是事，一切都是浮云，哥活得就是倍儿带劲。"

公元 406 年，独活 61 岁因病含笑下线，他的嘴也终于得以休息。作为被灭的前凉小集团的总裁，他的下场不算太衰。能够在那个乱世之中游刃有余，表面上是靠着他的嘴皮子，实际上靠的是能左右逢源的厚黑。

汉人上市公司二

公司名称：北燕

曾用名：燕

在世寿命：公元 407—436 年

创始人：冯跋

成立地点：龙城

公司总部：龙城

公司历史：

北燕集团的第一代皇帝是高句丽人高云，实际上北燕集团的真正建立者是鲜卑化的汉人冯跋，北燕的根据地在龙城（今辽宁省朝阳市）。

冯跋最初是给西燕集团打工的，后来西燕公司黄了，冯跋就到了后燕集团混饭吃。自幼跟着鲜卑人东跑西颠的冯跋，早已成为鲜卑化的汉人。后燕集团慕容熙成为新一任总裁后，冯跋不再受新老板待见。

公元 407 年，冯跋干掉老板慕容熙，拥立了前任皇帝慕容宝的养子高云为王，史称北燕。

公元 430 年，冯跋病死下线，他的弟弟冯弘上演恐怖大片，将冯跋一百多个儿子全部干掉，又自立为王。

公元 436 年，北魏集团前来攻打北燕，北燕根据地被攻破。此时北燕集团的总裁冯弘被边疆地区一个小公司高句丽杀害。北燕成也高句丽，败也高句丽。

至此，北燕集团彻底灭亡。

北燕集团在其鼎盛的时期，拥有着今天辽宁西南部和河北东北部的地盘。北燕集团一共经历了三主，存活了 29 年。

第一任（名义）总裁

姓名：燕惠懿帝——高云

身份：毫无实权的傀儡皇帝

第二任总裁

姓名：燕文成帝——冯跋

身份：创始人

第三任总裁

姓名：燕昭成帝——冯弘

身份：冯跋的弟弟

第一集

说起北燕的创始人，他绝对是历史上生儿子最多的皇帝，共有100多个儿子。在乱世中，他创立集团、功成名就、儿孙满堂。但他有一个可怕的弟弟，把他的儿子全都给杀了，这就是历史上“高产”却“无后”的北燕集团实际创始人——冯跋。

年轻时的冯跋跟随着自己的父亲冯安为西燕集团打工，冯跋自幼恭慎寡言，宽厚大度，勤于农事，是父母的乖孩子。近朱者赤，近墨者黑，由于冯跋自幼跟在慕容氏后面南征北战，已经被同化，言谈举止和鲜卑人一模一样。西燕破产以后，冯跋走投无路，被迫带着一个团队东徙到了龙城，跑到后燕集团应聘。后燕集团的总裁是慕容宝，冯跋经过一番职场打拼，在后燕集团得到重用。

好日子还没过几天，后燕集团总裁慕容宝下线。一朝天子一朝臣，新上任的总裁慕容熙接班，此人残忍暴虐，冯跋在新老板那里并不受待见，再加上他有一个喜欢惹祸的弟弟，老板慕容熙就想踢这两兄弟下线。

兄弟俩一听，老板要踢他们下线，鸡蛋碰不过石头，也不能等着被踢，得跑啊！冯跋兄弟二人互送一个眼神，就逃到了深山老林之中养精蓄锐。

公元407年，冯跋发出消息，招来了自己的几个铁杆兄弟，在深山老林里开了一个小型会议，冯跋清清嗓子，一本正经地说：“世道太乱，老板昏庸暴虐，咱们哥几个也不能总躲在深山老林里不出去，连个媳妇都找不着。老板既然想杀我们，我们没有退路，就要找出一条活路。不如先下手为强，事情如果不成功，再死也不晚。”

在冯跋的号召下，一个小团队很快就组建起来了，总共有 22 个人。冯跋带着这 20 多个铁杆哥们杀回龙城，潜入宫中，干掉昏庸暴虐的慕容熙，拥戴慕容宝的养子高云为燕天王，历史上称之为“北燕”。

公元 409 年，北燕集团总裁高云被集团内部的近臣所杀，冯跋再次跳出来平定事变。东风吹，战鼓擂，我是冯跋，我怕谁。冯跋自立为天王。冯跋在位期间，再一次做起了他最喜欢的事——农事，只是这次不光自己一个人干，他还带着东北地区的父老乡亲一起干。老百姓遇到这样的老板，犹如久旱逢甘霖，喜极而泣。田地里一片热火朝天激动人心的景象。

人家冯跋除了会种地以外，还会治理国家，比如：整顿朝政，废除各种严刑酷法，肃清吏治，轻徭薄赋，设立太学，重视教育，平定内乱，这些业务都是由集团总裁冯跋一手抓。集团内部的大臣们远离了前任老板设下的白色恐怖，台下一片掌声。

不但如此，冯跋还有一个很大的特点：能喝！一坛酒下肚，都毫无醉意，就是那种“白酒五斤，啤酒随意”的量，这真可以称得上是海量了。有了酒量，对外的关系，冯跋也处理得比较妥当，所以给当时的东北人民，创造了一个在乱世之中相当美好的 20 多年。

在鲜卑人眼中，大总裁冯跋不是亲人胜似亲人。

第二集

历史上的皇帝病死的不少、被杀的也非常多，但被活活吓死的却不多。

公元 430 年夏天，冯跋身患重病，另一个世界正在疯狂地呼叫他，冯跋自己也明白，这次是躲不过去了。冯跋将二儿子冯翼招到了身边，千叮咛万嘱咐，立他为“代理总裁”，代管集团所有事务。

本来整个集团的权力可以通过冯跋的操作平衡过渡，但是一个“祸水”出现了。知道冯跋要下线，他的妻子、皇后宋氏在后花园坐不住了。冯跋立的太子并不是宋氏所生，宋氏满心想着要让自己的儿子上位。宋氏心想：“集团正处于混乱时期，名利刀剑过，富贵险中求。”一咬牙、一跺脚，下令不许“代理总裁”冯翼和冯跋的其他儿子去看望冯跋，只允许她的心腹胡福一个人出入病室，送些吃食。可怜的冯跋驰骋沙场一辈子，最后却被老婆给软禁了。

过了些日子，宋氏见其他儿子也没什么大的反应，恶向胆边生，又找到冯翼说：“你老爸的病马上就好了，你为什么还要总把持着集团的大权啊，好像要抢着上位一样。”

代理总裁冯翼是个没心眼的，他还以为“后妈”是在好心提醒自己，赶紧做起了“甩手掌柜”，回到自己的太子宫，安心等待老爸的康复。

同年九月，变成妻管严的冯跋的病危通知书下来了。剧情也随之发生大翻转，冯跋选妻子看走了眼，宋氏选心腹也看错了人。宋氏的胡福不知是良心发现，还是另有图谋，居然把宋氏的阴谋全部告诉了冯跋的弟弟冯弘。冯弘一听，这还了得，大哥被软禁是小，总裁要换人才是大事。冯弘当即发令摇人，直接率领几十名士兵，提着大刀就闯进了冯跋的病室。可怜的冯大总裁这一年来都没见过胡福以外的人，突然间看到几十张面孔，不知是福是祸，恐惧与紧张过度，一口气没上来，就去了另一个世界。

冯弘当场宣布，集团归自己了。太子冯翼知道此事，心中很不服气。谁还没有几个铁粉，冯翼也学着发令摇人，侄子和叔叔正式拉开“抢位大战”。冯翼在“抢位大战”中失败，被冯弘抢走了脑袋。

冯弘还将冯跋的儿子全部杀害，甚至连刚出生的婴儿也没有放过。这样血腥的骨肉相残，历史上也是很难找出像冯弘这样残酷的君主了，冯弘还公然把寡嫂宋氏纳为妃子，这是真不害怕自己成为被软禁的皇帝第二啊。

北魏集团总裁拓跋焘见北燕集团内部大乱，决定趁火打劫。拓跋焘写信给冯弘，让他把新立的接班人冯王仁送到北魏集团做人质。冯王仁的妈妈在冯弘面前哭得梨花带雨，美女晃动了冯弘的黑心，他把自己最小的女儿送去了北魏集团，给拓跋焘当妃子。

让你送儿子，你送女儿，当我看不出性别呢！公元436年，北魏集团总裁拓跋焘翻脸不认人，派大部队进攻北燕。冯弘一听，大巨头北魏要来打自己，赶紧暗中秘密向小公司高句丽求救。高句丽还真是跑得快，在北魏大部队到达龙城前，高句丽的飞毛腿小团队就赶到了。冯弘欢天喜地把“大救星”高句丽迎进城内，却不知道这是引狼入室，高句丽团队一进城，就把城内财宝抢劫一空。

冯弘被高句丽的飞毛腿小团队抢夺财宝的画面震惊了，在那一刻他也彻底崩溃了，只有逃跑一条路，下令把龙城的宫殿全部烧毁。但高句丽还是够朋友的，抢的宝物当作佣金，把冯弘和旗下百姓全都安全带到了高句丽。

至此，北燕集团灭亡。

尾声：

冯弘到了高句丽以后，大巨头北魏集团向小公司高句丽要人，高句丽冒着巨大的风险没有理睬北魏。

高句丽帮冯弘安排了一个居所，让他安心住下，冯弘却把他乡当故乡，开始了作死的节奏。他在所居住的区域内把自己当成一方皇帝，和高句丽对话仍是下诏书。高句丽总裁忍无可忍，最终让冯弘脑袋搬了家。

在北燕集团灭亡时，冯弘有一个儿子叫冯朗，他没有跟着老爸一起去高句丽，反而投靠了北魏集团。从此，冯朗便开始了为北魏集团打工、做贡献的奋斗生涯。冯朗的妻子生下一个女儿，她就是历史上的超级女强人冯太后，这位超级女强人一生跌宕起伏的传奇与武则天极其相似，影响了北魏几10年。

冯弘被杀时，他的第4个儿子逃往南朝，他的后代中出现了一个叫冯元一的人物，后来进宫做了太监，而这个人就是唐代大名鼎鼎的宦官高力士。

汉族上市公司三

公司名称：西凉

曾用名：凉

在世寿命：公元400—421年

创始人：李暠

成立地点：敦煌、公元405年迁都酒泉

公司总部：敦煌、酒泉

公司历史：

西凉集团的第一代皇帝是李广的后裔——李暠，此人能文能武，还会作诗。300多年后，被唐玄宗李隆基追尊为兴圣皇帝。面子上是相当可以的。西凉的统治范围是古代大名鼎鼎的凉州地区，故国号为“凉”，因位于凉州西部，故名“西凉”。西凉集团的历史不长不短，总体来说就是老总裁和两位霸道少爷开疆拓土，最后惨遭灭门的故事。公元421年，北凉军围困敦煌，敦煌太守李恂战败，自尽。西凉集团关门大吉。

西凉集团在最辉煌时期，拥有甘肃西部酒泉、敦煌一带，西抵新疆葱岭地区。一共经历了3位君主，存活21年。

第一任总裁

姓名：武昭王、兴圣皇帝——李暠

身份：酷爱文学的西凉太祖

第二任总裁

姓名：凉州牧（封号）——李歆

身份：拒绝纳谏的西凉太宗

第三任总裁

姓名：敦煌太守，凉州刺史（封号）——李恂

身份：李歆的弟弟

第一集

李暠出身豪门——陇西李氏，自称是西汉飞将军李广十六世孙。不管是不是真孙子，至少人家没给飞将军丢脸，还能好上加好，为李氏增光添彩。

李暠从小就是好学生，喜欢文学，属于文学青年，酷爱作诗。他还精通武艺，没事就研究《孙子兵法》，属于德智体美劳全面发展，妥妥的别人家的孩子。

公元 400 年，李暠自称大将军、护羌校尉、秦凉二州牧、凉公，名头弄了一大堆，就为不给祖宗丢脸。那一年，他建立了西凉，以美丽的敦煌为都城，在西域安家落户。

他并没有停下前行的脚步。公元 405 年，李暠改元建初，上报大哥东晋，迁都酒泉，开始与北凉长期争战。

战争果然很长，他一边打仗，一边作诗，著有《靖恭堂颂》《述志赋》《槐树赋》《大酒容赋》等，可除了《述志赋》外，其他的都没有传下来，希望考古队的老师加把劲，或许将来会有意外惊喜。

公元417年，李暠去世，享年67岁，谥号武昭王，庙号太祖，葬于建世陵。

第二集

李歆是李暠的次子，他的大哥——太子李谭提前过世，父亲顺理成章地将皇位留给了他。李歆继承了李家男儿的骁勇善战，一直跟着父亲和兄长南征北战。

父亲李暠过世后，文武百官和从前一样，相同的程序重新走一遍，拥立李歆为大都督、大将军、凉公、凉州牧，大赦天下，改年号为嘉兴。李歆开启了西凉王朝的“太宗朝”。

西凉的太宗并不好做。西凉的国丧还未过，北凉武宣王——沮渠蒙逊就派兵打来了。李歆可不是吃素的，一鼓作气地率大军迎战。两军在解支涧打得惨烈。最后大破北凉军，斩杀 7000 余人。

不过，人无完人，打仗厉害，未必处处能耐。李歆有自己的小爱好，比如兴土木，修宫殿，脾气也蛮大的，最要命的是：不准别人提意见。也就是不听臣子的劝谏。起初还行，只是不听劳民伤财的意见；后来连行军打仗，治理国家的意见也不听了。这就预示了西凉未来的走向。

公元 420 年，沮渠蒙逊又准备进攻西凉，李歆不听劝谏，非要硬碰硬。不料陷入沮渠蒙逊设下的圈套，西凉军大败。

这时有大臣劝李歆立刻退兵，去守护都城酒泉。李歆刚愎自用的毛病又犯了，压根儿没听进去，又率兵在蓼泉与沮渠蒙逊展开第二次会战。结果可想而知，西凉军再次大败，李歆被沮渠蒙逊杀害。

沮渠蒙逊乘胜追击，攻占都城，西凉岌岌可危！

李歆的弟弟李恂在部下的护送下，向西逃亡，回到父亲最初称帝的地方——敦煌，自称为冠军将军、凉州刺史，改元永建。

沮渠蒙逊哪里肯善罢甘休？直接派兵讨伐敦煌，李恂吓得不敢应战。北凉军竟然想出了水灌敦煌的损招。李恂无法，只能举起白旗投降。

但是，这个时候北凉军已经完全占据了战争的主动权，没有给乞降者任何机会，破城而入，敦煌失，李恂死。

至此，西凉集团彻底灭亡。

羯族暴力至上　古羌西部牧羊

羯族

羯族本是匈奴贵族的一支奴隶军队，后来渐渐迁居到中原地区。在十六国时期，羯族的出现就像在中国古代历史的夜空中，划过一道腥风血雨的闪电，羯族人一直以“残酷”著称。

羯族在打仗的时候，只会带很少的军粮，大部分靠劫掠百姓物资来解决。百姓们在背后都愤怒地称他们为“胡蝗”！

羯族也是一个极特殊又有个性的民族，他们不是以血缘关系为纽带形成的族群，而是以“共同利益”为目标而形成的利益集团。这个以利益至上的群体，就形成了一个地地道道的“战斗民族”。他们的战斗力犹如天边闪过的流星，短暂却闪亮，虽是一闪而过，却对中国古代历史有着极其强大的震慑力。

西晋王朝的初期，大多数的北方民族已经放弃了纯游牧生活，他们纷纷漂泊到中原地带，给汉人地主打工，日子过得相当困苦和艰难。直到“八王之乱”发生以后，西晋集团把一切都搞砸了。羯族人团结起来，想要打个翻身仗。

羯族上市公司一

公司名称：后赵

曾用名：赵

在世寿命：公元319—351年

创始人：石勒

成立地点：襄国

公司总部：襄国、都邺

公司历史：

后赵集团是十六国时期由羯族首领石勒创建的上市集团。石勒所在的羯族部落，因为本是匈奴人收编的一个分支，平时是为匈奴人做苦役的，战时也会被充当为士兵，冲杀在前线。石勒的父亲是羯族里的一个小头领，名义上石勒是一个官二代，可实际上，石勒自小就是给人当奴隶的。石勒小时候非常聪明，虽然跟随父亲做苦役，但他嘴甜、会说话，周围的人都喜欢他。后来，老板因为他长相奇特，就免除了他的奴隶身份。

公元304年，石勒开始为前赵集团打工，声名远扬。

公元319年，石勒在襄国（今河北省邢台市）自立为老板，称赵王，史称后赵。

又过了10年，石勒带领着他的后赵集团灭了前赵集团。

公元333年，石勒下线后，侄子石虎篡位，称居摄天王。石虎为人十分残暴恶劣，对汉人百姓实行惨无人道的压迫，而集团内部的矛盾也越来越尖锐。所以在后赵统治的地盘，经常可以看到赤地千里。

公元351年，汉人冉闵兴起，让后赵集团破产。后赵集团存在的时间很短，却经历了7位皇帝。

主角人物

第一任总裁

姓名：赵明帝——石勒

羯族

身份：创始人

第二任总裁

姓名：赵文帝——石弘

身份：石勒次子

第三任总裁

姓名：赵武帝——石虎

身份：石勒堂侄

第四任总裁

姓名：赵少帝——石世

身份：石虎的小儿子

第五任总裁

姓名：赵成帝——石遵

身份：石虎的第九个儿子

第六任总裁

姓名：赵仁武帝——石鉴

身份：石虎的第三个儿子

第七任总裁

姓名：赵兴武帝——石祗

身份：石虎的儿子

第一集

自古英雄出炼狱。这是一出奴隶逆袭成为皇帝的精彩大戏，石勒常被后来的人称为“低配版的成吉思汗”。

公元302—303年之间，天下正处于大饥荒。就在西晋集团第二任总裁晋惠帝说出历史名句“何不食肉糜”之时，地球上的某一个黑暗的角落里，一个名叫石勒的少年在给朋友出主意：“咱们可以把这些到处乱跑的人，打成包、绑成捆，卖钱去。”于是，石勒就被打成包、绑成捆，当作奴隶卖到了中原。年轻的石勒哪里知晓“守嘴不惹祸，守心不出错”的处世明理啊！

石勒戴上了沉重的大枷锁，和同伴们锁绑在一起。石勒被卖到山东富户师欢家里，师欢有一个邻居是开牧场的，名叫汲桑。石勒就在这里实现了人生的转折。

汲桑特别欣赏熟悉马性的石勒，师欢为了搞好邻里关系，就把石勒再次打包，送给了汲桑。汲桑看着石勒，那是王八看绿豆——对上眼了。汲桑甚至还恢复了石勒的自由身，不再让他做奴隶。

后来，汲桑不想做牧场老板，改行成为武将，自称大将军，开始再次创业。而石勒也顺其自然地成为汲桑的得力干将，石勒组建了一个 18 人小团队，个个骁勇善战，号称“燕将十八骑”，无论是打单还是抢单，他们都是对手的噩梦。

公元 307 年，汲桑派石勒攻下邺城。得了邺城以后，创业成功的汲桑脑子短路，开始作威作福，他的享受在别人看来，就是受罪。大夏天的，汲桑穿上两件厚厚的貂皮大衣，像大狗熊一样坐在树下，让人给他扇扇子。在太阳的催化下，汲桑大汗直流，舌头伸得老长。穿着貂皮大衣的汲桑责怪扇扇子的人不卖力，把他们全都干掉了。如此作死的汲桑，没过两天也就被手下员工给干掉了。

老板下线了，石勒就跳槽去了汉赵集团。

公元 311 年，汉赵集团新任总裁刘聪见西晋集团已是要翻的大船，立刻派出业务骨干刘曜、石勒去攻打西晋集团的根据地洛阳。石勒带着武装部队，将似出海蛟龙、兵如下山猛虎，把西晋军团杀得大败。

春风得意马蹄疾，石勒这匹战马也跑得贼快，一直打到了长江边。石勒碰到了对手王导——史上最会排戏的王大导演。王大导演深知自己不能和石勒这莽夫硬碰硬，就下令坚壁清野，让石勒团队找不到粮草。人是铁饭是钢，一顿不吃饿得慌。石勒团队饥饿难忍，眼看就要撑不下去了，万分紧急之际，石勒带着饥肠辘辘的团队再次杀回北方，在河北养精蓄锐，准备吃饱饭，再干活。

不久之后，汉赵集团总裁刘聪病得很严重，写信给石勒，让他回都城管理

集团事务，石勒已经在河北站稳了脚跟，不想轻易放弃。

公元 318 年，石勒正在两难之间，突然有信使来报，汉赵集团内部发生了动乱。石勒立刻放下纠结，派出一支精锐部队杀回汉赵集团根据地，平定内乱。石勒搞定汉赵集团的内部叛乱后，又派出一正一副两名使者，去给汉赵集团新任的总裁刘曜报信，请老板放心。谁知派出的副使者似乎有点脑子短路，竟跑到刘曜面前说石勒是让他们来探听虚实的，真正的目的是想搞事，刘曜愤怒之余杀了正使者。

石勒听说新任老板杀了自己派出的使者，大骂道："你汉赵集团江山都是我打下的，我忠心耿耿为你们打工，我想当王还用你封，现在就给自己封一个！"

公元 319 年，石勒一气之下，自立为赵王，把根据地建在了襄国城。由于刘曜、石勒都称自己的公司是赵，所以历史上就把刘曜的集团称为前赵，石勒的集团称为后赵。

公元 321 年，石勒带着他的后赵集团，消灭了段氏鲜卑的势力。

公元 322 年，石勒又抢了东晋集团徐、兖二州的地盘。

公元 324 年，后赵集团又抢了东晋十余座城池。

至此，石勒在北方的主要对手就剩下前赵刘曜。二赵间的决战，如箭在弦上了。

公元 328 年，日渐强大的后赵石勒，挑起了和前赵的战端。得知手下员工石勒想跟自己抢地盘，刘曜亲自带兵出征。刘曜自小就嗜酒如命，酩酊大醉的他只能在梦里征战。真可谓人生就这几顿酒，谁先喝完谁先走。

刘曜正在梦中大战石勒，石勒却在现实中将他活捉。石勒让刘曜给留守都城的太子刘熙写信投降，交刀不杀，刘曜却让刘熙跟石勒接着干仗，别在乎老子，信尾处落款"人在江湖走，哪能不喝酒"。石勒气得大喝一声，举刀结果了刘曜的性命。

再看看，酒鬼刘曜的接班人刘熙，也是个名副其实的笨蛋，一听老爸被杀，吓得撒腿就跑，石勒带领的后赵就这样吞灭了曾经效力的公司前赵。

公元 330 年 9 月，石勒穿上龙袍，当上了皇帝。后赵集团更加疯狂地对外拓展业务，石勒也成为了称霸一方的霸道老总裁。

石勒因为是奴隶出身，所以深知人间疾苦，制定了一系列的惠民政策。石勒虽然斗大的字不识一箩筐，但他特别重视教育，还喜欢听别人读书，听完顺便还能做一个点评。就连史学家司马光都说石勒有过人之处。这话说得没毛病，一个从卑贱的奴隶华丽变身为至高无上的君主，怎能没有过人之处呢？歌中不是唱嘛，没有人能够随随便便成功。

公元 333 年，石勒患病下线。

第二集

石弘是后赵集团第一任大总裁石勒的二儿子，这孩子虽然没有扛过枪，也没有放过羊，但是自小就懂得孝顺爹和娘。石勒非常喜欢这个儿子，称帝后，立刻就封石弘为太子。石弘是文弱书生派，没有老爸的霸气。石勒下线了，他的手下干将，也是侄子的石虎武力出众，以残暴出名，开始搞事。

石虎善于骑射，勇冠当时。曾经跟随上一任大总裁石勒征战四方，开疆拓土，颇有功勋。石虎还当着石弘的面，诛灭集团骨干，满是书生气的石弘吓得连忙让位，石虎却坚决不要。石虎就这样挟持着石弘，让他坐在殿前，自己手握大权。

石虎在人面前与石弘心连心，背后却在动歪脑筋，甚至去宫中随意挑选漂亮的女人和珍贵的车马、珍宝、器物等。只要是看上眼的好东西，石虎全部拿回自己的府中，根本不把石弘放在眼里。

石弘的后妈刘太后看不下去了，就找到石勒的养子石堪，石堪一脸的无奈，武装部现在都归石虎统管，石堪根本摇不来人。在刘太后的再三劝说下，石堪决定扮成普通打工仔，带着几个好哥们，发起叛变。石虎本是武将出身，这点小把戏，他根本不放在眼里，派人抓住石堪将他炙烤而死。随后又害死刘太后，尊奉石弘的亲妈程氏为皇太后。

得知石弘对石虎心里有怨言，石虎便将他关进了小黑屋。至此，前台的花，后宫的草，被囚禁的石弘再也不能到处跑。

第三集

公元 334 年，石虎自称赵天王，统管整个集团。

公元 335 年，石虎将石弘与程太后等人全部处死。石弘在位两年，死时只有 22 岁。

石虎为人极其残忍，他将石勒生前的妻妾子孙屠戮殆尽。在石虎掌管后赵集团期间，荒淫残暴，肆意屠戮，民不聊生，起义不断。

作为十六国荣登榜首的暴君，石虎基因十分强大，他的儿子们也都没好到哪里去。

起初，石虎偏爱大儿子石邃，石邃和他老爸一样，是居于残暴榜首的人物，经常和老爸一起滥杀无辜。

公元 337 年，石邃不想当接班人，想直接上位，准备除掉拦路的老爸石虎。帝王之榻，岂容他人鼾睡，亲儿子也不行，石虎得知消息，干掉了石邃和他的亲族及小团队 200 多人。

石邃下线后，石虎的第二个儿子石宣成为太子。命运是如此巧合，石宣也和老爸一样残暴，他恨老爸喜欢弟弟石韬，于是就将石韬残忍地杀害，接下来又准备对老爸动手。石虎知道后，下令用铁环穿透石宣两额锁骨，把饭菜倒入槽中，让石宣像狗一样吃饭，又让他舔剑上石韬的血。接下来更狠，几个大汉拽着石宣的身体，把他用辘轳绞起来，底下架上柴火，石宣最终化成灰烬。

公元 349 年，石虎再也不想被儿子们折腾，他立了年仅 10 岁的石世为太子。事情正如石虎所想，石世还没有长大成人，他自己就因病下线了。

第四集

公元 349 年，石虎年幼的儿子石世继位。

石虎的第九个儿子石遵听到父亲死讯，立刻率军赶回后赵根据地。他将集团中反对自己的人，有一个算一个，全部穿成串，集体踢下线，并自立为第五任总裁。历史上又多了一个可怜的儿皇帝，石世在位仅 21 天，就被他的九哥石遵所害。人生的大戏还没等开演，就匆匆下场了。

第五集

石遵的哥哥、沛王石冲听说石遵做了此等谋逆之事，怒发冲冠，召集团队，准备和石遵火并。石冲在前进的途中，很多士兵纷纷加入，团队迅速扩大。行至半路，石冲之前被怒火烧开锅的大脑突然冷却了，他长叹一声道："石世、石遵都是我的弟弟，我们哥俩还干啥仗，回家！"

十几万将士大眼瞪小眼，傻了眼。团队骨干对石冲说："老板要想回去，就回去吧！我们带着人去火并，打赢了之后，再接你过来做集团老板！"

石冲听后十分感动，继续前行。这时，石遵的飞鸽传书也送到了，劝石冲退兵，怎奈石冲也有着一个想当老板的梦，带着团队浩浩荡荡继续前行。

双方火并正式开始，石遵大胜，石冲被赐死，团队中的士兵有 3 万多人被活埋。

石遵在当上后赵集团总裁前，对自己的得力干将，也是石虎的养子石闵（后又称冉闵）说："努力吧！打工人，事成之后，我立你做接班人。"

没有不变的承诺，只有说不完的谎言。石遵自食其言，立石衍为太子，冉闵听了以后颇感失望，但想着自己功高一等，做个总裁身旁的红人，还是绰绰有余吧，石遵却开始拿他当空气，处处不待见他。冉闵也是身经百战的人物，连很多沙场的老将都害怕他，哪能受得了这份委屈，内心的怒火越着越旺。

公元 349 年 11 月，总裁石遵也感觉到了冉闵不对劲，想除掉冉闵，冉闵得知消息后，立刻派出得力干将，将石遵及其团队核心人员踢下线。后赵集团的第五任总裁石遵，在位 183 天。从此之后，后赵集团再无皇储。

第六集

冉闵将石遵踢下线，拥立石鉴为后赵第六任总裁，集团实际大权已掌握在冉闵手中。

公元 349 年 12 月，石鉴想要打个翻身仗，就派出杀手去刺杀冉闵，没有成功，石鉴为保性命，假装不知此事，清理了自己精心培养的杀手。

同月，石鉴的弟弟想派兵征讨冉闵，石鉴内心乐开了花。但他害怕冉闵会杀了自己，就把这消息告诉给冉闵，致使弟弟被害。真是不怕神一样的对手，就怕猪一样的队友。出卖队友的石鉴好日子也到头了。

公元 350 年 1 月，冉闵想消除石氏，彻底改朝换代，便改国号为卫，改石氏为李姓。

公元 350 年 2 月，冉闵废黜石鉴并了结了他，又清除了石虎孙族 38 人，把石氏家族几乎全部消灭。后赵第六任总裁石鉴一共在位 103 天后下线。

第七集

自从第三任总裁石虎死后，石虎的几个儿子就没有消停过，不是我打你，就是你打他，为了争夺皇位，他们互相残杀。

冉闵干掉石鉴以后，自立为皇帝，连公司的名称都改为大魏集团。石虎的儿子之一石祇到襄国（今河北省邢台市），再次创业，后赵集团和冉魏集团之间的混战正式展开。

公元 350 年 11 月，冉魏集团出兵攻打搬到襄国的后赵集团，石祇吓得脸色苍白，四处求援。在外援给力的帮助下，冉闵退回了自己的根据地。

公元 351 年，被吓得吃不下、睡不安的石祇派兵想除掉冉闵，在途中却被自己的手下员工杀害，后赵集团至此宣布破产。

羌族

羌族，意为“牧羊为生的人”，古羌族是中国历史乃至世界历史上最古老的民族之一。最近，历史界有人报料说：汉族中的“姜”姓，都起源于“羌”。

在五胡十六国的时代，羌族除了活得长久以外，并没有什么显眼的地方。羌族没有像匈奴和羯族那样展翅高飞；也没有像鲜卑族那样一路辉煌；更没有像氐族那样拥有强大的业绩，但它比其他四胡都要古老和有底蕴。

羌族在五胡十六国时期，建立的一个强大的公司——后秦集团，不过，它的统治范围与北魏和东晋这样的大集团相比，还是差别很大的，与和它同一时段的后燕也无法相比，在与胡夏集团作战时，也是屡战屡败。

羌族上市公司一

公司名称：后秦

曾用名：姚秦

在世寿命：公元 384—417 年

创始人：姚苌

成立地点：北地

公司总部：北地、长安

公司历史：

羌族投靠东晋后，东晋集团觉得羌族是喂不熟的狼，为防其反咬一口，开始实施防狼计划。羌族倍感压力，走投无路，决定投靠前秦集团。

羌族团队的队长叫姚苌，此人擅长玩心眼。前秦总裁苻坚非常欣赏心眼多的姚苌，作为前秦重要的辅助型选手，姚苌陪着前秦老总苻坚南征北战，立了不少功，出了不少力。但这都不是最重要的，重点是心眼多的姚苌在这段近 30 年的打工岁月里为自己打造了一个核心团队，这才是姚苌创业的根本，也是羌人崛起的关键。

后来，前秦集团开始走下坡路，姚苌趁机在渭北叛秦。

公元 384 年，姚苌自称“万年秦王”，根据地设在北地（今陕西省耀县）。

公元 385 年，姚苌干掉前任老板苻坚。

公元 386 年，姚苌称帝，根据地转移到了长安（今陕西省西安市），后秦集团正式成立，其统治地区包括今陕西、甘肃东部和河南部分地区。

公元 394 年，姚苌下线，他的儿子姚兴继位，打前秦、灭西燕，收编各路有名无名的小团队。

公元 416 年，姚兴下线，他的儿子姚泓继位。东晋集团想要消灭这只喂不熟的狼，启动灭狼计划。

公元 417 年，东晋集团拿下长安城，后秦第三任总裁姚泓投降，后秦集团剧终。

后秦集团共存在 33 年，历经 3 位皇帝。

主角人物

第一任总裁

姓名：秦武昭帝——姚苌

身份：创始人

第二任总裁

姓名：秦文恒帝——姚兴

身份：姚苌长子

第三任总裁

姓名：秦末主——姚泓

身份：姚兴长子

第一集

姚苌是后秦集团的创始人，心眼极多的他戎马一生，却没能给自己混个好人设，就连他的死，也成为茶余饭后的笑谈。原来，姚苌因为做了一个噩梦受到惊吓，正在迷糊发懵之时，被赶来保护他的士兵不小心刺中下身，流血过多而亡。

姚苌本是羌族中的贵族，他的老爸就是羌族中的老大。姚苌小的时候，就心眼多，就连他的哥哥们外出打工，都邀请他做策划总监。

公元 357 年，姚苌跟随老爸和哥哥们去前秦打工。

在前秦集团业务不断拓展的过程中，姚苌表现突出，得到前秦总裁苻坚的重用。

公元 383 年，前秦在战争中元气大伤，开始走下坡路。

姚苌心眼那么多，决定自己创业，你玩你的，我玩我的，他可不想和前秦

羌族摸羊有限公司
诚招
摸羊工

一起玩完。一听姚苌要创业，很多少数民族团队也纷纷前来投靠，这年头，找个心眼多的老板，或许自己也能跟着多活两天。姚苌的团队很快就拥有 10 多万员工了。

公元 384 年，姚苌见时机成熟，便自称“万年秦王”，根据地设在北地（今属陕西省铜川市）。

公元 385 年，慕容鲜卑的一个团队去攻打前秦集团，姚苌主动给他当外援，慕容鲜卑冲锋陷阵时，姚苌带队大喊两嗓子“冲啊、杀啊”，然后就猫起来，坐山观虎斗。

等慕容鲜卑打下长安，姚苌便跑出来分粥喝。

公元 386 年，姚苌在长安称帝，立国号为“大秦”，建立了姚秦，史称后秦集团。

公元 393 年，64 岁的姚苌出其不意地下线了。

第二集

姚兴是后秦集团创始人姚苌的大儿子，在 24 岁的时候，接了老爸的班。姚兴是前秦集团太子的玩伴，听说老爸自己创建公司后，冒险去找老爸。

姚苌在临死前，多次让姚兴处理集团事务，以验证他的能力。姚苌最后心满意足地说：“姚兴的心眼够用，可以管理集团。”古时人们在教育孩子时，都是“言传 + 身教”，还要加上实操，如果不放心，最后还得验证一下。反观今天这个快餐时代，家长们要求孩子一看就懂，一学就会，甚至不看不学，你都得明白，快节奏下的孩子真是可怜。

老爸撒手而去，刚上任的姚兴担子也不轻。他要防着前秦集团进攻，也要顾着自己集团内部别出乱子，真是太难了。幸好姚兴的心眼多，做得到。姚兴找到集团名望高的董事们，彻夜长谈，功夫不负有心人，他得到了集团内部的支持。稳定了内部，再处理外部。为了让自己少两个敌人，姚兴并没有称自己为总裁，而是称为军事部部长。

姚兴上班没几天，前秦集团就来了，姚兴沉着应对，切断了前秦集团的生命之源——水，这一招让前秦集团的人马，渴死不少。

公元 394 年，前秦、后秦两军正式交锋，一顿猛烈进攻后，姚兴率领的后秦团队胜出。

打了胜仗的姚兴，终于自称为帝，登上总裁大位。一个好老板也再次现身，姚兴勤于政事，兴修水利，体恤孤寡。

公元 399 年，面对天灾频频，这位大总裁甚至自降帝号。经过姚兴的文治武功，后秦集团被做大做强，最终实现了后秦、北魏、东晋三足鼎立的局面。

然而好景不长，姚兴在位后期犯了糊涂，穷兵黩武导致国力不足，诸子争位，动了国本。

公元 416 年，姚兴下线。

第三集

后秦集团第二任总裁姚兴下线后，他的大儿子姚泓上线。姚泓身子骨不行，治国也没啥本事，就是属驴的，能犟，如果参加辩论赛，说不定能拿个冠军。

姚兴死后，姚泓因怕外界来犯，选择秘不发丧，由于耗时太长，兄弟之间产生了猜忌。

公元 417 年，东晋集团实施灭狼计划。

此时，后秦集团内部也因为争位，四处动乱，姚泓是按下葫芦又起了瓢。东晋集团还死咬着不放，最后，后秦兵败，姚泓被诛杀，后秦只能宣告成为东晋口中的“肥肉”。

第四章

南北朝对峙　乱打一锅粥

百年分裂，将由谁一统天下？战火不绝，骨肉相残，谋朝篡位，东汉末年开场的闹剧，终于迎来了片尾……

干掉六位帝皇　南朝粉墨登场

大汉王朝一过，就开始了很长一段时间的乱世，而南北朝就是这段乱世的片尾。南北朝是南朝和北朝的统称，南北朝的时候，中国依然是南方和北方分着干。南朝始于公元420年，刘裕建南朝宋，止于公元589年，隋朝灭南朝陈。南北朝共历经了170年的时间，战火连绵不休、百姓流离失所、王朝更迭频繁，骨肉相残、荒淫残暴、谋朝篡位，在这个时期都是家常便饭。

回首中国几千年的历史，至高无上的皇帝也有数百位，他们好像演员一样，一生都被记录在册，供后世观众点评。在皇帝的名册中，曾有一位猛人，他一生推翻了六位皇帝，被后世称为“六位帝皇完”，他就是刘裕。

刘裕，字德舆，小名寄奴。听其名知其人，刘裕在很小的时候，就失去了老爸这把大伞。作为寒门出身的刘裕也想有一个鲤鱼跳龙门的机会，一心想着干一番大事业。乱世男儿多从军，刘裕应聘到了东晋集团武装部下面赫赫有名的北府军团。

战国初期，三家分晋；三国末年，又三家归晋。只可惜司马家的人没有几个是当皇帝的料，完全没有祖上腹黑高手的智商，犹如两个黄鹂鸣翠柳，一行司马上青天。今天，我们就来一起看看刘裕是怎么篡晋，又是怎么样干掉六位皇帝的。

东晋末年，朝廷腐败，皇帝昏庸，起义的、割据的、打家劫舍的、卖假药的，数不胜数。

公元 399 年，东晋集团发生了一件震得整个朝野都颤三颤的大事。

当时五斗米教教主孙恩不信守教道，开始参与军事战斗，这下可不得了，孙恩率众攻下了上虞、会稽两郡后，教团迅速扩大到几十万人。刘裕所在的部门主管刘牢之负责带兵去平定此事，此时的刘裕还只是一个侦察队的小组长，他带着几十名侦察兵前往侦察敌情。

好巧不巧，刘裕他们半路碰到孙恩的先头部队，激战中刘裕手下几十名成员全部壮烈牺牲，唯一活着的刘裕玩命地拼杀，左冲右突，手持长刀、死战不退，完全是不要命的打法，这些起义的教徒，被刘裕这阵势吓倒了，嘴里不停地叨咕着咒语，生怕自己会下地狱，几千人硬是被刘裕的不要命精神给吓退了，刘裕也因此声名大振。

没过多久，孙恩率领大军再次进攻，东晋集团大将谢琰在战斗中被踢下线。东晋集团下达命令，让北府兵主管刘牢再次南征孙恩。这次争斗中，孙恩失利，被赶出了会稽城。孙恩退兵后，刘牢之就派刘裕镇守句章城（今属浙江省宁波市）。当时的句章城只是一个弹丸之地，员工不满千人，还都是别人不要，没啥业务能力的残兵、疲兵。

给我一个梯子，就能上天，给我一个支点，就能撬动地球。刘裕硬是把这个烂摊子，打成了一手好牌。每次孙恩来袭，刘裕都冲在最前面，披坚执锐，硬是用自己的悍勇把团队激励成了一支骁勇之师。业务能力突出的刘裕也进入东晋集团高层的视线，被破格提拔，刘裕终于拿着生命拼出了一步登天的机会。

公元 402 年，刘裕的上司刘牢之带着他们跳槽到了一个小团队“桓楚”，这个团队的队长是桓玄，此人心狠手辣。刘牢之刚到新岗位，自然是卖力表现，很快就创下业绩，占领了建康。

刚刚有了根据地的桓玄，动起了歪心思，开始打击手下功臣，逼迫刘牢之自爆下线，刘牢之团队的亲信也纷纷被杀。为了统治刘牢之的北府兵，桓玄封刘裕为主管，希望通过刘裕来控制整个北府兵。同时，也计划让刘裕为自己打几场硬仗后，再踢他下线。虽然说晚点杀刘裕，但是桓玄也没有闲下来，他一边让刘裕好好打仗，一边又搞小动作，想要瓦解和刘裕亲近的北府兵。

刘裕看穿了桓玄的伎俩。桓玄想要称帝当总裁，刘裕表面上与桓玄心连心，背后却开始自谋出路。桓玄称帝后，骄纵奢靡，游猎无道，通宵玩乐，这让刘裕更是看不到希望。

干掉第一位皇帝

公元404年，刘裕带着自己的小团队——27名精锐的北府兵老员工发起事端，先是杀死了桓玄的亲族，然后又摇来不到2000人的团队，向“桓楚”公司的根据地建康杀去，桓玄赶紧派出得力大将对战刘裕，关键时刻、生死关头，刘裕体内的洪荒之力再次被点燃。只见刘裕迈着自信的步伐，向着战场走来了，他光着膀子，手拿大长刀，冲在队伍的前面。一个回合打下来，桓玄手下的业务精英全部被踢下线，桓玄也被迫夹着尾巴鼠窜。

经过三个月的战斗，桓玄败走荆州，最后兵败被杀，这是刘裕干掉的第一位皇帝。

公元405年，刘裕找到被桓玄废弃的晋安帝司马德宗谈合作，“你当老板，我当权臣，你负责听话，我负责指挥。”这件事在司马德宗那里哪还是什么商量，简直就是下达通知，不接受也得接受，要不然，就让你下线，不平等条约就这样形成了。司马德宗被再次放在总裁位置上，刘裕则因为匡扶晋室有功，成为了集团的大权臣，是整个集团的实力派操控者。

一人之下，万人之上，经过几轮操作，成功地几步登天的刘裕，想要把自己头上的那个人去掉。刘裕开始左右权衡，最后得出一个结论：自己现在的热度、业绩都不足以让阴谋大家族司马氏老老实实、乖乖听话交出总裁大位。刘裕决定再次参加比赛，用业绩来提升自己的热度。刘裕带着团队向北出发，一路上开疆拓土，业绩值蹦着高、翻着倍，“蹭蹭”地往上涨。刘裕此次出征的目的非常明显，就是想用业务能力去震惊根据地的土豪们。为了得到总裁宝座，刘裕那是十分有耐心。

干掉第二位皇帝

一直以来，东晋集团饱受北方民族的骚扰，而刘裕为了不再受到威胁，决定北伐。

公元 409 年，作为东晋集团的头号战将——刘裕率领晋军团队北伐，外出拓展业务。他们的第一个开刀对象，就是掌管山东和河南部分地区的南燕集团，经过一番激烈的抢夺战，公元 410 年，刘裕打进了南燕集团的根据地广固城（今山东省青州市），还活捉了南燕总裁慕容超，带回建康砍下脑袋，这是刘裕干掉的第二位皇帝。此时的刘裕，可谓立下了非凡的战绩。

干掉第三位皇帝

公元 413 年，刘裕派出手下大将征讨割据四川的“谯蜀政权”，最终收复了四川。刘裕赏了蜀帝谯纵一根绳子，让他自尽。这是刘裕干掉的第三位皇帝。

干掉第四位皇帝

公元 416 年，做业务做出快感的刘裕，视后秦集团为自己的新目标，发起了第二次北伐战争。后秦集团的第三任总裁姚泓与敢死队出身的刘裕没打上一年，刘裕就攻下了后秦集团的根据地长安，总裁姚泓也被活捉。正在刘裕打得来劲的时候，东晋集团内部出了大事。刘裕赶紧带着姚泓，就杀回东晋集团根据地建康。

原来，刘裕每次外出拓展业务，都会安排自己的心腹作为东晋集团事务的代理人。现在代理人刘穆身体出了毛病，突然下线了。刘裕害怕集团内部发生

六位帝皇完。

政变，就急急忙忙地返回集团，让快要大功告成的北伐大业折在半路上。

南征北战的刘裕回到东晋集团以后，他的身份地位更加显赫，不再隐藏自己那颗被欲望烧得发烫的野心。他先是砍掉了后秦集团总裁姚泓的脑袋（这是他干掉的第四位皇帝），又开始铲除异己。之前的北府兵中，刘裕有两个能力超群的战友，现在都是手握兵团的大将，两个战友曾经和自己一起拼杀，现在的资历和自己差不多少，一山难容二虎，更何况是三只公老虎呢！于是，刘裕抬腿发功，将两位战友先后踢下线。一些手握兵团的司马家族成员，也让刘裕放心不下，心头刺挠，早晚要出事，刘裕又将兵团大将司马休踢下线。

干掉第五位皇帝

公元 418 年，刘裕觉得集团内部反对的人被自己踢得差不多了，就把晋安帝司马德宗找过来谈话，给晋安帝做完心理辅导，用一根绳子结束了他的性命，这是被刘裕干掉的第五位皇帝。刘裕又找到晋安帝的弟弟司马德文，并立他为名誉总裁。

公元 420 年，刘裕实在受够了头上有人的日子，他找到司马德文谈话，谈话的主要内容就是：让位。毫无话语权的司马德文被迫上位，又被迫禅位。司马德文被降为零陵王，至此东晋集团彻底灭亡。

经过多年的努力与奋斗，刘裕终于将自己头上的人踢飞，正式称帝，改国号为宋，史称“南朝宋”，刘裕将集团的根据地设立在建康，史称宋武帝。

干掉第六位皇帝

刘裕当上总裁以后，对自己十分抠门，却体恤百姓疾苦，发布了一系列减轻人民负担的措施，同时减轻了刑罚，废止了一些惨无人道的酷刑，并重新选拔人才，改善工作氛围。刘裕的治国方针与他在战场杀敌完全不是一个风格，真是位置决定一个人的态度。

这样的刘裕无疑是一个明君，然而对待司马家族宗室，他却毫不留情，先是果断完结了司马德宗，在东晋集团最后一任总裁司马德文禅位后，他又让人找了一条被子，将司马德文捂死。这是刘裕干掉的第六位皇帝，他为自己成功赢得了“六位帝皇完”的大名。

至此，刘裕一连废了六个皇帝，最后他自己当了皇帝。司马家的天下，又回到了刘姓人的手里。走过南闯过北，抢个江山心里美。

接下来的日子里，刘裕还在全国范围内搜集并击杀司马家族的人。刘裕的心狠手辣，可以说是拿得起、放得下，也可以说是开了一个不好的头。因为在他之前，让位的君主还能保全性命，在他之后，禅位的君主也都无法善终。就连刘裕的后代被人篡权时，也落得同样的下场，他的后世刘子鸾还留下一句“来世不入帝王家”的悲叹。

老大轮番抢位 功绩各种荒废

东晋集团灭亡以后，中国的南方发生了政局大洗牌，南方开始历经宋、齐、梁、陈四个朝代，历史上将这次变动统称为南朝。从四大公司的业绩来看，简直是王小二过年，一年不如一年。

南朝宋

全民偶像刘裕抢占了东晋的江山，改国号为宋。宋是南朝四个朝代中，活得最久的一个，一共存在了 60 年。

一世英明的刘裕，却生了一个败家儿子刘义符。即位后，刘义符从来不办公，嬉戏失德，被集团大臣干掉，改立刘义隆为帝。刘义隆一上台，就镇住全场，政局稳定。他提倡节俭并澄清吏治，开创了“元嘉之治”。

公元 430—452 年，宋文帝刘义隆和北魏拓跋焘互殴，两个人没事就约架，一直没打出胜负。最后二人纷纷下线。

公元 453 年，宋文帝的三儿子刘骏成为接班人，即孝武帝。宋孝武帝的集团内部管理，做得相当不错，对外拓展工作也是屡出业绩。然而，孝武帝统治末年，开始骄傲自满，滥杀无辜。

公元 464 年，孝武帝病逝。

孝武帝的大儿子刘子业接班，一上任，就学他老爸滥杀无辜，宗室们备受其害。后来湘东王刘彧将刘子业踢飞。刘彧也和刘子业一样喜欢找宗室撒气，两个人的前后操作，让孝武帝的子孙全都去了另一个世界。

刘昱继承大位后政局动荡，他不想着搞活公司，成天就想着给人家开瓢，没事就拿锤子凿人。一日不杀人，就闷闷不乐。

公元 477 年七夕节，刘昱哼着小曲，乘坐着小风乱吹的敞篷车，晃晃悠悠就到了青园尼姑庵。

到了晚上，刘昱又跑到新安寺偷狗，叫来僧人强迫其一起喝酒吃肉。酒足饭饱后，刘昱就对身旁的杨玉夫说："你去庭院等着织女渡河，看见后立刻报告我，看不见可饶不了你。"杨玉夫一听，这分明是要自己死，干脆一不做二不休，趁刘昱熟睡时，先下手为强，一刀将他的头砍下。

杨玉夫提着刘昱的脑袋，送给了萧道成。胖子萧道成确认无误后，带兵冲入皇宫。萧道成起身搞事，刘家"南宋"就成了萧家"南齐"。

公元 479 年，萧道成篡位，建国号大齐，改元建元，史称齐高帝，南朝宋亡。

南朝齐

你方唱罢我登场。

齐是四个朝代中存在时间最短的公司，仅有 24 年。

齐高帝萧道成为政节俭，管理了集团 4 年后，就下线了。

萧道成的儿子萧赜接班，即齐武帝。齐武帝这位仁兄政绩还不错，为政清明，也不与北魏约架，保境安民，还开创了一个小盛世，史称"永明之治"。

齐武帝去世以后，由皇太孙萧昭业继位，萧子良与萧鸾辅政。不过这个萧昭业很不检点，继位之后把坏事都干了一遍，包括诛重臣，乱给下人发钱，反正就是一个活脱脱的败家子，最后被尚书令萧鸾废为郁林王。萧鸾改立其弟萧昭文为总裁，不久之后，萧鸾又废帝自立，即齐明帝。

为了铲除后患，齐明帝继位后，大开杀戒，宗室诸王、高帝与武帝的子孙全部难逃噩运。

南齐的铁腕管理没撑几年，败家子天团就一哄而上，好几代皇帝清一色变态，比如齐明帝刚刚下线，新上任的老板萧宝卷便开启了昏庸残暴的时代。别看他说话磕磕巴巴，砍人倒是利索，看谁不顺眼就砍谁。

萧宝卷为人残暴，泡妞却肯下血本。自古以来，享受后宫三千美人宠爱的帝王大有人在，萧宝卷却是虐狂式地被潘玉儿驱使的皇帝。潘玉儿出身歌伎，美艳动人，婴儿般的肌肤和一双柔弱无骨的美足是她最大的魅力。萧宝卷为了讨好潘玉儿，修了三座极尽奢华的宫殿。他甚至还突发奇想，让工匠把国库里的黄金凿成莲花的形状，一朵一朵地贴在地板上。潘玉儿光着美足，袅袅婷婷在上面行走，美其名曰"步步生莲"。

公元 501 年，南齐老板萧宝卷的一个远房亲戚萧衍密谋推翻南齐集团，第二年，搞完团队内部清理工作，就建立了南梁。

南朝梁

最初，网红皇帝梁武帝萧衍表现还不错，上过电视、登过报，全国人民都知道。但他过于信奉佛教，三番五次地想出家，各方和尚纷纷来找他唠嗑，每次梁武帝都给十块钱，估计是被这些和尚的七嘴八舌给震懵了，梁武帝跑到少林寺面壁才缓过来。

梁武帝想拿将军侯景去敌军那里换俘虏，侯景比猴儿精，也是一个江湖狠人。侯景很生气，后果很严重，将梁武帝困在城里活活饿死。"侯景之乱"致使南梁沦为二流国家。

梁武帝的小弟陈霸先揍飞了侯景，替哥报了大仇，公元 557 年，又干脆自己上位，把梁朝变成了陈朝。中国历史上朝代名与皇帝之姓重合者，仅南朝陈一家。这位老板是唯一一个用自己的姓氏作为朝代名的家伙。

分裂百年沧桑　统一豪情万丈

在南朝宋开始之初，北方鲜卑人拓跋焘也把北方的五胡公司统一踢下线，建立了北魏大集团。成为北方霸主的北魏高喊：“北魏！北魏！稳站 C 位”。只是北魏集团没经营多久，就又“啪唧”一下裂成了两半，这段时间统称为北朝。

公元 439 年，五胡十六国时代画上了句号，在南北朝 100 多年的时间里，南方和北方经常约架，只是半天不分胜负，一直保持对峙。南北朝有一个极大的共同点就是败家子太多。

在这段时间里，北方又发生了哪些事情呢？南北双方为了消灭对方，又爆发了哪些激烈的大战呢？历史的车轮轱辘了 100 多年后，南北双方又是被谁整合到一起了呢？

今天，我们就一起来看看北朝发展的过程，以及它与南朝的百年对峙史。

公元 420 年，刘裕建立了刘宋王朝，这一年是南北朝的开始。但当时统一的主动权掌握在更为强大的南朝手里，北方还处于分裂状态。除了北魏外，赫连勃勃建立的胡夏政权，沮渠蒙逊建立的北凉政权也都颇有实力。

公元 422 年，拳打各种搞事小公司、脚踢各路土匪流氓的刘裕筹备再次北伐，但筹备工作还没有完成，地下使者黑白无常就把刘裕强行带下线了。刘裕下线后，刘宋王朝内部因帝位之争发生了火并，北伐一事也就此告吹。

北魏皇帝拓跋嗣看准机会，带着团队南下打单，把北魏集团的势力推至黄河南岸。正当拓跋嗣准备大干一场时，地下使者黑白无常来敲门，拓跋嗣也被突然带走了。

拓跋嗣死后，北魏出现了一位情商和智商都爆表的皇帝——拓跋焘，智商决定你的下限，情商决定你的上限，拥有高智商和高情商的拓跋焘潜力无限。他成为大总裁后，原本打算完成上一任总裁未了的心愿，继续南下打单。不过，还没等到他带队外出拓展业务，北方的柔然听说拓跋嗣下线了，觉得这也是一个难得的机会，就带着团队南下，拿刀瞄准北魏集团的后背，狠狠砍了下去。柔然大举南下，拓跋焘被砍得嗷嗷直叫，转过身就要打一个大反击。要知道，北魏集团的根据地平城就在绿油油的大草原南侧，离柔然是极近的，一个不小心，根据地就会被看准机会的柔然端掉。

公元 424 年，拓跋焘抽调北魏集团中一支精锐部队，亲自带队御驾亲征。要知道拓跋焘是一代雄主，绝非鼠辈，他的才能能装满一大麻袋。只是话说回来，这时候的拓跋焘还是太嫩，实战经验不足，魏军杀入草原后，很快就被柔然人重重包围。吓得拓跋焘左冲右突好不容易才逼退柔然人。就在北魏和柔然血战之际，刘宋王朝的帝位之争，也宣告结束了。

原来，宋文帝刘义隆一继位，刘宋内部立刻稳固，挑刺的、闹事的，全都潜水了。看到刘宋内部稳定，拓跋焘扼腕叹息，拍着大腿，直掉眼泪，他很清楚北魏集团想要浑水摸鱼的机会没有了。缓过神来的拓跋焘决定把主力部队全部转移到北方，决定先干掉那个在背后捅刀子的柔然。

公元 425 年，拓跋焘派遣五路大军北伐柔然，柔然人吓得魂飞魄散，惹了祸，却不敢与其争锋，撒开腿就往北跑！就在北魏和柔然开战的时候，刘宋集团正在稳步发展，并完成中央集权。刘义隆本来是被权臣扶上位的，没啥实际权力，但是权臣看走了眼，刘义隆手段特高明，他韬光养晦，看准机会就踢飞权臣，大权瞬间被抢回。成为了真正的总裁后，刘义隆开始鼓励发展生产，集团内部慢慢得到恢复，实力也有所增长。

公元429年，北魏和柔然再次约架，拓拔焘派遣远征军突入草原4000里，把柔然搅了个鸡飞狗跳。

公元430年，已经抢回集团大权的刘义隆，逮住这一机会，抢在魏军还没有回到根据地之际，发起了大规模的伐魏行动。

行动前期，宋军打得相当漂亮，把集团业务再次拓展到黄河一线，然而魏军也不是吃干饭的，他们打单神速，很快就抱团展开了对宋军的强烈反击，宋军败下阵来，第一次伐魏就以失败收场。

公元431—439年，南方的刘宋和北方的北魏没有再发生大规模战争。双方都忙着在各自的范围内搞业务，北魏集团主要在黄河以北活动，他们先后消灭了北燕、胡夏。

公元439年，北魏集团消灭北凉，成为北方地区唯一的统治集团，整个北方的地盘全部归北魏集团一家所有。至此，南北对峙的格局也基本形成。

这些年间，刘宋则继续躺平，休养生息，积蓄实力，坚信唯有自己强大，才能横扫天下。不过，刘宋内部也有一些小摩擦，致使刘宋第一大将檀道济下线。檀道济的下线，让刘宋武装实力下滑，为后来刘宋集团伐魏屡次失利埋下了伏笔。真是千算万算，不如老天一算。

据统计，躺平期间，刘宋人口增长到了600万，可以说刷新了南朝人口的历史纪录。在此说明一下，南北朝期间人口隐匿情况很严重，刘宋官方统计的人口是600万，但实际人口已经远超1000万。

公元450年，南北双方终于躺不住了。狼烟骤起，这一次是北魏集团抢先出手，总裁拓跋焘亲自上阵，率大军10万南下打单，一口气拿下数座城池。刘义隆听到消息后，拍案而起，赶紧组织团队发起大规模的反击。在这次战斗中，宋军派出30万兵力，可谓启用了倾国之兵。拓跋焘摇人上线，五路魏军总兵力共

40 万，也以倾国之兵伐宋。战斗中，宋军由于准备仓促，决策失误，很快就全线溃败。

北魏军队击溃宋兵之后，旋即发动反击，击破宋军防线后长驱直入，饮马长江，兵锋推进到刘宋王朝的都城建康。由于魏军也是仓促南下，没有做好充分的准备，杀到长江北岸后，却过不了长江，最后也是草草收场。

战后，由于刘宋江北地区被肆虐一空，元气大伤，围绕着此次北伐的责任应该由谁承担这个问题，刘宋闹起了内讧。刘义隆和太子刘劭相互敌对，“都怪父皇瞎指挥”，“你个逆子，我是你老爹，你还敢指责我”，双方矛盾一触即发。刘义隆动了废太子的念头，“反正跟老爹闹翻了，索性一不做二不休”。

公元 453 年，太子刘劭先发制人，派兵攻入王宫，将老爹踢下线。刘宋集团开始由盛转衰。刘宋在内讧，北魏也一样在内讧，这一对生死冤家，也真是同病相连，由于魏军在南征期间遭遇瘟疫，死伤极其惨重，总裁拓跋焘非常郁闷，“总感觉有人要害本总裁……”，再加上北魏本就是一个海纳百川的多民族政权，所以内讧得更加厉害，总裁拓跋焘被折磨得心力交瘁，精神也有点不正常了。

后来，手下大臣将拓跋焘踢下线。就这样，拓跋焘和刘义隆这对冤家斗了一辈子，死也没有放过彼此。

接下来的北魏发生了两件大事，第一件事是汉化，把拓跋姓改成了元姓。原来，拓拔焘是汉文化的铁杆粉丝，他认为汉人比较有文化，向优秀的人看齐，不与平庸的人对比。

第二件事就是败家、再败家。元家后代中出现了一个叫元修的，别的本事没有，泡妞手段却到家了，泡的还都是自家姐妹。元修想自由玩耍，不想被权臣高欢束缚，就跑到大臣宇文泰那里，结果高欢也不是吃素的，立刻又捧了一个皇帝出来。于是，北魏分成了西魏和东魏。历史上一般拿皇帝当吉祥物的，最后都忍不住要自己上位，最后宇文家和高家果然双双踢飞吉祥物上位。这就是“北周”和“北齐”。

北齐这边的高欢有多牛，他的儿子就有多傻。高洋喝高了就杀人，喜欢的妹子也不放过，还把妹子的大腿做成琵琶，边谈边唱：“妹子真可惜……”。另一个高纬，打仗也不忘带上小老婆，还得等小老婆化完妆出来观摩一翻，才开始打仗。

北齐王朝共有六个皇帝，个个昏聩残暴、嗜酒纵欲，皇室家族也都有样学样，腐败不堪，北齐也被称为“禽兽王朝”。但凡事都有例外，在老高家这些“精神病”中，高欢的孙子高长恭，少年英俊、英勇果断，后被封为“兰陵王”。兰陵王仪表不凡，是古代四大美男子之一。

公元 564 年，北周进攻北齐，北齐洛阳西北角的金镛城被北周军队团团围住，眼看就要被攻破了，形势非常危急，兰陵王亲率 500 骑兵杀至金墉城下，在兰陵王的拼死冲杀下，把包围圈活活地撕开了一个口子。北周士兵只见一个戴鬼头面具的大将在他们中间来往冲杀，一个接一个地倒下，被搅得惊慌失措。城内外的北齐军队被兰陵王的气势激励，趁势杀出，北周军队居然大败，兰陵王一战成名。兰陵王爱民如子，战功赫赫，深得集团上下爱戴。兰陵王虽然多次隐藏自己的武力值，却功高震主，还是被齐后主高纬所害。

在北齐高家几代坑爹货的帮助下，北周宇文家终于统一了北方。敲黑板、画重点，北方全归北周管。但是家家都有坑爹货，宇文家出了个宇文赟，20 多岁身体就不行了，把只有 7 岁的儿子交给老丈人，结果老丈人直接抢了小皇帝的江山，建立了一个崭新的朝代——隋。

隋朝的建立也代表着北朝的结束，这个老丈人就是杨坚。随后，杨坚又盯住我们上一集提到的南朝最后一个朝代陈朝，此时陈朝皇帝正是出名的败家子陈叔宝，弱鸡一样的陈朝马上就挂了。至此，中国又统一了起来。

下篇 热点名人篇

第五章

三国魏时期

三国魏之际的名士，有着鲜明的时代特色，现实动乱，人民苦难，他们既有忧郁哀叹，却又理想高扬……

曹操：乱世枭雄属实　风流韵事祖师

曹操一生就喜欢两种人：好看的女人，多才的男人。

宛城之战，张绣投降。曹操一看，你的部将，有才干；你婶婶，大美女。都到我的怀里来。

张绣气得整个人都绿了，提起“照相机”，咔嚓，把曹操的儿子、侄子、爱将、爱马都留了下来，照了生前最后一张合影。

曹操为了爱，付出了惨重的代价。

公元200年，曹操打败刘备，生擒关羽。随后表现出对关羽极大的关心，车子、房子、票子，全给解决了，还给关羽请了一个“汉寿亭侯”的官方爵位。

关羽不为所动，在帮助曹操取了颜良首级，解了白马之围后，挂印封金，千里走单骑寻刘备去了。

坊间传闻，关羽坚决不待在“曹营”，与一个女人有关。

传闻那个女人是吕布的部下秦宜禄的娘子杜夫人，长得国色天香。

下邳之战，关羽叮嘱曹操：“仗打完，我要娶那个杜夫人。”没想到仗打完，曹老板自己先娶了杜夫人。

关羽无语，秦宜禄也无语。

曹操不仅喜欢吕布部下的娘子，他连吕布都喜欢。

吕布被曹操抓到时，大喊："曹公，你得到了我，我领骑兵，你领步兵，这天下就是我们的了！"

正所谓，人中吕布，马中赤兔。

曹操爱才的基因开始跳动，有点舍不得杀他了！回头征求刘备的意见。

刘皇叔说："曹公没见他是怎么侍奉丁原、董卓的吗？"（《三国志》：刘备进曰："明公不见布之事丁建阳及董太师乎！"）

刘皇叔心想："曹公啊！你们长点心吧！吕布的领导，都是用来捅的！"

曹公这才把吕布"咔嚓"了！

何进家被灭门的时候，曹操还娶了何进的儿媳妇尹夫人。

曹操娶妻人秉承：不管你是谁的妻，被我看中，就得和我一起"喵喵喵"的精神，获得了充实的"后宫"。还多了很多儿子。

曹操把杜夫人的儿子秦朗、尹夫人的儿子何晏收做干儿子，对他们非常之好。后来，杜夫人为曹操生了曹林、曹衮两个儿子，还有金乡公主。尹夫人为曹操生了曹矩。

曹操用人秉承：不管你是什么猫，能抓住耗子，我们就一起"喵喵喵"的原则。获得了海量的谋士、战将，堪称三国时代招聘工作做得最成功的老板。

曹操心胸宽广，除了吕布，来者不拒，广纳四方。他儿子曹丕也是爱人才，爱人妻，后来做了魏文帝。

曹操的"爱人"哲学，也算后继有人了。

曹操：宁我辜负天下　莫让他人绑架

曹操是个穿越者。

证据一：领先同时代人的法治思想！

小曹刚出道就当了洛阳北部尉，相当于首都北部地区公安局局长。他在出门就能看到权贵，随便卡个跟头，都能骨碌到一个副部级以上干部的洛阳，悬挂起“五色棒”，规定“有犯禁者，不避豪强，皆棒杀之”。宦官蹇硕的叔叔违反宵禁令，大半夜当“街溜子”，被小曹抓住，做了典型。小曹作为宦官的孙子，对宦官的叔叔，毫不留情。五色大棒一顿招呼，把蹇硕的叔叔收拾了！

朝廷一看，这小子愣头青，别人睁一只眼闭一只眼，他两眼瞪得溜溜圆。不徇私枉法，不知道装傻，不适合在首都做官。一纸调令，小曹被调离京城，“送他离开，千里之外”。

小曹遭受现实毒打后，仍坚定地认为乱世必须走法治路线，在守住法律底线的基础上，才能谈道德和情感。(《三国志·魏书·武帝纪》：夫治定之化，以礼为首。拨乱之政，以刑为先。) 所以，曹操在马踏麦田后，才割发代首。

“割发”古代叫“髡刑”，是一种令人头秃的刑罚，看着是剃头，实际效果相当于被人“啪啪”打脸。

证据二：领先同时代人的政治路线。

在别人搞分裂割据、春秋争霸、复辟复古（袁绍、袁术、刘表、后期的孙权）那一套的时候，曹操已经确定了“奉天子以令不臣，修耕植以畜军资”（《三国志·魏志·毛玠传》），结束割据，统一天下的政治路线。

除了刘备占着皇叔这个先天血统优势，可以打出“复兴汉室”的口号，其他人早早就输了。

献帝在手，优势我有。

证据三：领先同时代人一整个“魏晋南北朝”距离的用人战略。

老曹通过“唯才是举”，打破了豪门世族对当官的垄断特权。

当时很多世家子弟，“举秀才，不知书。举孝廉，父别居”，没能力，不干活，还占个豪华坑位。老曹拿小棍，挨个捅他们屁股，都起来，让地儿。

老曹不拘一格使用人才，不论是寒门庶族，还是世家大族。有能力者，重用，没能力者，走人！

想白嫖俸禄的，请参考本节第一部分——法治。

凭借远超同时代人的思想和智慧，曹操“十分天下而有其九”。穿越当然是杜撰。现代人穿越回去，不用等一集，那肯定是秒玩儿完。首先，没有战斗力，骑马、作战样样不行。刚冒个头，赶上曹老板冲城，咔嚓，脑袋没了，白骨露于野。

您说我不穿越成为老百姓，我去曹魏当大官。请看下一自然段。

汉末三天两头闹瘟疫，天天往出拉死人。建安七子中有五个死于那场瘟疫。曹植的《说疫气》中记载着：“或阖门而殪，或覆族而丧。”瞅着没，那是灭门式疫情。咱也不知道那是啥病毒，没接种疫苗，根本没有免疫力。刚穿过去，就被抬上了草席子，被一堆人围着哭。

其实，现在才是最好的时代，这是我们站在巨人的肩膀上，一步一步走过来的。感谢古人的努力，感恩活在当下。

卞夫人：挺着祸水的肚　走着贤后的路

卞夫人，武宣卞皇后，她的丈夫是曹魏奠基者曹操。

卞夫人出身倡家，二十岁才嫁给曹操为妾。出身不好，初婚年龄又大，还是妾室，所以曹操的正室丁夫人十分看不上她，离异。后来丁夫人因为曹昂之死，同曹操决裂，卞夫人被扶立为正妻，按照宫斗剧的套路，这时的卞夫人应该是钮祜禄氏上线，霸气侧漏，展现自己狠辣的手腕，轮到丁夫人痛哭流涕。

历史上的卞夫人，不仅没有任何打击报复行为，还对丁夫人“迎来送去，有如昔日”。

卞夫人常常在曹操外出的时候，派人送东西给丈夫的前妻。还以自己的名义请丁夫人回来，并让丁夫人坐在主位上，自己和以前一样，坐在下位。

连丁夫人都感叹：“我是废放之人，夫人竟然能同往常一样待我。”

几年后，丁夫人在娘家去世。卞夫人主动提出为其操办丧事。在曹操应允后，把丁夫人安葬在许昌城南。

现代一些学者，根据曹操高陵墓室中的两个女性尸骨鉴定的年龄，结合史料推测，认为曹操是同曹昂的生母刘夫人、曹昂的养母丁夫人合葬在了一起。

曹操去世后，当家做主的女人是卞夫人，当家做主的男人是卞夫人的儿子

曹丕。如果卞夫人阻挠，已经同曹操离异的丁夫人是很难进入曹家墓地的。

曹操的妾室多，孩子也多，有的妾室去世得早，留下了年幼的孩子，曹操就把这些孩子全部交给卞夫人抚育。卞夫人都毫无芥蒂地尽心抚养。

曹操在后来册封卞夫人为王后的诏书中说："夫人卞氏，抚养诸子，有母仪之德。"

曹操后院的和谐程度，让蹲花边新闻的小报记者纷纷改变思路，去写她们是怎么进曹操后院的。毕竟她们进了后院，就归卞夫人统领了。都是些和谐美好的女德故事，也不互撕，也不暗中下绊子，实在没啥可写的。

关键时刻，卞夫人还是曹操后院的定海神针。

早年间，东汉的皇帝、外戚、宦官接连升天，恐怖分子董卓想让曹操做骁骑校尉。曹操拒绝三连，溜出了洛阳，老婆、孩子、部下都留在了洛阳。

当时还是曹操朋友的袁术说他已经领盒饭了。曹府众人顿觉五雷轰顶，个个惶恐不安，家中一片混乱。那些投奔曹操想混出个名堂的部下，都觉得失去了希望，准备再谋前程。

卞夫人从后堂走出来，问这些人："曹君的吉凶还没有准确的消息，如果诸位今天回家了，明日曹君返回洛阳，你们还有什么面目再回来呢？"

大家一想，对呀！这消息不知道是真是假呢！现在走了，万一曹操回来，以前的工作不是白干了？再想回来，曹操也不能信任自己，也没脸回来了，不如等等看。

谣言从来都是止于智者。曹操的小团队保住了，内外事务也被卞夫人料理得井井有条。只要有卞夫人在家，那后院就稳如泰山。曹操可以放心在外面一心一意谋发展。

卞夫人育有四个儿子：曹丕、曹彰、曹植、曹熊。除了英年早逝的曹熊，其余都是人中龙凤。在堪称"闭眼工程"的子女教育领域，卞夫人在三国时期首屈一指。

咱看看她的教育成果：

曹丕，三国时期政治家、文学家，曹魏开国皇帝。

曹彰，曹魏威震塞外的宗室将领。

曹植，三国时期著名文学家，建安文学集大成者。

卞夫人可以出一个系列的书：《男孩到底应该怎么养》《家庭教育的艺术氛围之我见》《选文科还是选理科》《如何因材施教》，等等。

人这一生，不管有多大的成就，到闭眼那一刻，心境如何，完全看后代。曹操在去世前的遗言都和别人不一样，唠叨了一堆小老婆应该怎么安排，怕死后见到儿子曹昂没法交代他的养母丁夫人去哪里了。这就是因为后代培养得非常成功，他完全不用担心儿子会被隔壁小伙伴灭了。

在曹丕被立为世子时，有人恭喜卞夫人。卞夫人说："魏王因为曹丕年长，立他为嗣，我在教导孩子的时候没有犯错，没把孩子教坏已经是幸事了。"

曹操知道后，评价卞夫人"怒不变容，喜不失节，故是最为难"。

生气了，不会显露在脸上，开心了，也不会得意忘形。这是政治家的素质。

许褚：曹操警卫队长　裸衣冲战前方

许褚，曹氏集团警卫队长，容貌雄毅，勇力绝人，是三国壮汉中的壮汉。

许褚是谯国人，和曹操是老乡。赶上汉末，哪里都乱，许褚的家乡也闹匪患，老百姓遇到战乱，要么逃跑，要么加入。许褚不逃跑，也不加入，他在家乡组织了一支队伍，有数千家，他们修筑防御工事，抵御贼寇。还创造了一个人薅牛尾巴，拖走一头壮牛的战绩，凭借惊人的力量，让土匪大呼："惹不起，撤！"

总单干也不行，平头百姓，早晚会被吃掉。于是，许褚带着队伍投奔了他的老乡曹操。曹操看着许褚的身材赞叹地说："你就是我的樊哙啊！"樊哙是西汉的开国元勋，刘邦赴鸿门宴带的就是樊哙。

曹操给他安排了都尉的职务，相当于警卫队副队长，队长当时是典韦。跟随许褚来的侠客们，都做了虎士。许褚的队伍转型成卫队，开始吃官粮了。

许褚有一个特殊技能——"先登"。先登，就是攻打敌军时，冲在最前面，攻打城池时，最先爬上去。只有勇猛过人的人才敢"先登"。勇气差的不敢"先登"，而战斗力差的"先登"会变"先卒"。

宛城之战打张绣的时候，许褚就发动"先登"技能，砍了对方一万多颗脑袋。

这场战役中，典韦为了救曹操，领了盒饭。许褚由副转正，此后一直担任曹操的警卫队长。

许褚非常心细。因为出了宛城之战张绣投降复叛的事，许褚不仅关注外部危险，对内部的人也注意防范。

官渡之战爆发，曹操和袁绍对峙。按当时的实力对比来看，开赌局，那肯定要押四世三公的袁绍赢。曹操自己都感觉打不赢，写信给荀彧，说要退军。荀彧回信一顿鼓励，让曹操相信自己。

曹操部下有一个叫徐他的人就起了反心，想学吕布，砍了老板，再去下一家公司就业。他们趁着许褚轮休的那天，准备动手。许褚回到休息的地方，坐卧不宁，立即返回曹操身边。徐他等人正要行刺曹操，看到许褚突然出现，吓得脸色惨白，许褚当即击杀了徐他等人。

如果没有许褚，管他荀彧有多少智谋，曹操有多大能力，袁绍有多么的中看不中用，都没用。老大没了，还能玩啥?

徐他事件后，曹操对许褚更加信任，“出入同行，不离左右”。

曹操征讨韩遂、马超的时候，因为潼关不好打，曹操率军从潼关的北面渡河，准备绕过潼关，迂回过去。

渡河的时候，曹操让士兵先过河，自己和许褚带着100多虎士留在南岸断后。

马超侦察到曹操的动向，率步骑万余突然赶到，一时间箭如雨下，曹操危在旦夕。许褚说：“对方人多，咱们的部队已经过河，您也该走了。”许褚扶着曹操上了船，他左手举着马鞍，帮曹操挡箭，右手划船，成功渡河，曹操又逃过一劫。

两军对峙时，韩遂、马超要同曹操在阵前对话，曹操只带了许褚一人。当时只有韩遂、马超、曹操、许褚四人在两军之间。马超是一员虎将，他想乘机偷袭曹操又听说了许褚勇武的威名，怀疑曹操身边的人就是许褚，于是问：“曹公的虎侯在哪？”曹操指了下身边的壮汉。许褚怒目而视。马超心想，怕了怕了，吓得没敢动。

许褚还很注意避嫌。

大将曹仁是曹操的堂弟，一般都是领兵在外。一次他回到洛阳，要见曹操。曹操当时在寝殿没出来，曹仁遇到许褚，就邀请他到旁边的房间交谈。许褚说："魏王就快出来了。"说完返回殿内，把曹仁晾在那儿。曹仁非常生气，曹操却非常满意。

许褚整天跟在曹操身边，虽然不会参与军机大事的讨论，却一定会掌握很多别人不知道的机密。所以，许褚的话非常少，他不在曹操面前多说话，也很注意同其他人的关系。许褚认为同曹仁这种镇守外藩的大将，在公开场合可以交谈，私下交谈难免让人疑心。

曹操因此更加喜爱许褚。

不久后，曹操病逝，许褚哀恸过度，痛哭到吐血。

按照一朝天子一朝臣的惯例，曹操去世后，许褚应该光荣退休，获得一个荣誉称号，去养老，或者换一个岗位。毕竟贴身保卫的工作，一定会交给最信任的人。

许褚是个特例，继任的曹丕对他同样信任，也让他负责自己的警卫工作。曹丕称帝后，封许褚为万岁亭侯，职位晋升为武卫将军，总督中军禁兵。许褚的部下被封为将军的有数十人，被封为都尉、校尉的有数百人，这些人很多都是剑客。

曹丕去世后，魏明帝曹叡即位，仍让许褚负责自己的警卫工作。曹叡进封许褚为牟乡侯，加食邑七百户，同时还封了许褚的一个儿子为关内侯。

许褚病逝后，被追谥为"壮侯"。后来，曹叡念及许褚的忠孝之心，下诏褒赞，又封了许褚的两个子孙为关内侯。

蔡文姬：鸣琴兮汉祚伤　别离兮难归乡

开一个才女比惨大会排行榜，蔡文姬一定名列前茅。

要说古代经历坎坷的才女，蔡文姬称得上是祖师奶奶。唐代的上官婉儿，宋代的李清照，比她晚出生千百年。

比她出生早的班婕妤、卓文君，命运有点坎坷，但谈不上悲惨。

先说才华。

幼年的蔡文姬，生在钟鸣鼎食之家。

家庭教育上，蔡文姬的老爸蔡邕是书法大家、音乐大家、辞赋大家。

师承上，蔡邕是太傅胡广的学生。胡广历事六朝，下属都是天下名士。蔡文姬跟着父亲学习，算是胡广的徒孙。

个人天赋上，蔡文姬更是天赋异禀，妥妥别人家的孩子。

蔡文姬她老爸有一把屁股烧煳了的琴，名为“焦尾”。自从有了这把琴，原本就痴迷音乐的蔡邕，白天抚琴、晚上抚琴、吃饭都想腾出一只手去抚琴。

老蔡觉得自己太有才了，这琴也太好了，人琴合一，每次弹奏都觉得此曲只应天上有，根本停不下来。

一天，蔡邕又半夜不睡觉在那扒拉琴弦，扒拉得叮当响，琴弦断了。

蔡文姬在旁边说:“第二根。”

当时蔡文姬还是个小孩子,蔡邕第一反应是:“蒙对的!”

父母对子女都有一种天然的期待,希望自家的崽都是天纵奇才,蔡邕也是这样。虽然理智告诉他,这个概率不高,他还是忍不住再测试一下。

蔡邕故意弄断了一根琴弦,想试试这个小家伙,到底是蒙对的,还是真能听出来。

小蔡文姬举起四根肉乎乎的手指,用带着傲娇的小奶音说:“第四根哦!”

又被她说中了!这小家伙确实是天赋异禀。蔡邕倍儿开心。

他想:“大音乐家的女儿是音乐小神童。我不愧是我!不一样的烟火!”

蔡文姬就是这样,听着顶级音乐家用顶级设备演奏的音乐,看着大书法家写的顶级书法,读着辞赋大家写的辞赋,带着万倍加成的天赋成长起来了。

有朋友说,我也去听音乐会,看书法展览,各种全文背诵古今名篇,咋没成为蔡文姬那种大才女呢?

咱想想,蔡邕作曲的时候,蔡文姬在那随便扒拉“焦尾”的琴弦。蔡邕写字的时候,蔡文姬在旁边玩墨水、竹简。蔡邕搞文学创作的时候,蔡文姬在一旁吃水果,荡秋千,边玩边学。

蔡文姬就是在这种艺术的熏陶、文学的洗礼中长大,这种妥妥的才华里浸泡出来的孩子,比不了。

《后汉书》评价蔡文姬“博学有才辩,又妙于音律”。也就是说,知识面特别广,口才特别好,还是个精通音律的艺术家。

这一家子,没治了。人家祖坟冒青烟,都不带冷却时间的。那一杆子一杆子地往外冒,只见祖坟之上青烟滚滚。

给蔡文姬选夫婿的时候,蔡老爸瞪大了眼睛,挨个扒拉青年才俊。

河东大族卫家的公子卫仲道,入了蔡老爸的法眼。

蔡文姬出嫁,良缘由夙缔,佳偶自天成,婚姻美满。

谁承想,小夫妻的幸福生活才起步,就来了一个急刹车。卫仲道被甩出人生的快车道，一场大病就把他送到轮回道，离开了人间。

小蔡的悲惨人生也拉开了序幕。

卫仲道下线之后，蔡文姬回了娘家。没过多久，老蔡因为在董卓时期出来做官，又在董卓死后没有及时与之划清界限，还在司徒王允面前念及董卓，被扔进了监狱，强制下线了！

老蔡下线，小蔡的日子就难过喽！

小蔡出生在东汉末年，生活在著名的不上道的皇帝——汉桓帝、汉灵帝在位时期。皇帝昏庸，外戚、宦官、权臣轮番把持朝政，内有黄巾军起义，外有草原民族入侵，一片混乱。国家混乱不堪，人民生活在水深火热之中。

小蔡没了丈夫，没了老爹，从一个一天苦没吃过，一点委屈没受过，每天琴棋书画、吟诗作赋的名门贵女，变成了处在水深火热之中的劳苦百姓中的一员。

那真是忽喇喇似大厦倾，昏惨惨似灯将尽。叫天，天不应，叫地，地不灵。

兵荒马乱中，小蔡和一群百姓被匈奴人给提溜走了。按说以小蔡的才华气质，应该会引起别人的注意，说不定可以给她带来一点好运。

现实生活不是电视剧啊！

据《三国志》记载："（蔡文姬）没于南匈奴左贤王，在胡中十二年，生二子。"

啥意思？"没"是指沉没，淹没。一个字就把小蔡的艰难说了出来。

小蔡被人家掳走了，陷落在匈奴，身份上大概率是个汉人奴隶。挨打、挨骂定然是家常便饭。

匈奴人不种地，没有文字。小蔡的才华毫无用武之地，还可能因为没从事过重体力劳动，干活不够快，不够好，遭到嫌弃，受到虐待。

小蔡被掳走的时候，被拴在马后，夹在一起被掳走的百姓中间，那些掳走他们的胡兵所骑的马上还挂着鲜血淋漓的人头。

被掳走的路上，小蔡白天哭着赶路，晚上瘫坐在地上，死也死不成，活着又没希望，在没想明白之前，浑浑噩噩地等着家乡的消息。

活着和死了的区别在于，活着能感受痛苦，活着能思考要不要继续活着。

小蔡流落匈奴十二年，生了两个孩子。至于孩子的父亲是谁，不知道。

匈奴人的媳妇通通称为“阏氏”，正室叫“大阏氏”，小妾叫“小阏氏”，意思非常直白，“阏氏”就是脸上抹了胭脂的女人。

史书上没说小蔡是“阏氏”，也没说她嫁给了左贤王，也就是说，她在匈奴的丈夫是谁，我们不知道。

有没有可能是左贤王，有可能。那也不能叫丈夫，顶多是主人。我们眼里的旷世才女，在人家眼里，就是一个能洗衣服、做饭，能放羊、喂马，能生养孩子的奴隶罢了。

小蔡就这样沦落匈奴十二年，变成了蔡大姐。

后来，老蔡的老同事、老朋友曹操，迎奉汉献帝，在许昌“挟天子以令诸侯”，重新统一北方。

曹操本人有才华，也欣赏有才华的人，他想起自己的故人老蔡无辜被杀，又没有后代，派人用金璧把蔡文姬换了回来，为了让蔡文姬能有所依靠，曹操做主把蔡文姬嫁给了陈留人董祀。

董祀的官职是屯田都尉。丈夫有俸禄，蔡文姬吃饭穿衣不用发愁。

咱也不知道，董祀是怎么想的，居然犯了事，还是大事，定下死罪！这杀千刀的虽然犯了死罪，可他是蔡文姬唯一的依靠了。

蔡文姬决心救回自己的丈夫。

当时正值隆冬，蔡文姬把鞋子一甩，抬手把包头发的头巾也薅了下来，什么发钗、皮套都不要，披头散发，光着脚就出门了。

曹操正在开 Party，朝廷的官员，社会上的名流，远方的使者，乌泱泱地把宴会大厅塞得满满当当。

曹操听人禀报说蔡文姬求见，就对宾客们说：“你们可来着了，蔡邕还记得吧？他的女儿现在就在外面，今天让你们见见。”

蔡邕的才名，世人皆知，蔡邕冤死，女儿流亡，人们都很惋惜。现在蔡文姬回来了，就在宴会厅之外。在座的人，有很多是蔡邕的老同事，还有蔡邕的老粉丝、新粉丝，他们都想见见蔡邕的女儿。

大家的目光齐刷刷看向外面。

她来了，她来了，她终于走上来了！

哎呀，那是谁，这咋回事啊！谁都没想到，被救回来的蔡文姬是这么凄惨的模样。她披头散发，光着脚进入大家的视线，俯身叩头，代丈夫请罪。

她说的话，条理清晰，言辞恳切，满堂宾客无不为之动容。

曹操不好办了。他说："小蔡哈，你看这文书都已经发出去了，我能怎么办呢？"

蔡文姬说："明公，你瞅瞅你那马厩，那么老多马！再看看你的部下，人多得站在一起像大树林子似的。别舍不得用啊！您派一匹马，一个人，就能把我那个倒霉老公救回来。"

曹操下令释放了董祀。

故事没完，最重要的事情要来了。

老曹突然想起来，当年老蔡家里的藏书那是老鼻子了。书估计是没了，可这看过书的人，她来到了眼前啊！

曹操突然兴奋了，眉毛一挑："听说你家藏书很多，还能记起来不？"

蔡文姬说："我老爸留下藏书四千多卷，已经都不在了。我能记住的，也就四百卷吧。"

我的天，那就是四百篇适合全文背诵的篇目了。

曹操大喜，连忙说："我出十个人，去帮夫人您写下来。"

蔡文姬说："男女有别，人就不用了，给我准备纸笔就可以了。"

纸和笔得花钱买啊！这东西比那十个人重要。蔡文姬的书法也好，她自己边想边写，比那十个人可能还快些。

敲黑板，划重点：蔡文姬凭记忆，默写出了原来家中藏书四百卷。

这时的蔡文姬年龄应该在 30 岁以上，记忆力绝对不在她的巅峰状态。

她在匈奴生活的12年也绝对没有可能再看到这些书籍。也就是说，蔡文姬已经十多年没有复习过书上的内容。

这种情况下，蔡文姬竟然能完整地默写四百卷书，为文化传承做出贡献。

这是真正的最强大脑。

蔡文姬把默写出的古籍送给了曹操。曹操得到了书籍，也得到了营救名士后代的美名，名利双收。

蔡文姬的生活归于平静，可经历的苦难，让她难以释怀。蔡文姬写下《悲愤诗》两首，如史诗般地讲述了自己的这些悲惨遭遇。

凭借《悲愤诗》，蔡文姬成为中国诗歌史上，写自传体长篇五言叙事诗的第一人。曹植、杜甫等人的诗歌创作都深受蔡文姬作品的影响。

蔡文姬创作的《胡笳十八拍》也是中国古代十大名曲之一。

她在文学和音乐上取得的成就，让人心潮澎湃。她的经历，让人无限感伤。在创作完《悲愤诗》后，蔡文姬消失在了浩瀚的史书中。

才女薄命，不是因为她才华出众。生于乱世的人，能有几个是不薄命的呢?

张辽：屡带兵出奇谋　逍遥津溃吴侯

张辽，字文远，擅长以少胜多。对方人越多，他就越能打出战绩。作为曹魏名将，张辽最初的愿望可能仅仅是自己服务的领导可以多活几年。

张辽在边陲小城马邑长大，后来做了并州雁门郡的一名小吏。公元 188 年，并州刺史张懿因抵御胡人进攻，兵败被杀。张辽的第一任领导“卒”。

新上任的并州刺史丁原，发现张辽武力过人，把他提拔为从事，让他进京去做何进的下属。新领导何进给小张委派的任务是去河北募兵。张辽非常珍惜这份工作，在河北招募到一千多人回京复命。等他回到京城，才知道何进被宦官杀了。张辽的第三任领导“卒”。

何进下线了，回去找丁原也行呀！丁原又被吕布杀了。张辽的第二任领导“卒”。

京城乱了几番之后，董卓掌握了朝中大权。这时的董卓是救驾的大功臣，还没有变成汉贼。何进已死，张辽成了董卓的属下。没过多久，董卓败亡。张辽的第四任领导“卒”。

董卓死后，其部下被吕布收编，张辽又做了吕布的部下。

已经送走四任老板的乱世打工人张辽，这时也从一个职场新人蜕变成了公司合伙人。在以吕布为代表的并州军事集团里，吕布是大股东，张辽是小股东，职位是朝廷任命的北地太守，后来又担任了鲁相。张辽跟随吕布走位，四处投靠，不断反水，打曹操、打刘备、打袁术、打袁绍。

公元199年，曹操在下邳灭掉吕布。张辽的第五任领导“卒”。

吕布死后，张辽率部下归降曹操，拜为中郎将，赐爵关内侯。在送走了五任老板后，张辽终于等来了曹操这位续航能力强的老板。

可新的难题也摆在他面前，跟随吕布的这段时间，张辽曾多次和曹操交手，打仗难免死伤，同事们多少会排斥张辽。大将李典的叔叔是被吕布所杀，因此十分憎恶张辽。老板曹操也不可能全然信任一个新员工。

张辽要怎么办？职位还能不能晋升，事业还能不能发展？要怎么融入新公司。

公元200年，官渡之战爆发。白马（地名）被袁绍袭击，曹操派张辽、关羽作为前锋，救援白马。二人大破颜良的军队，关羽在万军之中取了颜良首级，其他人的表现实在很难再被注意到。张辽没有气馁，他在官渡之战后期的战斗中数次立功，被晋升为裨将军（副将）。

随后，曹操派张辽与夏侯渊攻打昌豨，二人把昌豨围困在东海郡达数月之久，军中粮草不济，开始讨论撤军的问题。张辽对夏侯渊说：“我在巡视军情的时候，发现昌豨也盯着我们看，而且他们所发的箭也越来越少了。我认为昌豨在犹豫要不要投降。”

不得不说张辽的眼力是真的好，他看得太准了，昌豨真的要投降。

张辽一个人，几句话就收降了昌豨。为表诚意，张辽只身一人上了三公山，到昌豨家中，见了昌豨的家人。昌豨也跟随张辽去见了曹操。

昌豨走后，曹操说：“这不是大将应该做的。”毕竟如果昌豨是诈降，张辽就回不来了。

张辽说：“您的威信著于四海，我奉旨招讨，昌豨一定不敢加害于我。”

收降昌豨，让曹操注意到了张辽胆大心细的一面。随后几年，张辽跟随曹操征讨袁谭、袁尚，屡立战功。他同战友之间磨合出了默契，得到了老板和战友的信任。

公元207年，张辽跟随曹操征讨袁尚、袁熙和乌桓。曹操率领先头部队登上白狼山，正巧敌军也在爬山。曹操遭遇大股敌军，偷袭变成了遭遇战。曹操的主力部队都在后面，先锋部队为了提高行军速度，都是轻装简从，身披铠甲的士兵很少，大家都感到很恐惧。这和枪战的时候，对方坐着防弹车，穿着防弹衣，我方就穿衬衫一样，真悬殊啊！

张辽毫无惧色，力劝曹操迎战。曹操把自己指挥作战用的“麾”授予张辽，让他担任战场的临时指挥官。张辽率军出击，大破敌军，斩杀了乌桓首领蹋顿单于，一战收降胡人、汉人降者20余万。

据《三国志》记载，蹋顿单于骁勇善战，才略过人，被人比作匈奴历史上著名的“冒顿单于”。

白狼山一战，张辽声名卓著，后世有人把他同卫青、霍去病相提并论：“卫青开幕，张辽辟土，校尉嫖姚，将军捕虏。”

让张辽在当代网络更加出名的是逍遥津战役。

公元215年，曹操准备西征汉中，带走了主力部队，只给当时驻守在合肥的张辽、李典、乐进等人留了7000人。张辽料定孙权会乘虚攻打合肥，命士兵建造了藏舟浦，隐藏舟船。

曹操在外攻打张鲁，仍不忘派人给合肥送了一个“锦囊妙计”，外面写着“贼至，乃发。”谁都明白，“贼”说的是孙权。

八月，孙权果然发了十万大军，准备围攻合肥。合肥的守将连忙打开曹操留的“锦囊妙计”。上面写的是一个军事安排：“若孙权至者，张、李将军出战；乐将军守，护军勿得与战。”（《三国志》）

曹操的妙计就是作战部署，他让张辽和李典出城作战，乐进守城，护军不要出战。前面说过，李典因为叔叔被吕布所害，一直同张辽不合，曹操让他们二人同时出城，就是为了防止一个在城外，一个在城内，不能全力破敌。

东吴顶级的战将这次来了一半，他们号称十万人，即使没有全部抵达，至少也有几万人到了合肥城下。合肥的七千守军，不可能全部出击，到底要不要出城，出城的话，多少人出去，这都是问题。

合肥守将们都感到疑虑。

张辽分析说："曹公远征在外，等他回军救援，一定来不及。所以曹公才让我们在孙权没有对合肥完成合围的时候，主动出击，打掉他们的锐气，也安定我军的军心，这样才能守住合肥城。"

李典的看法同张辽一致。计议已定，张辽连夜募集了八百勇士，命令"炊事班"炖了上好的肉，让勇士们吃饱了再打仗。

次日清晨，八百勇士杀进孙权的大营。孙权当时都蒙了："老子是来围攻合肥的，我才是进攻方！能不能尊重一下我的作战意图？"

张辽横扫了数十人，包括孙权帐下两员战将。还一直喊着孙权的名字，杀到了面前。孙权不知道张辽有多少人，吓得爬上了一座山，抱戟四顾心茫然。

张辽喊他下来，孙权心说："我不，不敢动。"

被打了一阵子，孙权在高处观察，发现张辽没带几个人啊！他顿时来了斗志，招呼东吴的众将士："围死他。"

不用十万，咱打个对折五万，再打个对折二点五万，再抹个零头，就算孙权只有两万人。咱两万人围他八百人，那还不是轻松加愉快的。

张辽不愧是一贯擅长以少打多的将军，他指挥部下，向左右突围，走位，搞了一串假动作，然后突然率军向前冲击，张辽和数十人突围成功。其他人没冲出来，大喊："将军，难道要抛弃我们了吗？"

张辽又杀回重围，从凌晨打到中午，把兄弟们都带出来，才凯旋。

孙权军中鬼哭狼嚎，根本不想打了，据《三国志》记载：权人马皆披靡……吴人夺气。

孙权倒霉悲催的，输了仗还遇上了瘟疫，更让人绝望的是，带的粮食也吃光了。

孙权掐着瘪瘪的肚子，豪气干云地想："老子走还不行吗？"

孙权命令主力部队先撤，自己亲自断后。当时主帅断后是常规操作，如果主帅先撤，后撤的部队担心被抛弃，容易从撤退演变成溃逃，那是十分危险的。这个可以参考淝水之战。

等主力都过了河，在他和几员大将没过河的微妙时刻。张辽再次微笑着闪现，把孙权围了个严严实实："仲谋啊！留下来一起吃烧烤啊？"

孙权连连摆手，大声说再见。甘宁、吕蒙、蒋钦掩护大将凌统率三百护卫杀入重围，把老板捞了出来。

孙权正准备策马狂奔，突然来了个"急刹马"，原来渡河的桥被张辽的人拆掉了，过不去了。孙权催动战马，马鞭一抽打，战马腾空而起，越过了断桥。

凌统留下同张辽死战，身受重伤，左右皆战死，身披铠甲落入水中，潜泳回去的。

这之后，江东的孩子一哭，家长就说："张辽来了。"孩子马上就不哭了。

多年后，张辽在病中随曹休到海陵临江驻防。孙权知道后，叮嘱部下："张辽虽然生病了，仍是难以抵挡的，千万要谨慎！"

公元222年，张辽于江都病逝，谥号"刚侯"，这就是历史上真实的张辽，同传说中一样牛。

曹植：妙笔八斗之才　储君七步之外

曹植，曹操与卞夫人所生的第三个儿子，建安文学代表人物。在各种场合魅力四射，拥有各种闪光时刻，妥妥的《演讲与口才》连续 10 年“年度最佳选手”。

公元 210 年，曹操的铜雀台完工，在竣工典礼上，曹操让自己的儿子们到现场即兴写小作文，相当于老师冷不丁通知：期末大考，现在开始。

曹植不假思索，一气呵成：“从明后而嬉游兮，登层台以娱情……”

别人腹稿还没打好，大纲还没捋顺呢！曹植笔锋游走，散文名篇《铜雀台赋》就诞生了。

曹操对曹植的才能感到非常惊奇。他的兄弟们更惊了，根本就不应该和曹植一起考试，只要一起考，第一肯定是曹植。

论才思敏捷，兄弟中曹植确实是第一名，曹操自己也曾是个文艺青年，自然很喜欢同样文艺的曹植。

公元 214 年，曹操要去打孙权，他让曹植留守邺城。临行前，曹操叮嘱曹植：“我做顿邱令的时候是二十三岁，你如今也是二十三岁，正是发奋图强的时候。”

老曹想让曹植好好表现，攒功绩，获得支持。据史书记载，老曹好几次都想立曹植为太子。

可惜，曹植自己不珍惜。

《三国志》中说，曹植任性胡为，饮酒无度。说白了，曹植虽然有才，却是个酒蒙子，自律性极差。

他经常在都城的大马路上飙车，有一次喝多了，居然冲入司马门。司马门只有皇帝举行典礼时才能走。曹操一怒之下把看门的公车令处死了，实际上是气自己的儿子不争气。

公元 219 年，曹操让曹植领兵打仗，但他喝得酩酊大醉，无法出征。曹操让他领兵出征的原因是曹仁被关羽围在了樊城。曹仁是谁？曹操的堂弟，也就是曹植的叔叔。

襄樊之战，关羽水淹七军，于禁投降，汉水都快把樊城淹没了。关羽正划着小船，准备把曹仁的头按到水里呢！叔叔危在旦夕，曹植还能喝得酩酊大醉，这就是典型的没长心。

襄樊（襄阳）是南北的水陆交通枢纽，襄樊一旦失守，长江、汉水就会被刘备集团控制。关羽攻打襄樊时，北方的起义军遥受关羽印号，还有曹操一方的官员投靠关羽。曹操甚至动了迁都的想法。

在如此危急的情况下，曹植就算不在乎亲情，难道也不在乎事业吗？

事实上，曹操也没指望曹植能起多大作用，徐晃、赵俨等人已经去救援曹仁，他自己也做了亲自征讨的准备。曹操采纳了司马懿的意见，联络孙权，鼓动孙权背刺关羽。

所以，曹植只要听从指挥，带着队伍出发，壮壮声势，功劳自然有他的份。曹植那是一点也没领会老爸的苦心啊！

我们看一下同一时间段，他的两个哥哥在做什么。

曹彰领命去北方平定乌桓叛乱。在仅有一千多步兵、几百匹战马的情况下，同敌人的骑兵遭遇。曹彰勇猛搏杀，铠甲中了数箭，一路追击，最后斩杀俘虏了对方几千人，大获全胜。

曹彰此战，把在一旁观望的鲜卑首领轲比能吓得一愣一愣的。轲比能深受震撼，请求臣服。得胜回来后，曹彰又领命到西安镇守。

曹丕当时已经是魏王太子，他在魏都邺城平定魏讽叛乱，对亲汉反曹的势力展开政治大清洗。

打乌桓，让曹彰威震塞外。诛魏讽，为曹丕以后代汉建魏奠定了基础。曹植呢？在喝大酒。

曹植还爱搞些小聪明，他让杨修帮他猜测曹操的想法，以提前备好答案。曹操发现后，非常生气。

咱们合理想象一下。要让曹植当将军，会是什么场景？闻听斥候禀报，敌人打过来了，曹将军抱着垃圾桶哇呀呀吐完，说你们先上，等我先睡一觉，醒醒酒再说。

让他当领导，今天开心了："大家，一起努力，一起加油哈！"明天生气了："把左手边站在单数位置的拉出去砍了！"

如果曹操选他当接班人，恐怕中国古代史又要多一个著名昏君。曹操再爱曹植的文学才华，也不会拿自己的基业，曹家的未来去冒险。

酗酒，毁前途啊！

华佗：治病能力高超　难挡医闹发飙

假如华佗穿越到现代，会发生什么？

一三五出诊，二四六手术，周日在图书馆开课“华佗大讲堂”。边写论文、评职称，还得带实习生，气得直挠脑袋。

看病的时候，每次只能进一个患者。患者进门一看，几十个小年轻中间坐着一个可爱的小老头。

小老头特别有活力，他早晨直播带着患者们练“五禽戏”，让大家动起来、活起来。晚上直播讲食疗保健，教做菜，教做饭，顺带卖卖自己研发的保健品“漆叶青黏散”。

患者看到华佗，就两个字：“安心！”瞬间感觉病好了一半。

这时华佗会告诉你：“孩子，首先你要遵医嘱啊！”

据《三国志》记载，已经离职的督邮顿子献去复诊。华佗诊脉后认为他还没完全康复，叮嘱他：“还很虚弱，千万不要行房事，否则会死得很难看，舌头会吐出来数寸。”

顿子献自我感觉良好，觉得华佗危言耸听。他的妻子听说丈夫痊愈了，特意从百里外赶来看他，夫妻小别胜新婚。三天后，顿子献发病身亡，死的时候，舌头吐出来数寸。

华佗还会告诉你：“少吃鱼脍，会有寄生虫，陈登就是这么去世的。”

鱼脍就是刺身，生鱼片蘸芥末汁原来咱老祖宗也爱这一口。陈登在广陵太守任上，不知道生了什么病，觉得十分烦心，食欲不好，吃不下饭，脸色还发红。

华佗说：“府君肚里有虫，吃鱼脍吃的。”华佗开了中药二升，陈登喝下去，吐出三升寄生虫。看来，陈登真没少吃生鱼片啊！

华佗叮嘱他：“这个病三年后还会复发，发作的时候遇到良医，可以治好，如果遇不到良医，你就完了。”

华佗的医嘱，实在太耿直了，很难想象，他如此耿直，居然没有挨揍。

三年后，陈登的病真的复发了，当时华佗不在，陈登就病死了。

陈登文武兼备，治理广陵很得民心，居然就这么下线了。好身体确实是战略资源。后来鱼脍就不那么流行了，因为确实没有做熟了吃安全。

再说了，酱焖鲫鱼、剁椒鱼头、清蒸武昌鱼、青花椒烤鱼、铁锅炖大鱼、水煮鱼、酸菜鱼不香吗？

魏晋时期，食物烹饪的方法远没有如今这么多，江河湖海附近的居民，通常生吃鱼虾、贝类。华佗就接诊了很多寄生虫病患者，而且治疗方法很神奇。

一次，华佗在路上遇到一个人，喉咙堵住了，吃不下饭，非常痛苦，家人准备送他去看医生。华佗过去查看，他让患者家人买来姜、蒜、韭菜末和三升醋，兑一起喝进去。

那人也和陈登一样，喝了下去，果然吐出寄生虫。

病人痊愈后非常高兴，把寄生虫挂在车上，去感谢华佗。他到了华佗家，看到墙上挂着十几条虫。

那是虫吗？那是“军功章”啊！

华佗还是一台行走的B超机。

当时，有一位李将军的夫人病了很久，一直找不到病因。华佗诊脉后说：“夫人怀孕的时候受了伤，胎儿留在了体内。”李将军说：“怀孕的时候确实受过伤，但是胎儿已经生下来了。”

孩子有没有生下来，李将军家人当然知道，他们实在无法相信华佗的诊断。

过了段时间，李夫人的病更重了，只好又来找华佗。

华佗说：“夫人当时怀的是双胞胎，娩出一个胎儿后，失血过多，夫人自己没感觉到还有一个胎儿，接生的人也没发现。第二个胎儿没生下来，留在了母亲的肚子里，已经死去。现在贴在脊柱附近，所以夫人常常感到脊柱疼痛。”

华佗开了一服药，李夫人喝下去后，肚子疼得像要生孩子一样。华佗说：“死胎在肚子里太久了，已经干枯，不能自然娩出。得让人帮夫人取出来。”果然从李夫人的肚子里取出一个死掉的男胎，四肢都已经发育完整，颜色是黑的。

B 超检查不出来的问题，华佗也能诊断出来。

东阳陈叔山有一个两岁的小男孩，长期拉肚子，试了各种方法也不见好，大人看着孩子一天比一天虚弱，抱着孩子来找华佗。

华佗说：“孩子没病。生病的是孩子妈妈。妈妈生病了，身体的寒气通过乳汁传给了孩子，所以孩子一直拉肚子。把孩子的药都停了，我给孩子妈妈开个四物女宛丸，服下很快就会好的。”

十天后，孩子果然好了。

上面这几个故事，是不是觉得似曾相识，孩子生病了给乳母吃药，双胞胎一个生了下来，一个胎死腹中，在电视剧里看过没？小说里看过没？原创都在华佗这儿呢！

华佗要真能穿越，他第一件事应该收版权费，请陈寿去吃烤鱼。

华佗的诊治范围涉及妇产科、普通内科、小儿科、寄生虫病科、胃内科、肠内科和神经内科。

夸张点说，华佗可以实现三甲医院门诊各楼层全覆盖，一个人就能完美解决。那找华佗看病，要挂哪个科的号？华佗会给您比一个“一”：没有科室，我就是一家医院。

华佗不仅全面，还超前。他是见于正史记载的使用全身麻醉法施行外科手术的第一人。

据《三国志》记载，当时有一个士大夫生病了，华佗判断他的病需要做腹腔手术才能治愈。但是他的寿命也就剩下10年了，肚子里的病又不足以致命，即使手术了，10年之后还是会死。华佗给的建议是不做手术。

士大夫觉得病痛难以忍受，坚持要求手术。手术后病就好了。10年后，这个士大夫也如华佗预料的一样去世了。

故事是不是平淡，现在的医院里也经常发生。不就是个腹腔手术吗？再仔细一想，那是1800多年前啊！

没有麻醉科医生，没有各种监控设备，没有现代化的手术室，没有无菌纱布，没有抗生素，没有输血技术。

华佗是怎么做到的？

麻醉用的是麻沸散，这个大家都知道。麻沸散的成分是什么，华佗怎么控制剂量的？医学专业的朋友都了解，把人麻醉并不难，难的是麻醉之后，人还能不能醒过来。

还有手术的时候用的什么工具，怎么止血的，怎么缝合的，用什么缝合，术后感染关是怎么过的？

这些都没传下来。

因为他遇到了古代最大的“医闹”——曹操。

华佗在狱中被拷问致死，中医外科手术技术失传，曹操爱子曹冲也因此夭折了，两年后，曹操也下线了。

曹操，史上最著名的头风病资深患者。他是陈登的上司，在得到陈登病故的消息时，捎带脚听说了华佗的医术。曹操燃起了被治愈的希望。

曹老板不是普通患者，别人是去看医生，他是把医生召来看他。华佗被迫放弃芸芸众生，跟在曹老板身边随时帮他治疗。

曹操发病时脑袋迷糊，心难受。一发病，华佗就给曹操针灸。虽然华佗每次都能缓解症状，但曹操的头风病还是很严重。

华佗再次耿直发言，他说：“这个病很难治好，要坚持治疗，方能延续岁月。”

这不就是告诉患者：“你的病好不了了！”谁能受得了这个刺激啊！

曹操心想：你就是“养病自重”，哪里是病不能治，是你不给我治。耿直惯了的人，不会撒谎。这是一个悲剧的伏笔。

华佗在曹老板这里打工时间长了，很思念家人。华佗对曹操说自己收到一封家书，要回家一趟，很快就回来。回家后，华佗又推说妻子生病了，多次“续假”。曹操给华佗写信，还派遣郡县催华佗快点回到工作岗位。华佗还是坚持“续假”。

曹操可是人精啊！他脑袋都不用转，就知道华佗在骗他。曹老板派人赶着小车，拉着小豆，假装去关心下属家人。曹操告诉执行任务的人：“如果华佗妻子真的病了，你就把小豆赐给他。如果他妻子没病，立刻逮捕回来。”

这时的曹操已经动了杀机。

华佗哪知道曹操的想法！他的脑子思考的全是什么病？怎么治？撒谎不是他的研究方向。华佗被抓进了许昌监狱，老实人很快招认了两条大罪：欺君之罪，不从征罪。

按律，应当处死。

不就是撒个谎，多骗几天假期，何至于杀头？可当时的律法就是这么规定的，何况是掌握律法机动性的大佬不想让华佗活了。

华佗是个医生，又不是曹操的政敌，为什么曹操非让他死呢？估计荀彧也是这么想的，他向曹操求情说："华佗医术高明，留着他可以救很多人的命，应该宽恕他。"

曹老板说："不用担心，天下还能找不出这种无能鼠辈吗？"

华佗死后，曹老板还说过："华佗明明能治好我的病。这个小人故意养着我的病，不给我治好，想以此自重。我不杀他，他也不会为我根治的。"

这是典型的医闹思维：你能治好，不给我治。你能快治，故意给我慢治。你能用十块钱的药治好我，非让我花一千。你明明知道我是什么病，还非让我做检查。隔壁病房的张三和我一个症状，张三两天就出院了，你让我住一周，难道是因为我叫陈七吗？

悲剧发生的根源是医患之间的信息不对等。

头疼放在现在也是疑难杂症，有的神经性头疼就是没法根治，发病的时候，看中医就是针灸，看西医就是吃止疼药。而且还查不出原因，即使用B超、CT、核磁共振联合检查，还是不知道毛病出在哪里。

华佗是真知道曹操的病没法根治，曹操也是真不知道他的头风病有多难治。曹操认定了华佗是"小人"，是"无能鼠辈"。"无能鼠辈"活着没啥用，"小人"心怀叵测，不该留！

悲剧就这么产生了。

华佗去世前，在狱中写下了医书，希望把自己的医术留给后人。当华佗把医书交给狱吏时，他说："此书可以活人。"这真是"医者仁心"，自己命在旦夕，还在想着让别人活命。

狱吏不敢接，害怕触犯法律，书能不能活人不知道，狱吏只知道触犯曹老板的律法立马会被咔嚓。

华佗也没有强求，他理解狱吏，就像他理解患者的痛苦。华佗要来火，把毕生心血付之一炬。那部可能记载了麻沸散配方，可能记载了外科手术方法，可能记载了很多救人性命方法的医书，就这样在许昌监狱里化为灰烬。

同年，曹操爱子曹冲因病医治无效，夭折。曹操痛惜地说："吾悔杀华佗，令此儿强死也。"曹操也没找到他口中随处可见的"无能鼠辈"，两年后，曹操也病死了。

祢衡：三国最牛舌刀　狂才击鼓骂曹

祢衡堪称古今中外最幸运的喷子，靠骂曹操被赞美了近两千年。

祢衡一生酷爱：挑毛病，鸡蛋里头挑骨头，挑战权威。

祢衡的人生轨迹，非常简单明了：骂人，在骂人的路上，骂人，嘎了！

祢衡爱骂人这事是刻在基因里的，没有他不敢骂的人，也没有他不想骂的人，尤其酷爱骂老板。

吕布是无差别捅义父，祢衡是无差别骂老板。他俩可以出一个组合：一个骂人，一个捅人，双剑合璧，横行天下。

祢衡有一个比他大20岁的忘年粉孔融。因为祢衡在文学上确实很有才华，孔融极力向曹操推荐祢衡。曹老板用人向来不拘一格，合计那就面试一下吧！

祢衡火速生了小病，还在各种场合，用言语攻击曹操。典型的：在人背后，说人坏话，还故意让你听着。这就相当于，曹操送了祢衡一根橄榄枝，祢衡丢在地上还跳起来踩。

曹老板有仇必报，任命祢衡为鼓吏，在一次宴会上，想让祢衡击鼓，来羞辱他。

宴会上，别人都穿戴整齐，只有祢衡不穿“工装”，分外突出。

别人提醒他：“今天得穿工装。”

祢衡说：“喏。”然后，祢衡开始一件一件地脱衣服，秀了胸肌、腹肌、肱二头肌、臀大肌……脱到一丝不挂。秀完身材，他又不慌不忙地穿上“工装”，继续敲鼓。

祢衡把曹操的宴会，当大众浴池更衣室的操作，把曹操都气笑了。

举荐人孔融是要脸的人啊！他在中间做和事佬。祢衡答应去见曹操请罪。曹操也穿戴整齐，等着祢衡来道歉。

曹操左等也不来，右等也不来，从天亮等到天黑。祢衡穿着像吊丧一样的衣服，慢悠悠地出现在门口，拿一根三尺长的棍子敲着地，有节奏地、有韵律地、富有文采地骂曹操。

曹操派了一架“小飞机”，送他离开，千里之外，空投给了刘表。

祢衡换了新老板，非常高兴，做了新的人生规划，准备施展自己的才华。既然是曹老板的投喂，刘老板对新员工祢衡也十分看好。

没几天，祢衡骂人的基因就蠢动了，人生规划全部划掉，直接开启嘴炮模式，对刘表实施没头没脑的人身攻击。

刘表也算仁义，没亲手杀他。也是送他离开，千里之外。一个快递，发给了他的部下黄祖。

祢衡又换了新工作，又重新开始规划人生，没几天，他骂人的瘾又犯了。祢衡盯着黄祖的眼睛，骂新老板是“死老头子”。

行伍之人黄祖很生气，咔嚓一刀，把祢衡这个快递彻底给拆了。

因为祢衡骂过曹操，又被黄祖咔嚓，意外上了汉室忠臣的大名单，被怒赞近两千年，汉室忠臣们的心情是悲伤逆流成河！

祢衡，愤青的心，杠精的腿，天生一张怼人的嘴，仗着自己有才华，走到哪里都满嘴国粹，得罪的人多了，终于提前进驻了那个木头盒子。

请输入文字
嘴浊
眼昏
耳失聪

司马懿：长寿真是福气　家虎吞食天地

司马懿一生就做了两件事：遥祭对手，参加同事追悼会。

刘、孙、曹三家打了近百年，最大受益者却是司马家。哈哈哈……那是司马懿笑出了声。

三国英雄中，司马懿是强者当中最能熬的，是能熬的人当中能力最强的。来看看他是怎么熬走三个国家的三代人！

刘备团队：

关羽是司马懿间接坑死的。他给老曹出主意，让老曹撺掇孙权去打关羽，正巧孙权合肥打不下来，又刚不过老曹家，就合计捅队友试试吧！关羽因此嗝屁了。

司马懿也没想到啊！老刘的团队脾气都这么冲，张飞要报仇，被属下砍掉了脑袋。老刘那么大岁数了，也要亲自去给弟弟们报仇，死在了白帝城。

果然是峣峣者易折。(《晋书》：帝谏曰："……羽之得意，权所不愿也。可喻权所，令掎其后，则樊围自解。"魏武从之。权果遣将吕蒙西袭公安，拔之，羽遂为蒙所获。)

剩下个丞相诸葛亮，忒不会养生了。吃得少，做得多，啥都管，死在了五

丈原，终年 54 岁。

诸葛亮去世后，司马懿的对手就难找了，无敌那是相当寂寞。

孙权团队：

先是大都督周瑜英年早逝。然后鲁肃、吕蒙、陆逊接连下线。

就剩下个孙权，倒是没死在司马懿之前。但他通过继承人问题，把东吴内政嚯嚯了个稀碎啊！

孙权的儿子病死一个（孙登），赐死一个（孙霸），废了一个（孙和）。留下个小儿子孙亮，继位时才 10 岁，那不就是等着被废的主吗？

对手都这样了，曹魏和司马懿都没什么可以担心的了。

回到曹魏这儿。司马懿真没想到，自己一个不小心熬走了三任领导。

他的老领导曹操，头风症资深患者，个人爱好居然是当医闹，杀害神医华佗，他还想活？

曹操去世后，留下一堆小老婆，被司马懿的第二任领导曹丕全部收编了。好人妻，爱庶母，不仅仅是作风问题，还透支身体，挺好一领导，40 岁不到就死了。

第三任领导曹叡，人是不错，命也不长，36 岁也死了。

等到第四任领导曹芳上台。

那皇位呀，就像从江里新钓上来的鱼，用小火慢慢烤得熟透透儿的了。加的土豆、茄子、白菜、豆腐皮都炖得恰到好处，还撒好了红辣椒，青花椒……嗞啦，热油一泼，都上桌了，满屋子鱼香。

这谁能扛得住不下筷子啊？

铺垫都铺垫好了，老曹家也没啥能人，就剩个二傻子曹爽。

司马懿忆往昔，看对手和老同事都熬夜，熬坏了身体。只有自己靠着好心态，好身体，笑到了最后。

健康地活着，真能拥有无限可能。

司马懿病逝于公元 251 年，享年 73 岁。

要我说，咱莫管世间纷纷扰扰，饭吃好，觉睡好，身体锻炼好，活到 102 岁，笑看精彩人生。

来，咱广场舞走起，微笑，走起！

司马懿：节操随风而逝 恶意猜测不止

司马懿人红是非多，因为“狼顾之相”，在现代遭受各种恶意揣测。

揣测一：司马懿不打诸葛亮，是为了“养寇自重”。

这么说，考虑过诸葛亮的感受吗？诸葛丞相这个级别的“寇”，谁敢养？那是养寇还是养蛊啊？不怕遭到反噬吗？司马懿就是单纯打不过诸葛亮，正面是真刚不过啊！他也不是没试过，打了一路，败了一路。

路上想给张郃穿个小鞋，张郃对着世界说了声谢谢，“谢世了”！司马懿小鞋做大了，不仅装下了脚，把人也装走了。反正亮亮肯定活不长，自己还挺健康。熬嘛！耗嘛！司马懿心想：“来呀，快活呀，反正有大把时间！”

有人说，司马懿有犯罪动机，诸葛亮没了，他就得失业。这是当东吴的孙权、吕蒙、陆逊都是摆设吗？

揣测二：老曹不敢动司马懿。

这真是快把司马懿笑得爬出首阳山的坟圈子了！老曹连孔子二十世孙、名重天下的大儒孔融、弘农杨氏、四世三公的杨修都不放过，真动了杀机，司马懿还能苟活那么多年？上曹老板的黑名单，司马懿还没到那个咖位。别人走红毯，他当时只能场外拍拍照片，蹭蹭热度。老曹多疑，发现异常，排除危险，派人查看，那是常规操作，不是查了的都得咔嚓。

司马懿也不会没事就“鹰视”“狼顾”，一副作死的样子。相反，他真诚的眼神，谦恭的态度（勋德日盛，而谦恭愈甚），废寝忘食玩命工作的劲头（勤于吏职，夜以忘寝），打动了曹家几代人。

揣测三：司马懿在曹操时期，就开始密谋篡权啦！

司马家得皇位，那是一个生命哲学问题——看谁命长！

谁能想到老曹的儿子、孙子、重孙子，一个比一个死得早。

在当时人均寿命30多岁的年代，他活到了73岁。东汉末年连年大疫，人口咔咔地锐减。这场大疫中，仅建安七子，就带走了四个。在这么高的死亡率面前，司马懿都没摊上，还活活熬走了老曹家三代人。

这谁能预料到呢？难道又出新谣言？说司马懿是哪个养生网红穿越的？

穿越时，系统手持玉净瓶告诉他：你这一生，能送走曹家三代人，待你奠定好大晋的基础，系统自然会送你返回现实世界。其实不过是司马懿官越做越大，野心随之膨胀，从打工仔熬成了团队合伙人，老板还一代不如一代。

这就像我们刚毕业时，工资期待值是五千。工作了两年，期待值变成了八千。又工作了两年，觉得自己这能力可以赚一万二了。又工作了两年，觉得两万一都有点少。等到曹芳登基，曹爽夺了司马氏兵权，司马懿来了个火速生病，一秒中风，化身赵四，回家训练死士去了。

后来，小皇帝曹芳和曹爽离开洛阳，去祭祀魏明帝皇陵时。司马懿奇迹般地康复了！他用三千死士控制了朝廷，随后斩草除根，诛杀了曹爽兄弟三族。

这时曹魏的皇帝，就像曹操在时的汉献帝，不过是个吉祥物罢了。

最后，大家可以试试“狼顾之相”，配合眼保健操，广播体操食用，对颈椎病人十分友好。

魏晋名士：才子把酒言欢　竹林奏曲玄谈

顶级男神天团——竹林七贤是怎样炼成的？

竹林七贤：弹琴的嵇康、猖狂的阮籍、老大哥山涛、擅长玄学的向秀、醉酒的刘伶、识鉴过人的王戎、弹琵琶的阮咸。

个个容貌出众、仪态万千，走一步路，回一次眸，都给人美的享受。

他们在一起就相当于郑少秋、陈道明、焦恩俊、张智尧、古天乐、乔振宇、赵鸿飞（排名不分先后）这类古装男神级别的人物聚在一起。

走在路上，直接炸了街。粉丝疯狂追赶，小报记者狂按快门。

重点看代表人物嵇康，一米八五大高个，皮肤白皙，纯素颜出镜，都能帅炸天。去了趟京城，就收获了最大的粉丝天团——太学生，成为顶级流量明星。上山采个药，被砍柴的人当成神仙。

嵇康就是男版洛神。嵇康美，嵇康帅，嵇康还有才。打开某度简历表一看：嚯！思想家、音乐家、文学家。

除去为人熟知的《幽愤诗》《与山巨源绝交书》，他还写了本《养生论》教大家如何养生。

嵇康的媳妇是曹操的孙女，也就是说他是曹操的孙女婿。他还有六个帅哥朋友。名人的亲戚是名人，帅哥的朋友还是帅哥，您说气不气人？

这七个神仙一样的人物喜欢聚在嵇康住的小竹林里弹琴、喝酒、清谈、长啸。细琢磨这事也挺怪。

“清谈”就是唠嗑，俗称侃大山。几个美男子聚在一起，吃瓜子，聊天，辩论，不干实事。弹琴，唱歌，好像也不是什么实业。喝酒就更不值得鼓励了。

美男子，酒蒙子，待在竹林子，吹着山风和牛皮，在小竹林子里咋就出名了！靠美貌？靠身材？靠出位博眼球了？

要是现场直播，引起轰动，可以理解。过了两千年，粉丝咋还能那么多呢？大气循环都循环了无数遍。他们为什么还受到女人的追捧，还能成为男人的偶像呢？

咱悄悄地打开历史书瞅一瞅咋回事。

东汉末年，三国鼎立，曹魏把蜀汉 KO 了。没多少年，西晋又把曹魏取代了。这是什么倒霉悲催的时代？改朝换代，家常便饭。曹丕逼汉献帝退位，紧接着司马炎逼魏元帝退位。

皇帝还短命。

曹魏和西晋，98 年时间，换了 9 位皇帝，平均在位时间不到 11 年。

曹魏四十六年（公元 220—266 年），共五任皇帝曹丕（公元 220—226 年在位）、曹叡（公元 226—239 年在位）、曹芳（公元 239—254 年在位）、曹髦（公元 254—260 年在位）、曹奂（公元 260—266 年在位），平均一位皇帝在位 9.2 年。

西晋五十二年（公元 265—317 年在位），共四任皇帝司马炎（公元 265—290 年在位）、司马衷（公元 290—307 年在位）、司马炽（公元 307—311 年在位）、司马邺（公元 313—316 年在位），平均在位 13 年。

统治者嘴上说着忠孝仁义，肚子里装的是男盗女娼，做的是窃国勾当，进行的是血腥统治。

竹林七贤一想：“什么仁义道德，统统滚，老子帅就完了。”

于是，他们狂放不羁爱自由，纵酒高歌及时行乐。他们聚在一起弹琴复长啸，饮酒醉狂歌。

嵇康爱好打铁，向秀就跑了一千多里地去给他拉风箱。要说老铁，这是真正的老铁。

时代黑暗的背景下，个人的真实反而成了靓丽的风景。现在再看他们的行为就统统能理解了。拥护啥酗酒啊？憋屈啊！苦闷啊！要躲避现实啊！拥护啥长啸啊？憋屈了，喊一喊心里松快点。

他们天天清谈，谈啥呢？玄学！整不懂这世道了，人们迷茫了，价值观崩塌了，不得重建吗？总不能就那么塌着。

他们的交谈，他们的文学作品，写的是个人的经历，抒发的是个人情感，投射的是整个时代的无奈，探究的是人之为人要怎么好好地活着。

当嵇康被害时，他感叹的是《广陵散》从此失传了。

他的遗孤嵇绍由好友山涛抚养长大。后来，在晋惠帝遇到危险时，百官和侍卫四散奔逃，时任侍中的嵇绍拼死护卫晋惠帝，惨遭杀害。

这样的一批人，这样的他们以及他们的后代，看似出世，实则积极入世。他们热爱这片土地，热爱这片土地上的人民。他们讲着玄学，却践行着儒家所倡导的忠孝仁义。所以，他们才能成为当时的精神领袖。

皮相之美只是表象，才华和社会责任感才让他们出道两千多年，依然是顶级天团。

酒

第六章

两晋十六国时期

大分裂的动荡时期，越发凸显人的矛盾。风流名士追求纯粹的艺术形式，但是极致的自由，狂放的性格，注定与时代反叛……

潘安：花样美男养眼　人生不停反转

潘安是一个传来传去只剩美貌的人。据史书记载，潘安拿着弹弓，坐着车子出门，妇女们就会手拉手把他圈起来，像喂宝宝一样疯狂投喂，各种水果满满地装上一车，这就叫“掷果盈车”。

宝宝靠脸就能让一大家子天天吃新鲜水果。颜值粉这个群体，真是穿越千载，不改疯狂本色。

《晋书》描写潘安的美貌只用了三个字“美姿仪”，甚至为了衬托潘安，晋书又写了一个丑到被载入史册的男人张载。

《晋书》评价张载“甚丑”，说他每次出门，小孩子都会用瓦块、石头扔他，让他感到非常难过。于是，“委顿而返”。

到了《世说新语》里，故事的前半段没变，负责衬托人物的“男配”换成了大才子左思。

左思见潘安出门能装一车水果回去，他也拿着弹弓，坐着车子，故意到街上“路过”。结果走了一圈，被嫌弃了一路，大家都向他吐口水。于是，左思也“委顿而返”。原因是“左太冲绝丑”，太丑了，丑绝了！

左思可能以为大家在追捧才子，没想到大家只看脸，三观跟着五官走。

美貌是美貌者的通行证，到了官场还有前置条件。西晋实行九品中正制，看脸之前得先看祖宗，看老爸，看岳父都是什么官。祖上没人当过官，不好意思，别想了，回家种地去吧，老实巴交才是人生归宿。朝中有人，那就好办了，“上品无寒门，下品无士族”。看看上几代都当了什么官，论资排辈，依次往下顺就是了。

潘安出身的荥阳潘氏属于中下层士族。潘安的祖父官至安平太守，潘安的父亲官至琅琊内史。祖、父两代都是五品官，官位虽不算很高，那也是官，也有品。敲门砖潘安还是有的。

潘安的岳父杨肇就比较厉害了，西晋大将军参军、荆州刺史，受封为东武伯。杨肇出身的荥阳宛陵杨氏，在曹魏和西晋时期是显宦之族。亲女婿那是肯定要提携的。所以，潘安的仕途起步应该不低。

不巧的是，杨肇在受命救援东吴降将步阐时，孤军深入，于西陵之役中为东吴名将陆抗所败，被贬为庶人，郁郁而终。杨肇去世时，潘安无法吊唁。因为他的父亲潘芘在前一年也去世了。他因服齐衰未满 11 个月，不能去参加别人的葬礼。

岳父和老父亲都去世了，人走尚且茶凉，何况连人都没了。

《晋书》说潘安“才名冠世”，在家乡被称为“奇章”“奇童”。乡品不错，才名又高，还以秀才为郎，是可以名正言顺地进入朝廷的。可是，潘安在朝中没人了！被朝廷“晾晒”10 年后，丢到河阳去当县令。

潘安到了河阳县一顿考察地貌气候，不知道是喜欢吃酸的，还是喜欢粉色，直接得出一个结论：此地适合种桃子。

潘县令带着众人开始种桃树，秉承工匠精神，种就种满的原则。河阳县百姓春天看桃花，秋天吃桃子、卖桃子，小日子过得美滋滋。“花样美男”一词，也由此诞生。后来人们用“河阳一县花”特指潘安，或者赞美地方官善于治理。

其实，潘安，名不是安，字也不是安，他姓潘，名岳，字安仁。之所以被

称为潘安，是因为杜甫的一句诗“恐是潘安县，堪留卫玠车。”为了对仗工整，杜甫把潘安仁略写为潘安。

美貌的副产品常常是风流多情，何况是有才又有貌的人，这要是没点花边新闻，同潘安的美貌也太不匹配了。

让大家失望了。潘安没有绯闻，京城的粉丝虽然疯狂，一个成功上位的也没有。也可能是妈妈粉居多，都是去挑女婿的。

而且，潘安12岁的时候，就被岳父杨肇预定了。潘安跟着父亲潘芘到杨肇家做客，杨肇一看这孩子就喜欢。潘安可是被乡亲称为神童的人，那个聪慧劲谁能不稀罕？何况杨肇还是一个有女儿的父亲。两家商量了一下，就给潘安和杨氏定下了婚约。

当时人的成婚年龄都比较小，潘安却是个特例，据考证他大概到29岁时才完婚。所以，潘安和杨氏经历了17年的爱情长跑，还经历了异地恋的考验。

潘安非常浪漫，情书一封一封地往杨家寄，“漫漫三千里，迢迢远行客。”“尔情既来追，我心亦还顾。”

潘安52岁时，杨氏去世，他守在妻子的坟茔边悲痛欲绝。他睹物思人，“望庐思其人，入室想所历。”他悲伤难以自持，“抚衿长叹息，不觉涕沾胸。沾胸安能已，悲怀从中起。”当爱妻丧期已满，他要再次赴任时，“投心遵朝命，挥涕强就车。”

潘安的《悼亡诗》开辟了写诗悼念亡妻的先河，妥妥地立住了深情的人设。

然后，他就再娶了。

当时的著名谱学家挚虞为此还专门写了一篇《新婚箴》，满篇戏谑，让人看后一肚子“呵呵哒”。潘安特意回了一篇《答挚虞新婚箴》，他从先王之礼讲起，说“女无二归，男有再聘”，老子再娶，天经地义。

古代续弦本就是平常事。配偶离世了，再娶再嫁，确实无可厚非。问题在于他之前立的人设太过痴情，搞得人们以为他是“一生一世一双人”的痴情人。这个反转来得太快，一时让人有点懵。

还有更让人懵的：潘安才子的人设也要塌。

西晋政局一直很乱，各种势力角逐过程中，太傅杨峻被楚王司马讳所害，党羽属吏都受到株连。那时潘安是太傅府的主簿，脑袋眼看就要搬家，多亏一个叫公孙宏的人救了他。

据《晋书》记载，公孙宏“少孤贫”，没有至亲可以依靠。公孙宏善鼓琴，能做文章。潘安爱他的才华，对他非常好。那时，他们都在河阳县，“花样美男”的县令，帮助了一个有才的少年郎，多年后那个少年长大成人，在危急关头，救了曾经帮他的人，也算一段佳话。

随后剧情就反转了。潘安在经过现实的毒打，经历过生死的考验后，幡然悔悟，抱住了权臣贾谧的大腿，搭上了升官的快车道。

斗不过黑暗，就加入黑暗。潘安加入得非常彻底，他在路上看到贾谧车子扬起的尘土，就匍匐在地，脑门子和地面做亲切的接触。道德沦丧，人格丧失后，官位就高了，潘安也能参与西晋朝廷的重要决策了。

在皇后贾南风构陷太子司马遹时，潘安扮演了重要角色。

贾南风命人强行灌醉司马遹，趁司马遹酒醉，命他抄写一篇类似祷神之文的文章，司马遹醉得迷迷糊糊，勉强抄写完，字迹潦草，笔画不全，贾南风命人补上笔画。一篇太子谋反的罪证就完成了。

那篇“罪证”就出自潘安之手，负责修补笔画的人也是潘安。这真是人尽其才。都说害怕流氓有文化，真是有道理。

贾南风以此为证据，废黜了太子。太子死后，西晋爆发了八王之乱。

后来赵王司马伦干掉贾南风，诛灭贾南风党羽，潘安竟然没被处死，只是被贬官了。

潘安待在家里每天都很害怕。过了段时间，潘安觉得应该没事了，心里想着好险，又躲过一劫啊！潘安刚松了一口气，他和他的三族就被拉到刑场砍了脑袋。

这是什么极限反转的剧情？

原来，赵王司马伦篡权后，宠信一个叫孙秀的人。孙秀为人睚眦必报。史书说孙秀掌握权力后“多杀忠良，以逞私欲”，把得罪过他的人，一个个搜罗出来，挨个报复。

有的人心里装的是国，有的人心里装的是家，孙秀的心里就装了一个记仇的小本本。潘安得罪过孙秀，西晋首富石崇也得罪过孙秀，他俩都在懵的状态下被押到了刑场。

刑场上，石崇还问：“安仁呐！你怎么也在这啊？”潘安就这么被咔嚓了，还连带着他的三族都被诛灭了。

美貌虽然养眼，颜值却绝对代表不了正义。人生还是平淡点好，像潘安这样反转再反转的，老母亲的心脏受不了，亲戚们也受不了。

冉闵：灭石氏成英雄　做暴君不安生

冉闵，后赵皇帝石虎的养孙，冉魏开国皇帝，因“杀胡令”在如今的网络上大火。说的是他要干掉胡人，拯救中原。

看着十分眼熟，“而今日之域中，竟是谁家之天下？”仿佛骆宾王穿越去了十六国捉刀代笔。“凡此种种，罄竹难书”，成语“罄竹难书”的出处是《旧唐书·李密传》，都是为了成全冉闵。

其实，网上这篇杀胡令，非常迁就我们现代人的文言文词汇量，以及对古人的理解能力。力求受过九年义务教育的人，都能看懂。有人说，这写作手法和习惯，肯定是“穿越党”。

真是假的不能再假了！

先看看冉闵的成长史吧，父亲冉良是乞活军。乞活、乞活，一边要饭，一边打仗，属于流民军队。

乞活帅陈午在河北被胡人石勒打败，12 岁的冉良被俘。胡人犯了爱收养子、好为人父的毛病。石勒想收冉良做干儿子，可惜年龄差距有点大，就把冉良指给了自己的侄子石虎，冉良改名石瞻。

因此，冉闵出生时做了一个违背祖宗的决定，姓石，取名为石闵。（以下为行文方便，也看他认祖归宗可怜，还给他原姓——冉。）

冉闵套着石虎养孙、石勒的养侄曾孙的黄马褂，而石勒正是后赵开国皇帝，冉闵算是半个后赵皇族。

冉家父子也很争气，作战非常英勇，为后赵立了很多战功，深得后赵皇族器重。

石勒去世后，石虎篡位，自称“天王”，换上自己的亲信。此时冉良已经为后赵战死沙场。冉闵身高八尺，骁勇善战，带着“战神”的氛围感，深受石虎喜爱。他又顶着石虎养孙的头衔，用现在的话说就是：当红辣子鸡。

虽然人红是非多，奈何冉闵非常有“主人翁意识”，他为后赵北击鲜卑，南打东晋，屡立战功，本事大，能力强，地位自然越来越高。

公元 349 年，石虎病逝，太子石世即位。剧情变得十分熟悉且狗血。

石虎的第一任太子石邃想弑父自立，被父反杀。

第二任太子石宣被石虎处死，而且是虐杀。石虎在立石宣为太子后，又想改立石韬为太子。石韬恃宠而骄，兄弟间矛盾日益激化，石宣就干掉了石韬。爱子被害，石虎暴怒，命人把石宣“拔其发，抽其舌”，放在柴火堆上折磨致死，骨灰撒到各个城门的路口，手段极为残忍。

第三任太子就是石世，即位时年仅 10 岁，还没娶上媳妇，冉闵就打过来了。

冉闵有点虎，真把自己当成了后赵皇族，一心想当储君。人家一家子抢皇位，父子、手足相残，演绎人间悲剧。他非要陪着唱，还想当下一任主角。

小皇帝的一个成年哥哥承诺干侄子冉闵：“好好努力！事成之后，立你为储君。”饼画得又大又圆。

只可惜，攻打邺城，他功劳最大，饼却落到他人碗里，皇位是别人坐，太子是别人当。冉闵位极人臣，却始终是臣，他做梦都想做大做强。

一不做，二不休，冉闵直接把龙椅上的第 N 代石家人送走，立了个傀儡皇帝。后赵贵族一看不干了，假皇孙太狂妄，我们才是“真孙子”。

一句话戳到冉闵内心的痛点，胡人就是他通往权力巅峰的绊脚石，必须

清除！大名鼎鼎的“杀胡令”从天而降：“内外六夷，敢称兵杖者斩之！”（《晋书》）

邺城的胡人百姓一想，好像没活路了，赶紧逃吧！能从城门冲出去的，走门；走不了门的，翻墙。总之，必须跑。

第一道杀胡令的场面有点乱，冉闵脸上挂不住，小小反思了一下：看来不能把胡人一竿子干翻在地，得团结能团结的力量。

于是冉闵又颁布一道命令：“与官同心者住，不同心者各任所之。”意思是与朝廷同心的人，留下。不同心的，可以自由离去。他还通知各个城门口，别弄得鸡飞狗跳，别阻拦。

结果大大出乎冉闵的预料，百里内的汉人蜂拥而至，邺城内的胡人急着出城，城门口又堵住了。

冉闵一拍脑袋瓜子，顿悟了：原来我是汉人，我姓冉，不姓石。虽然为石家出生入死，但是胡人根本没把他当自己人。士可杀，不可辱。

于是，冉闵下了一剂猛药，发布一条命令：斩一胡首送凤阳门者，文官进位三等，武职悉拜牙门。（《晋书》）砍一个胡人脑袋，就能当官，就能升官，就能改变全家乃至全族的命运，诱惑实在是太大了。

黑暗降临，恐惧上演。最后，累计斩首20多万人，尸体堆积在城外，“悉为野犬豺狼所食”。据《晋书》记载“滥死者半”，也就是被杀的人中，有一半并非胡人。

其实对于冉闵这样急需证明自己的人来说，杀谁不重要，重要的是立威，稳定局面。可惜局面没稳住，整个后赵的地盘乱得非常彻底。冉闵一看，再弄下去自己都快没戏了，赶紧办大事。

第一步：公元350年正月，冉闵假托谶文“继赵李”，改国号为卫，自己改为李氏，使劲拔高自己的帝王范儿。

他一动，石家人坐不住了。

石虎的儿子石琨率众七万攻打邺城，冉闵亲率千余骑兵，手持两刃矛，斩首敌军三千。石琨大败，退到了冀州。

胡人皇帝都急哭了，慌忙派宦者密召张沈等人，攻打邺城。宦者出了宫门，直奔冉闵所在，把傀儡皇帝给卖了。乱世打工人，没什么政治立场，保命才是第一要务。

冉闵把胡人皇帝给干掉了，还“咔嚓”了石虎的38个孙子。

嗜血、嗜杀、好战是冉闵的三板斧，在他的队伍里，滥杀就能立功，就能加官晋爵。一群乌合之众跟着老大，一路杀红了眼，坐实了冉闵“混世魔王”的称号。

第二步也就开始了。

冉闵提出，我是晋人，现在晋室还在，我同诸位把州郡分了，做晋室的州牧、郡守、公、侯，咱们把天子接回洛阳，怎么样?

尚书胡睦拍起马屁：“陛下圣德应天，应该自己当皇帝，晋氏衰微，远窜江表，岂能总驭英雄，统一四海?”

按照常规操作，冉闵应该假装不想当皇帝，努力推让三次，大臣再劝三次，他再勉为其难地答应。但是，激进和亢奋是这个团队的显著特色。绝对不能整虚的。

冉闵一拍大腿：天命如此，老子要当天子!

公元350年，冉闵即皇帝位，改元永兴，国号大魏，这就是冉魏政权。

称帝对冉闵没有好处，这时最稳妥的做法是暂时对东晋称臣，先稳定局面，闷声发财。前秦的苻家、前燕的慕容家都是这么做的。要是嫌弃刺史州牧官小，申请个大晋魏王的封号，效仿大汉汉中王刘备，大魏吴王孙权的故事，也是可以的。

他一称帝，直接成了乱世的靶子。南边的东晋，派扬州刺史殷浩北上收复失地。东北的燕国，慕容家族趁机南下发展地盘。冉闵被夹在了中间，成了汉堡包。

此前，“杀胡令”导致邺城有一万多人投奔襄国的石祗。原来有一个可以同冉闵商议国事的李农，不知道什么原因被杀了，同时被害的还有李农的三个儿子，及尚书令王谟、侍中王衍、中常侍严震、赵升等人。

所以，冉闵的小朝廷缺“脑子”，领导核心中没有懂谋略、有智慧的人。拥有发达的四肢，感人的智商。

冉闵的部下有一个诡异的“解题思路”：老大的位置越高，他们的官位也会越大。老大当皇帝，他们靠滥杀立功，官就可以越做越大，就可以得到更多的俸禄和赏赐。

冉闵就算自己不想称帝，他的部下也会逼他称帝，何况他自己也那么想。

亢奋起来的冉闵几乎次次大胜。

石虎的儿子石祗，在襄国自立为帝，重新扛起后赵的大旗，封自己的兄弟石琨为相国，领10万大军，蹲在邯郸，准备讨伐冉闵。

冉闵不等他们进攻，就直接率军主动出击邯郸，收拾了石琨一万多人。

石琨兵败后，又有几处后赵势力合兵一处攻打邺城。冉闵出动步骑12万，精卒8万，共计20万人马。

两军开战，冉闵再次大胜，斩敌近三万人。冉闵勇猛追击，俘虏了大批人马，合着后赵残余是打包给他送人头来的。

冉闵一顿就吃肥了，拥有戎卒30余万，旌旗插满山头儿。军事实力已经超过后赵的鼎盛时期。

有了足够的人马后，冉闵也开始琢磨治国的问题了。他下令恢复魏晋的礼节，依据才能授予职位，一时间冉魏政权似乎有了魏晋初期的气象。

但是，冉魏这辆以血驱动的战车不可能停下。休养生息是不可能的，修整兵马也是不可能的。

史书说冉闵“无月不战”。老天爷不开眼，冉闵不满足，他决定干票大的——攻打襄国的石祗。

冉闵为此做了两件事：一是向东晋喊话，二是封自己的儿子冉胤为大单于。

冉闵派人到长江边，隔着长江，向东晋喊话：“逆胡乱中原，今已诛之；能共讨者，可遣军来也。”史书说：“朝廷不应”。

冉闵连派个使者过江的表面文章都不肯做，东晋理他就怪了！冉闵要做皇帝，就不能向东晋称臣，也就不能派使者过江。他不过是想利用东晋的号召力，利用北方的汉人，让北方心向东晋的人为他所用。

隔江喊话，就是骗傻子卖命的一场“政治秀”。

当时北方的胡人非常多，冉闵又不想放弃胡人。所以，他在攻打襄国时，任命自己的儿子冉胤为大单于，统帅降胡一千人。

这里的一千降胡没有被杀，说明网传的翦灭胡人，根本不存在。

胡人骗冉闵卖命，答应让他当太子，最后却没当上。他恨后赵的胡人贵族，主要是因为被骗了。之所以恨，并不是因为别人占了汉人的地盘，杀了汉人。

冉闵杀的汉人一点也不少。据《晋书》记载，冉闵作为后赵悍将，在攻打东晋时，曾在沔南打败晋军，杀害东晋将军蔡怀。

杀不杀胡，纯粹都是政治需要。

光禄大夫韦謏认为，胡人不可用，单于不可做，提出“愿诛屏降胡，去单于之号”。冉闵看了奏章大怒：你竟然敢耽误孤笼络胡人，要坏孤的大事，来人，把韦謏和他的子孙都给孤杀了。

这时对于冉闵比较好的选择是暂时守住地盘，按兵不动。后赵的各股势力不是一块钢板，没有外部压力，他们自然就散去了。等他们内部有了裂痕，矛盾凸显出来的时候，再择机而动，一个一个吃掉。

冉闵能等，他的部下却等不了，不打仗就不能升官，战车不可能停下。

冉闵围攻襄国 100 多天后，石祗扛不住了。他自去帝号，改称赵王，向前燕和姚弋仲求救。

姚弋仲派自己的儿子姚襄率 2.8 万骑兵救赵。前燕主慕容儁派遣御难将军悦绾带 3 万兵马同姚襄一起营救后赵。

冉闵坐不住了，想的既不是调兵遣将，也不是动用外交手段，他解题就一个思路：打打杀杀。

冉闵提出自己带兵迎战。

卫将军王泰觉得这非常胡闹，他说："现在襄国没有打下来，他们的救兵又多。我们出战必会腹背受敌，很危险。不如坚守不出，等援军的锐气不这么盛，他们内部出了问题再去攻打。陛下亲自出战，如果有失，则大事去矣！"

冉闵觉得王泰说得有理，准备采纳他的建议。

这时，道士法饶说："陛下围攻襄国100多天，无尺寸之功，现在贼兵来了，又避而不打。还怎么统帅将士？我夜观天象，太白入昴，当杀胡王，陛下出战，一定能百战百克，机不可失啊！"

这家伙，连忽悠带威胁的。天象纯是胡扯，法饶主要是警告冉闵，你不打就是认怂，那将士们是会看不起你，不听你号令的。

冉闵非常吃这一套，他的斗志再次昂扬，捋起衣袖，说："我决定出征，再有劝阻者，斩！"

战局同王泰预料的一样，冉闵被石琨、姚襄、悦绾和石祗，从四个方向夹击，包了饺子，大败。

这一战，冉魏消耗了十几万将士，兵力损失将近一半。冉闵差点下线。好在他燃起了胸前的小宇宙，带着十多个骑兵逃回了邺城。

按照正常人的脑回路，应该消停点了，可是他还接着嘚瑟。

冉闵回到邺城后，给法饶父子来了一个先咔嚓，后肢解尸体的套餐。然后又小小地反思了一下：既然后赵的胡人无法团结，那就应该专心讨好汉人。

于是，冉闵追赠韦謏为大司徒。韦謏就是上文因为劝他不要封儿子为大单于，被他杀了祖孙三代的那个人。

襄国的石祗打了胜仗，也抖了起来，派刘显率军七万，攻打邺城。冉闵连忙向很靠谱的王泰问计。王泰一肚子气，称病，根本不理他。冉闵亲自去问，王泰就说自己病重，非常重，重到没法理你的程度。

冉闵的怒气值飙升，说："看我先破群胡，再斩王泰。"还是他那三板斧：嗜血、嗜杀、好战。

冉闵战斗力确实强，他大破刘显，斩首三万多。刘显秘密派人向冉闵求和，承诺回襄国杀了石祗，再率众归降。刘显十分讲信用，他真的了结了石祗，并把首级送去了邺城。

有人举报王泰要去投靠前秦苻健。冉闵杀了王泰，灭王泰三族。其实就算没人举报，王泰也活不了！

仗是打赢了，结果并不好。一顿操作下来，北边被前燕蚕食，南边被东晋回收，控制面积缩小，兵力锐减，更为严重的问题是缺粮。

冉闵篡权之前，发布了“杀胡令”，杀胡人就能升职加薪，反正死的是别人，花的都是后赵国库的钱，不心疼。

据《资治通鉴》记载，冉闵“与羌、胡相攻，无月不战。”每个月都打仗，就得月月往外运粮食。

后赵统治时期迁徙了青、雍、幽、荆四州的百姓，还有氐、羌胡蛮数百万口，让胡人迁徙到汉人聚居地，汉人迁徙到胡人聚居地，利于控制。

“杀胡令”颁布之后，反抗不了的胡人，至少还有一条路，逃！羯人的老家在今河套地区，还有太行山区，这两块地方都不在冉闵的控制范围内。离开冉闵控制的区域，就能活，那就逃吧！

在胡人地盘上的汉族百姓也无法安居，他们也要回老家。

胡汉百姓，携家带口，都要回自己的故土。他们在路上相遇，就“互相杀掠”，“中原大乱”！(《晋书》《资治通鉴》)

这场数百万人口的大迁徙，十个人里有七八个都死在了路上，活着回到故土的只有十分之二三。百姓都在逃亡，地自然是没人种的，出现了“人相食”(《晋书》《资治通鉴》)，堪称华夏之殇。

煽动民族仇视、对立，恶意利用民族仇视，一片喊杀声中，所有人都在覆巢之下。包括冉闵。冉闵也没有粮食了。

刘显杀了石祗，随后就称帝了。刘显打不过冉闵，改变思路，不打南面的邺城，改打北面的常山。

冉闵率八千骑兵，绕过襄国，亲自救援常山，大败刘显。又一路追到襄国，干掉了刘显。

据《资治通鉴》记载，冉闵攻灭襄国后在常山、中山一带“游食”。“游食”就是四处游荡，抢百姓的粮食吃。因为冉魏的都城邺城没有粮食了，据《晋书》记载，“邺中饥，人相食”。

冉闵带着冉魏官兵打劫百姓，前燕趁机派精兵南下，准备灭掉冉魏。冉闵率军迎战，同慕容恪在魏昌城相遇。冉闵突入前燕军中冲杀，十战十胜。

慕容恪的骑兵被反复冲散后，他想出一个针对冉闵的打法，用铁链把战马连在一起。慕容恪选择五千勇猛的战士列成方阵。这招果然奏效，再次交战，冉闵无法冲散队伍，大败。

冉闵跃马冲破包围圈，逃了出去，跑了二十多里，所骑的宝马无故暴毙。马没受伤，也没说是劳累过度什么的，突然就下线了。这马死得多少有点宿命感。冉闵被前燕军队活捉，送到了蓟城。

慕容俊责问冉闵：“你个奴仆，怎么敢妄称天子？”冉闵说：“天下大乱，你们这些人，人面兽心，尚且想篡逆。我是一时英雄，为什么不能做帝王！”

冉闵的自我定位竟然是“英雄”。慕容俊大怒，打了冉闵三百鞭后，把他送到龙城杀害了，告祭自己的祖父慕容廆、父亲慕容皝的庙廷。

不过，这等暴君死了也不安生，恰巧当时爆发旱灾，蝗灾。慕容俊怀疑是冉闵的鬼魂作祟，于是派人祭祀冉闵，追尊他为“悼武天王”。

冉闵推翻了石虎的暴政，却建立了另一个暴政政权。作为冉魏的开国皇帝，亡国之君，他是没有个人传记的。《晋书》把他安置在暴君石虎的传记中。细细想来，冉闵确实和石虎非常像。他们都擅长人族“消消乐”。

王羲之：兰亭雅集铸名　墨池成就书圣

提起王羲之，大家脑海中是不是已经自动播放“永和九年，岁在癸丑，暮春之初，会于会稽山阴之兰亭，修禊事也。”《兰亭集序》，一篇中学课本要求全文背诵的篇目，天下行书之首。

让我们重拾记忆，回想一下《兰亭集序》的故事。

东晋永和九年，三月初三，上巳节，右军将军、会稽内史王羲之，同谢安、谢万、孙绰等友人以及家族子弟 41 人，到会稽山北的兰亭举行春天的祓禊之礼。他们曲水流觞、饮酒赋诗，42 人共作了 37 首诗词，大家提议把诗集录在一起，由王羲之给诗集写一篇序。

王羲之挥毫泼墨，写完时间地点人物事件，描写完这次聚会的快乐，突然笔锋一转，说时光流逝不易察觉，在感到高兴和满足的时候，却不知道老之将至。喜欢的东西早晚要没，人早晚要死。活得再好，早晚也得完！一想到这，心拔凉拔凉啊！痛，太痛了，悲，太悲了。

试想一下，你和朋友聚会，玩水吃席，大家喝好了，吃饱了，嗨好了，高兴而舒服地瘫坐中，一个人突然站起来说：“伙伴们，人生短暂，咱们早晚得挂啊！”扫兴不扫兴？气人不气人？还能不能做朋友了？他会不会挨揍？

王羲之这样的人怎么还会有朋友呢？因为幻灭不是他一个人的感觉，是当时士人共同的感觉。

从汉末到魏晋，皇帝轮流做，明年到我家。战乱不断，百姓命如草芥。政治斗争惨烈，今天是王侯将相，明天是冢中枯骨。魏晋为什么喜欢清谈？山水田园诗为什么会诞生在那个时代？陶渊明为什么写《桃花源记》？刘伶为什么醉酒？阮籍因何猖狂？

现实的残酷，把人们逼到了山水中去寻求解脱，人们不滞于物、不拘礼节，“越名教而任自然”。因此，道、玄、佛兴起，同儒学思想交汇、融合。王羲之就信奉五斗米教。

王羲之出身琅琊王氏，东晋集团的股东王导和王敦是他的堂伯父。“王与马共天下”，王在马前。这是比皇族还显赫的家族。

从小锦衣玉食的王羲之并不快乐。他幼年时，随家族南迁，离开家乡。7岁时，父亲王旷领兵救壶关，大败后失踪。在还不明白什么是悲痛的年纪，王羲之失去了父亲，年幼的他沉默寡言，在家族中很不起眼。两次王敦之乱，家族中的伯父、叔叔、兄长，一部分在叛军中，一部分在朝廷中。王家在叛乱中互相残杀。王棱劝王敦忠心辅政，被秘密杀害。王羲之的堂伯父王舒把他的另一个堂伯父王含（出生时间不详细，也可能是叔父）推到江中溺亡。

公元322年，在王敦第一次叛乱期间，郗鉴派人到王家为女儿郗璇挑女婿，王羲之坦腹东床，反被选中。那一年，王羲之20岁。

王羲之为什么坦腹东床？他难道不想娶媳妇吗？王羲之对家族政治联姻没兴趣，他根本不想当官。那时候当公务员太危险了！他要做一个书法家，艺术家。可家里的长辈不这么想。伯伯、叔叔、岳父都让他出来做官。

原本不爱说话的王羲之没有被家里人重视，他也不爱应酬，名流圈没有他的传说。转折发生在他13岁的时候。

王羲之跟着叔父到名士周顗（王羲之长嫂的伯父）家参加宴会，王羲之没官位，没名望，年龄又小，就坐在最末席。宴会上了一道名菜“牛心炙”，按惯例主人要把“牛心炙”先敬席上最重要的宾客，周顗让人送到末席的王羲之面前，有意提携后辈。王羲之因此闻名，他藏不住了。

王羲之的书法老师，也是他的姨母卫铄，师承书法大家钟繇，是当时著名的书法家。朝廷要搞祭祀活动，请卫夫人写祭神木板上的祝文，卫夫人向朝廷推荐了王羲之，工匠雕刻的时候发现墨迹竟然渗入木板深处三分，工匠惊叹："竟入木三分！"从此，“入木三分”就成为称赞别人笔力雄劲的词语。

王羲之也想低调，只是做不到。

架不住家里长辈亲朋好友连番“攻击”，最后给他安排了一个十分闲散的官“秘书郎”，王羲之才答应出仕。征西将军庾亮很欣赏他的才华，上疏朝廷，称羲之“清贵有鉴裁”。朝廷因此提拔王羲之为宁远将军、江州刺史。

《晋书》评价王羲之“既少有美誉，朝廷公卿皆爱其才器”，大家都喜欢他，爱他的才华。朝廷频频召他去工作，给的官职都不小，侍中、吏部尚书，他都拒绝了。朝廷说那给你个护军将军，王羲之还是拒绝，再三拒绝。

后来在扬州刺史殷浩的劝导下，勉强接受了护军的职位，才得到任命，他又申请外放宣城郡。朝廷没批准，来都来了，还想跑？

不久，朝廷任命王羲之为右军将军、会稽内史。不想当官的王羲之，官越做越大，麻烦也随之而来。王羲之因为人缘好，总是处在夹心馅饼的位置。

上文提到的给朝廷上疏，说王羲之“清贵有鉴裁”的庾亮，其实是王家的政敌庾家的掌门人。庾亮出身颍川庾氏，是东晋明帝司马绍皇后庾文君的父亲。当时朝廷培植庾家的势力，用来制衡王家，庾亮与王导因此不和。

为了大局，为了朝廷祥和，王羲之就担负起了从中调和的任务。

庾亮的弟弟豫州刺史庾怿，送酒给王羲之的堂兄王允之，想要毒杀他。王允之有所察觉，让狗先尝，他才逃过一劫。王允之报告晋成帝司马衍，庾怿被逼自尽。斡旋不成，双方斗得你死我活。

到永和九年（公元353年）时，他的母亲卫氏，姨母卫夫人（卫铄），叔父王廙、王彬，堂伯父王导等亲人，都已经离开了人世。

王羲之深感宇宙浩大，生命无常，一切的美好终将逝去。借着微醺的酒意，王羲之把情感诉诸笔端。《兰亭集序》共计 324 个字，写尽了王羲之对生命的感悟。

王羲之酒醒之后，也被自己的才华惊呆了，写得太好了。他拿出笔照着写了很多篇，怎么写都不如昨天的“草稿”。

这正是苏东坡说的“书无意于佳乃佳尔”。天下三大行书，不仅《兰亭集序》是草稿，颜真卿的《祭侄文稿》和苏轼的《黄州寒食诗》也是草稿。

当人正襟危坐执着于技法时，就必须控制情绪，人和笔就无法合而为一。

《兰亭集序》饱含感情，它是有生命的。

永和九年的冬天，殷浩二次北伐失败。殷浩是朝廷用来制衡桓温的。王羲之同这两人关系都非常好，他提议殷浩在家中的屏风上画蔺相如和廉颇，希望两人能“将相和”，但他的努力是徒劳的。

殷浩北伐时，王羲之认为应当先解决内忧，壮大实力，准备充足，再待机北伐，殷浩不听。他上书朝廷，朝廷也不听。最后殷浩北伐失败，被罢黜流放，

每天用手在空中写“咄咄怪事”，两年后就去世了。

公元355年，王羲之做了一个令世人惊讶的举动，他在父母坟前发誓，永远不再出仕。随后辞去会稽内史之职，告别官场，隐遁优游。据说王羲之曾携妻子北上，去寻找失踪多年的父亲，终无所获。

事实上，王羲之一直是支持北伐的。

桓温西征蜀地时，王羲之曾送信给桓温：“你要西征，快把战袍给我送来。”（《王羲之尺牍》：复是大事，速送袍来。）

王羲之世称王右军，他是个将军呀！如果有机会，他也愿意上战场杀敌，收复失地，重回故土。可是朝廷内部各大家族内耗严重，北伐难以成功。王羲之向朝廷提议，免除苛捐杂税，让百姓恢复正常的生产、生活，“以天下为心”“与民更始”“宽和为本”。

他在奏疏中说：“愿陛下（司马昱）暂废虚远之怀，以救倒悬之急。”

王羲之的意见不被采纳，东晋北伐屡次失败。他厌恶官场，离开了官场，却关心时事。

公元358年，豫州刺史谢奕病逝。谢万被任命为西中郎将、豫州刺史、假节、监司豫冀并四州诸军事，领淮南太守，随郗昙北伐前燕。

王羲之认为谢万没有将帅之才，不适合外派到如此重要的军事重镇任职。他致信劝说执政的桓温，桓温没有采纳他的建议。

王羲之于是写信给谢万，劝他同士卒同甘共苦，谢万不听，最后兵败，致使豫州大部沦陷，坐罪被废为庶人。

这就是王羲之的无奈，他悲伤、痛苦，他无能为力，他想有所作为，可他知道自己什么都做不了，自己什么都改变不了，就像他知道自己总有一天会死去。

公元361年，王羲之病逝于今浙江绍兴，葬在金庭瀑布山，他的五世孙衡舍宅为金庭观，遗址犹存，音容不在。

谢安：江左风流宰相　士族高门之光

谢安，出身于陈郡谢氏，父亲谢裒，在东晋官至太常。因为出身豪门世家，父亲又是高官，从小就经常见各种政要。名士、宰相都轮番夸谢安，说这孩子长得好，肯定有出息。

到谢安应该出来给国家做贡献的年龄，朝廷征召谢安入司徒府，谢安说自己生病了，不去。他不仅不去上班，还旅游去了，按当时的说法叫隐居。

谢安搬到会稽郡的东山上去住大山庄、大别墅，约朋友打猎、钓鱼、搞点文学创作，过得特别逍遥，特别自在。

人出名真不是啥好事，因为名声太大，谢安的“嗨皮”生活总被打扰。当时的扬州刺史庾冰三番五次督促他出来做官，谢安非常不情愿地对付了一个多月，又辞职回了自己的山间小别墅。

后来，朝廷征召他为尚书郎，谢安推辞。征召他为琅琊王友，谢安不去。吏部尚书范汪举荐谢安为吏部郎，谢安拒绝。

当时就有官员看不下去了，上疏朝廷，认为谢安这样的人，应该禁锢终身。

谢安更加放飞自我了，他到更远的地方去旅游。今天上山，明天下海。

一次，他同孙绰等人出海，海上风起浪涌，估计要刮8号风球那种，船上的人都吓坏了，只有谢安吟啸自若。花钱的人玩得开心，划船的人也不敢停，还拼命往海里划船。风更大了，谢安才不慌不忙地说："这么大的风，我们是不是回不去了。"船夫这才拼命往回划。据史书说，大家"咸服其雅量"。看来这是一船不怕死的人啊！谁还考虑雅量呢！

谢安就这样悠然自得地过了40年。

也不能说谢安啥也没干，他对谢家后代的教育，还是很上心的。我一度怀疑谢安是想把后代培养好，让后代接班，自己就彻底躺平退休。当时谢家在朝廷做官的是谢安的弟弟谢万，他这一代有人混得不错，能保住家族的地位，这就行了。

他弟走仕途，保地位；他搞教育，保后代的发展。这中间出了个岔头，打乱了谢安的计划。

公元359年，谢万同郗昙兵分两路北伐，打前燕。谢万治军不行，对将士不好，情报工作做得也很菜。他误以为敌军到了，导致手下的士兵仓皇逃窜，他自己也骑着马狼狈奔逃，险些被自己手下的士兵给反了。

谢万战后被免为庶人。

谢安这辈要是没人出仕，不混个大官，谢家后代再想做高官就难了。门阀政治，家谱决定仕途。祖上没人做官，就别想做官了。祖上没人做大官，那就只能做小官。

在这种情况下，桓温征召他进了自己的幕府，谢安做了桓温帐下的司马。谢安历任吴兴郡太守、吏部尚书、中护军，逐渐走到了东晋王朝的权力中心。

谢安靠着一贯以来的沉稳性格，两次挽救东晋王朝。

第一次是阻止桓温加九锡。

在桓温病危，想加九锡的时候，谢安亲自出手，反复斟酌，修改诏书。谢安做事出了名的慢，满朝皆知，桓温就更知道了，当年谢安还在他幕府的时候，就是这么个慢性格。所以，桓温就等着，等到了咽气，也没等来谢安修改好的诏书。

桓温还真是历史上，少见的讲武德的权臣。不管怎么说，桓温直到去世也没实现加九锡的愿望。谢安则被朝廷任命为侍中，都督扬、豫、徐、兖、青五州及幽州的燕国诸军事、假节。

第二次是淝水之战大败前秦。

公元383年，前秦的苻坚率百万大军南征，想要统一全国。东晋和前秦的军队在淝水两岸对峙。

这是一次对赌国运的战役。苻坚如果赢了，一定会继续向南打，直至统一全国。东晋都城建康一片震恐。

百万人啊！不拿兵器，平推过来，用脚踩都能把地踩平喽。当时东晋出动了8万人。简单粗暴地算一下，100万对8万，相当于12个人打1个人。

实际战场当然不会是百万人在一个地方同时到达。可兵分几路，前赴后继也受不了啊！在这种情况下，谢安担任征讨大都督坐镇后方。谢安的五弟谢石、谢安的侄儿谢玄和谢琰，还有西中郎将桓伊去了前线。

情势非常危急，时任荆州刺史桓冲，请求派出三千精兵到建康，保卫首都。谢安说："朝廷已经安排好了，你们防守好西面就行了。"桓冲对谢安的气度很佩服，但对战局非常担心。为减轻下游的压力，桓冲率十万荆州兵倾巢而出，牵制前秦军队。

谢玄在出征前，非常紧张，特地到谢安府上告别，想请叔叔给指点一下。淝水之战，不是个人生死的问题，也不是谢氏一门荣辱的问题。它是千万将士的生命，东晋国家安危的问题。

谢安的态度和给桓温修改诏书的时候是一样的，不疾不徐，只说朝廷已经另外做了安排，"既而寂然"。"寂然"就是不说话了，谢玄是晚辈，也不敢继续追问，想了想，找来自己的好朋友张玄，让他帮着去请示。

谢安于是开着豪车，带着亲朋好友到他家山上的别墅开Party。等人都到了，谢安喊张玄同他下棋，带赌注那种，外面要赌国运了，他们在这赌别墅。

人类高质量男性。

平时，谢安的棋艺不如张玄，这天张玄的心都悬在嗓子眼了，脑子里都是前秦那百万大兵，根本无心下棋，就输给了谢安。谢安依然非常淡定，回头和外甥羊昙说：“别墅给你啦！”

活动结束，谢安又带着众人在山上玩了一整天，天黑了，啥也看不清才回去。他把弟弟、侄子还有将领们召集起来，交代了军事部署。《晋书》中说他是“指授将帅，各当其任”。

淝水之战的结果大家都知道，东晋以少胜多，前秦军被歼灭和逃散的有 70 多万。仅鲜卑慕容垂部的 3 万人马尚完整无损。（这个慕容垂就是大败桓温的那位，他打跑了桓温，前燕皇帝没有了外部压力，又开始排挤慕容垂，慕容垂就跳槽到了前秦，后来还建立了后燕，这是一位英雄。）

淝水之战后，南北相互对峙的局面继续维持。

谢玄等人大破苻坚的战报送到后方的时候，谢安还在下棋，他是真爱下棋啊！谢安看完战报就放在一边，一点也没露出欣喜的表情，继续下棋。谁都知道前方在打仗，还是打不好要命、打不好亡国的那种仗。同谢安下棋的客人忍不住问谢安情况如何。谢安贼淡定，说：“小儿辈遂已破贼。”等棋下完，客人也送走了，谢安开心得在屋里狂奔，把鞋底的木屐齿都卡断了。

装镇定，没人能超越谢安。

淝水之战后，谢安因功拜太保。随后谢安北伐，朝廷在保留太保之位的基础上，加封谢安都督扬、江、荆、司、豫、徐、兖、青、冀、幽、并、宁、益、雍、梁共十五州军事，加假黄钺。

这次北伐，东路的谢玄，中路和西路的桓氏都取得丰厚战果，把整个黄河以南地区重新纳入了东晋的版图。

谢安执政期间，在人事任免上，尽量避免各个势力之间的冲突。淝水之战前，他上书推荐司马道子，稳住了东晋皇族，避免前线被朝廷内斗拖后腿。淝水之战结束不久，桓冲去世，他又妥善安排桓氏家族子弟，使得三桓统辖三州，让他们各得其所，又避免他们过度发展失去控制。

孝武帝是东晋唯一一位掌握了权力的皇帝，他对权臣心有余悸，谢家功高震主，引起了孝武帝的猜忌。

公元 385 年，谢安主动交权避祸。同年在建康病逝，终年 66 岁。

谢安的镇定从容，不论是作秀也好，本色也罢，确实帮助东晋渡过了多次风浪。在东晋这艘船上，当时需要的就是有一个从容不迫的掌舵人，谢安来得刚刚好。

谢道韫：文飞扬嫁错郎　抽宝刀贼人慌

谢道韫靠一句“未若柳絮因风起”，火了一千几百年。

谢道韫生活在东晋，当时的社会奉行门阀制度。官员的选拔主要不看才华，看门第。所谓“上品无寒门，下品无士族”，就业是要带着家谱的。

要是你家祖上出过宰相，那妥了，家族子弟就业不用愁，哪怕是个傻子，也能给安排个职位。祖上要是没人做过官，就算发愤图强，学贯古今，获得八项个人专利，那不好意思，只能在民间自己玩，官场不收你。

谢道韫出身的陈郡谢氏是当时数一数二的世家大族，家族子弟可以躺赢。谢道韫一落地，就是锦衣玉食，要啥有啥，乃是一朵标准的人间富贵花。

谢家除了有大把的钱财，还盛产人才。

谢道韫的老爸是东晋安西将军谢奕，她的伯父是尚书仆射谢尚，她的叔叔是东晋政治家谢安，官至宰相，谢道韫的弟弟就是在淝水之战中以八万兵力击退前秦百万军队的谢玄，母亲阮容是阮籍、阮咸的族人。

东山再起、风声鹤唳、草木皆兵、芝兰玉树，这些成语都和她家的人有关。

谢家就是那种起点在别人终点前十万千米，还在拼命往前跑的家庭。谢道韫又是那种上进心非常强的别人家的孩子。

一次恰逢下雪，谢道韫的叔叔谢安问家里的孩子们："白雪纷纷何所似？"谢道韫的哥哥谢郎说："撒盐空中差可拟。"谢道韫想了想说："未若柳絮因风起。"

此后，"咏絮之才"就成了对才女的高度赞扬之词。《三字经》中说"谢道韫，能咏吟"。曹雪芹给林黛玉的判词是"堪怜咏絮才"。

千古名句，就在一次对话中诞生了！过程是如此的日常，没有经过任何铺垫和渲染，没有任何雕琢的痕迹。因为这原本就是谢家平常的对话，是一次再寻常不过的家庭雅集。

平心而论，哥哥谢郎那句"撒盐空中差可拟"非常写实，已经很好了，但是谢道韫的诗句意境更加悠然。

又有一次叔父谢安问孩子们："诗经中哪一句最好？"谢道韫答："吉甫作颂，穆如清风。仲山甫永怀，以慰其心。"

这是《诗经》中赞美周代吉甫、仲山甫两位德才兼备的贤臣，忧心国家，勤劳国事，辅佐君主取得了极好政绩的诗句。

谢安大赞侄女"雅人深致"。从她所推崇的人来看，谢道韫的心中有着很深的家国情怀。

因为这个侄女非常出色，家里对她的婚姻极为重视。谢家选中了门当户对又是世交的王家。王羲之的二儿子王凝之年龄相当，敦厚老实，成为最后晋级的选手。

婚后不久，谢道韫回娘家小住，整天闷闷不乐。叔父谢安感到很奇怪："王郎是逸少（王羲之）的儿子，不是庸才，你为什么不开心？"

谢道韫犀利吐槽："我们谢氏一族，叔父辈人才辈出，我的兄弟中也有谢韶、谢朗、谢玄、谢渊，个个都很出色。我实在想象不出天地之间，居然会有王郎这样的蠢材？"（《晋书·烈女传》：不意天壤之中，乃有王郎！）

平心而论，王凝之是王羲之的二儿子，也不是一无是处。王羲之的堂伯父王导是东晋开国元勋，琅琊王氏是望族中的望族。王凝之本人的草书、隶书都写得非常好。

可除了字写得好，王凝之真就乏善可陈，他迷信五斗米教，成日的脚踏北斗七星，召唤神仙。想象家中住着一位“大神”的感觉，这个“大神”还是你的配偶。

面对王凝之这个毫无共同语言的饭搭子，从入门到放弃爱情，只需要三天。要说他有啥原则性问题吗？没有！就是单纯唠不到一块去！

婚姻不幸福，谢道韫开始搞事业。当时清谈之风盛行。清谈，类似于现在的辩论比赛。

一天，谢道韫的小叔子王献之同人清谈，眼看就要理屈词穷了。谢道韫直接从后方杀了出来：“敢欺负我弟，看姐怎么收拾你们？”（《晋书·烈女传》：欲为小郎解围。）

谢道韫立起一道青绫步障，舌战群儒，引经据典，大杀四方，把对方辩手驳斥得哑口无言。谢道韫为王献之解围，不是一时冲动。清谈的胜负对当事人的声望有着极大影响，谢道韫挺身而出，保的是王献之的名声、王家的名望。什么叫担当精神，这就是担当精神。

据说当时在才情上能同谢道韫比肩的只有同郡的张彤云。张彤云的哥哥张玄常常夸奖自己妹妹的才情堪比谢道韫。

张彤云嫁到了朱、张、顾、陆四大世家中的顾家。一个名叫济尼的人，常常出入王、顾两家，有人问济尼对谢道韫与张彤云的看法，济尼说：“王夫人神清散朗，故有林下风气；顾家妇清心玉映，自有闺房之秀。”

“林下风气”指的是“竹林七贤”之遗风，他们行事潇洒，为人旷达，可见谢道韫不是一个简单的闺中妇人，她除了在诗书上才华横溢，做事更有名士之风。

但是济尼一定无法想象，有着“林下风气”的王夫人，有一天会提剑杀人。

公元 399 年，孙恩起义，从海上杀到陆地，一路攻到会稽城，地方官痴迷五斗米教，坚信通过供奉点吃吃喝喝，真诚的祈祷，就能得到神仙的庇护，派阴兵帮他抵御贼人。

这个地方官，就是谢道韫的丈夫王凝之。孙恩兵临城下，王凝之不出兵，不防备，每天躲在道室里磕头祷告念咒语。

属下请求出兵讨伐孙恩，王凝之说："我已经请了鬼兵数万，没什么可担心的。"（《晋书》：吾已请大道，许鬼兵相助，贼自破矣。）

结果可想而知，王凝之用意念守城，孙恩用刀砍人，会稽城被攻破，王凝之和儿子们都做了孙恩的刀下亡魂。真的是"不意天壤之中乃有王郎"这种蠢材。

谢道韫听闻噩耗，来不及悲痛，抽出宝刀，带着家中女眷奋起抵抗，诛杀数个贼人后，终因寡不敌众被俘。

面对孙恩，谢道韫把年幼的外孙刘涛护在身后，毫无惧色，慷慨陈词："此事只同王家有关，同其他人没有关系，如果一定要杀的话，就先从我下手吧！"（《晋书·烈女传》：事在王门，何关他族！必其如此，宁先见杀。）

孙恩以狠毒暴虐著称，最恨"王谢"这样的世家大族，却仍被谢道韫所震撼，放了谢道韫祖孙二人。此后谢道韫在会稽隐居。

家破人亡，寡居避世的谢道韫，没有意志消沉，没有深闺哀怨，没有失去对美好生活的追求。

从她传世的诗作中，我们仍能窥见，她强大和富足的精神世界。

她有"峨峨东岳高，秀极冲青天"（《登山》）那种登临绝顶，俯视一切的雄心和兼济天下的豪情。她有"时哉不我与，大运所飘遥"（《拟嵇中散咏松诗》）那种哀而不伤的洒脱。

在同当地太守对话时，谢道韫仍能"风韵高迈，叙致清雅"，淡定且从容。

谢道韫的婚姻并不幸福，后又丧夫丧子，在巨大的人生悲剧面前，她展现出了意志的光辉。在那个属于男性的时代里，她留下了自己的名字。

谢道韫留给我们的不仅是一句"未若柳絮因风起"，还有她刚毅果决的士人风骨，勇于担当的个人精神，散朗洒脱的人生态度。

顾恺之：为人痴黠各半　妙笔作画似仙

顾恺之，早期善款募集达人，形象设计大师，备受老板喜爱，却无法晋升的体能型员工。

顾恺之早年扬名立万的大作是《维摩诘像》。据《晚笑堂画传》记载，当时的金陵城中有一座瓦官寺要众筹翻修寺庙。僧侣们邀请士大夫鸣钟击鼓，弘扬佛法，募集善款。士大夫你认捐五千，他认捐八万，所捐的善款都不超过十万。

只有顾恺之说：“我认捐一百万！”

寺庙落成后，僧人请顾恺之按之前认捐的金额兑现。顾恺之说：“钱！我没有。不过马上就有了。请你们给我准备一面墙。”他关起门来作画，画了一位佛教传说中的人物——维摩诘。

顾恺之故意不画眼睛，他对僧人说：“咱们搞个放映典礼，我会在第一天为画像画上眼睛，首映式门票咱就收十万一位；第二天来看的，收门票五万；之后再来的，随他们心意。”

首映式这天，光明照寺，施者填咽，顷刻之间，寺庙就收钱百万。顾恺之闪亮登场，手拿画笔，刷刷几下，维摩诘菩萨仿佛就坐在了那里，看着芸芸众生。大家纷纷点赞，感觉这十万花得太值了。

这之后，不管是敦煌壁画中的维摩诘像，还是现藏于台北故宫博物院的宋人《维摩诘图》，抑或南宋时张胜温画的大理国梵像卷上的《文殊师利问疾图》，再或日本东福寺所藏的李公麟《维摩天女像》，全部脱胎于顾恺之原创的瓦官寺壁画《维摩诘像》。

后世的再创作也分了流派："面向左"派和"面向右"派。区别在于，从正面看画，还是从背面看画，看来看去，不由得感叹：这还是瓦官寺的维摩诘像啊！

所以，顾恺之创作的《维摩诘像》被称为"祖本"，他是当之无愧的营销鬼才，真正的原创艺术家。

300多年后，诗圣杜甫在一首名字很长的诗中，描写了他见到这幅壁画的感受："虎头金粟影，神妙独难忘。"虎头是顾恺之的小字，维摩诘号为金粟如来。

顾恺之画画一绝，做人更是一绝。他是打工几十年，凭借一股子虎气，让历任老板喜欢他又不重用他，是东晋体能型员工代表人物。

顾恺之开始在桓温的幕府中做大司马参军。桓温死后，顾恺之转投到荆州刺史殷仲堪门下。后来桓温之子桓玄吞并了荆州的殷仲堪，他又做了桓玄的属下。

桓温是一代枭雄，殷仲堪是雄霸一方的军阀，桓玄是篡权夺位的野心家。顾恺之老板换了三个，一直很受喜欢，一直不受重用。

在郁郁不得志的情况下，顾恺之仍然刻苦钻研，精益求精，勇攀专业高峰，创作出中国美术史的开卷之作《女史箴图》，还有中国古典绘画中的瑰宝《洛神赋图》。

不管外面风吹雨打，顾恺之就是埋头钻研，埋头创作。

《女史箴图》除了艺术地位，还体现了顾恺之针砭时弊的勇气。《女史箴图》是根据西晋文学家张华所作的《女史箴》创作的插图，有"冯媛挡熊""班姬辞辇"等内容。可以理解为给张华写的"女德作文"，配了插画，做成了一卷绘本。内容虽然是“女德”，但是如果了解它的创作背景，肯定要为张华、顾恺之的勇敢点赞。

张华是西晋名臣，也是经历过曹魏、西晋两朝捶打的老员工，他曾在一片反对声中力主讨伐东吴。是一位有才华有能力也有胆气的老臣。

晋惠帝司马衷登基后，张华被把持朝政的贾南风委以理政之权。为国理政，张华非常尽力，可贾南风的人品，张华不敢恭维，他十分担心贾家会给西晋酿成灾祸，就创作了《女史箴》以讽谏。

顾恺之为什么要给一百年前的《女史箴》配插图呢?

原来，孝武帝司马曜酒后戏言，被宠妃张贵人拿被子捂死了。顾恺之只是一个普通幕僚，他能做的也就是通过一幅画卷，去书写，去赞美，去讽刺。

手中的画笔，就是他战斗的武器。他战斗过，但是没有人在意他的努力。顾恺之曾在外出游玩时，把自己创作的画装在一个箱子里，交给桓玄保管。等他回来时，封条完好，打开箱子，里面却空空如也。

沥尽心血的作品，就这样被桓玄偷走了。顾恺之只能装傻，他说：“妙画通灵，变化而去，亦犹人之登仙。”(《晋书》)

晚年的顾恺之，游历山川，寄情山水，不再创作。公元 409 年，顾恺之病逝，享年 62 岁。

世人说顾恺之有三绝：才绝，画绝，痴绝。桓温曾评价顾恺之是“痴黠各半”，他的痴和黠，我们都可以到画中去窥探。

陶渊明：裸辞不做小官　桃花悠然南山

陶渊明，裸辞界祖师爷。“误入尘网中，一去三十年。”这三十年他都干了啥？他当小官，裸辞。当小官，裸辞。当小官，裸辞，躺平了，非常平那种，一点都不曲曲！

老陶五次出来当小官，五次都裸辞。老陶对工作的体验感极差，别人上班，他是上刑，工作中全是精神内耗。老陶最后一次当小官，是在彭泽当县令。上级派督邮视察工作，县衙大扫除，大采购，安排食宿，考察旅游景点，挑选本地特产，准备彭泽大礼包。

手下官员忙得不亦乐乎，还不忘在百忙之中嘱咐县令大人：“您老可长点心，好好捯饬一下，穿立正点，显得咱们重视领导。”

陶渊明一听：“啥？让我为那点破工资，对着那种小人点头哈腰。我绝不！”（《晋书·陶潜传》：吾不能为五斗米折腰，拳拳事乡里小人邪！）

于是乎，在上任80多天后，老陶再……再……再……次裸辞。

辞职后，他发了一个朋友圈：“以前的日子撵不回来了，从今天起，我要抓紧一切时间嗨起来。”（悟已往之不谏，知来者之可追。）

“在皎洁的月光下，四十岁的我如同追风的少年，衣服飘啊飘，小船摇啊

摇，拄着拐棍，离了歪斜，一顿狂奔回家去了。”（舟遥遥以轻飏，风飘飘而吹衣。）

“金属迟早被氧化，太阳迟早会落山，人的生命总有尽头。生死有命，咱们躺平，啥也别合计了。发家致富不是我的梦想，想当神仙那纯属瞎想。不如趁着好时光，拄着拐杖去我那二亩地上播种希望。”（已矣乎！寓形宇内复几时？曷不委心任去留？胡为乎遑遑欲何之？富贵非吾愿，帝乡不可期。怀良辰以孤往，或植杖而耘耔。）

第二年，老陶被当地百姓推选为“种地最差的人”，入选“古今农作物研究失败经典案例集”，成为有历史记载的“种草达人”。他还写了首诗：“种豆南山下，草盛豆苗稀。晨兴理荒秽，带月荷锄归。”在老陶心里，杂草共豆苗一色，豆子与草籽齐飞。种的是草，长出来的是“人生哲学”，收获的是富足的精神。

陶渊明也过上了吃饭有上顿没下顿，喝酒总断顿，靠朋友救济的快乐生活。有人给他送钱、送粮食，喊他再出去做官，都被老陶拒绝了。

我们辞职是缓一缓，换个老板。老陶是真裸辞，根本没有再就业的规划。

所以，陶渊明能成为田园诗派创始人。我们只能去农家乐，乐呵两天。

陶渊明的眼睛能看到：“暧暧远人村，依依墟里烟。”耳朵能听到“狗吠深巷中，鸡鸣桑树颠。”才能“采菊东篱下，悠然见南山。”

裸辞界祖师爷，陶渊明当之无愧。

谢灵运：搞艺术很享受　当官僚跌跟头

谢灵运出自陈郡谢氏，江左高门，出生就是王炸，自带主角光环，不仅门第在当时最高，他自己也天生聪慧，聪明且不绝顶。

典型的高级知识分子家庭，孩子自带学习属性，无限加成，东晋卷王之王，任谁都卷不过的那种。要论他在文学史上承前启后的特殊地位，整个东晋和南北朝绝大多数人都得躺平。

家世高，才华高，这家伙的仕途，本应是一条金光大道。事实是，谢灵运官没少当，但一直走的是下坡路。呈现波浪式下滑，螺旋式下降的人生轨迹。

别的才子被贬，多是因为卷入政治斗争，像谢灵运这样因为旷工野游，嘴欠得罪人导致被贬，最后被杀的，真是古今独一份。

他的履历表主题是：老子不干。

工作日志就写了两字：旷工。

日常生活就是：来一场说走就走的旅行。

在东晋时，他袭爵康乐公，朝廷按照惯例授予他"员外散骑侍郎"的职务，"散骑"嘛！很明显是个散官，这类职位就是为了照顾做出贡献的大臣家属，有地位、有俸禄，就是没有实权。

说白了，不用做事，还给你发钱，养着就行了。

谢灵运拒绝："我这经天纬地之才，怎么能担任散官呢？"因为他的三姑、七姨、六舅、二大爷、八姥爷、九侄子等亲戚不是在朝廷当官，就是有点实力的地方豪强，他拒不接受朝廷任命，这事也就不了了之。

这也造成了谢灵运性格中的大问题：任性。

过了两年，他大概是待不住了，出来给琅琊王、大司马司马德文做行参军。

你以为他开始做实事了？我充满人生智慧的纯洁小宝贝啊！那怎么可能？

他在出来做官的同时，也开启了潮人的生涯。穿什么，玩什么，必须自创一套，必须不走老路，必须和别人不一样！以一己之力，一声脆响，掰断了东晋的时尚风向标，揣进了自己的腰包。

谢灵运因谁也不带，独自美丽，得到粉丝的狂热追捧。市面上到处是"谢灵运同款"。谢灵运要是穿个秋冬芭比粉，人们就得来个火龙果色系套装，紧跟他的步伐。还忍不住感叹："嗯，洋气！"

刘宋政权建立后，刘裕任命谢灵运为黄门侍郎，后来又提拔他为相国从事中郎、世子左卫率。

谢灵运依然我行我素，擅自处死门生，导致被免除了官职。

宋少帝继位后，谢灵运因为里挑外撅，诽谤当权者，被排挤出了中央，外放为永嘉太守。

你以为他会和屡次被贬的苏轼一样，一边踏实工作办实事，一边吐槽继续得罪人吗？你以为他会和披字号的哥哥们一样，一脸无奈地"被迫营业"吗？你以为他会因为被贬就夹起尾巴装几天样子吗？你以为他会和我们一样？打卡上班，摸鱼度日，下班加班，社畜日常吗？

我们真的天真了！我们的谢灵运，谢哥哥直接失踪了。旷工才是他的日常。上班打卡，有事请假，没这个可能！谢哥哥随时随地就能开始一场"说走就走"的旅行。

永嘉在现在浙江温州一带，那时候还没有一直说："倒闭了，倒闭了"，然

后产销一条龙，在全国大卖的江南皮革厂。那时候没有现在发达的交通网。那时候也没有开发成熟的旅游景点。

我们的旅行达人谢哥哥，竟然在一年之内，足迹踏遍了永嘉的每一个县。他出去一次就是十几天，必须深度游，必须写小作文，每次都要吟诗作赋，表达自己的所思、所想、所感。

至于民生疾苦，谢灵运根本不管。老百姓想见父母官，比登天还难。

一次，他寻觅到一个江中的小岛，划着小船，登上小岛后，认为这不是普通的岛，而是修仙的岛，就像昆仑山一样啊！（原文：想象昆山姿，缅邈区中缘。）

谢哥哥开始相信神仙是真的存在的，活上一千岁不成问题。（原文：始信安期术，得尽养生年。）

他叉腰站在江中的小岛上合计着：活得太累挺，咋样能成仙？就得离开世俗，离开人，到山水之间。

于是乎，我们的谢哥哥，开创了一个门派：山水派，然后又直接辞职，不干了。开启称病离职，返乡隐居的常规操作。

谢灵运的弟弟们（谢晦、谢曜、谢弘微……）写信劝他：哥哥呀！不能再这样子了。

谢灵运怎么会听劝？他正忙着改祖籍呢！因为他爷爷和老爸的坟都在伯宁县，那里有他家的大别墅，谢哥哥大笔一挥，把籍贯改成了会稽郡。然后他跑到会稽郡盖房子，建庄园，大兴土木，约会隐士，还隔段时间就发表一首新诗，每写一篇都能名动都城。

谢灵运虽然住进了山里，世间仍然满是他的传说。

过了几年，宋文帝刘义隆即位，想起了掰走时尚风向标，天下才华十斗，他独占一斗的谢灵运。又把谢灵运召回朝廷，授予他秘书监之职，负责整理秘书省的书籍，另外让他撰写晋朝的史书《晋书》。

《隋书》由魏徵主编，《新唐书》是欧阳修等人合撰，皇帝任命一个人主编史书，一定是对这个人有着极大的信任。

我看到这里天真的以为，谢哥哥在山水之间转悠完，回到朝廷就应该晋级为钮祜禄·灵运了。

我真是做梦啊！盲目相信哥哥是会被打脸的。不是所有人都会成长的，“三年不飞，一飞冲天”的只有楚庄王。

谢灵运的人生始终如一，写满疑问：“老子的才华你们看不到吗？我这经天纬地的治国才华为什么没人欣赏？居然让我搞文学，搞历史？你们这是暴殄天物啊！”

这就是：“诗我可以自己写，但你不能让我写。”于是乎，谢哥哥再次开始暴走，而且是真的暴走，每天急行军一百六七十里。(《宋书》：出郭游行或一日百六七十里，经旬不归，既无表闻，又不请急。)

翘班自然是日常，到他值班的时候，人肯定不在。至于《晋书》，他就粗略列了个提纲，根本没写成。(《宋书》：令灵运撰《晋书》，粗立条流；书竟不就。)

无组织，无纪律，外加一事无成。

宋文帝表示，老谢你这样，让朕很难做哎！谢灵运只好请个病假，回家疗养去了。疗养期间，谢灵运因为太过折腾，遭到御史中丞傅隆的弹劾，被免除了所有官职。

谢灵运就像被解除了封印一样，开始了极限野游，穿着自制的登山鞋“灵运屐”，用行动证明了自己是野游业的开山鼻祖，不是因为他是第一人，而是因为他是真开山。

山上本没有路，从谢哥哥带着施工队上山，便有了路。

谢灵运秉持“逢山开路，遇水架桥”的精神，本着“我不扰民，就不是我”的宗旨，让临海太守王琇以为境内出了山贼，急忙派人去调查。

调查人员惊讶地看到“谢灵运极限自助游”施工大队，山上一派“大干一百天，打好攻坚战”的繁忙景象。

要说谢灵运有这个精神，搞基建肯定是把好手！给老乡们修修路不好吗？帮着农民运输一下农副产品，造福百姓不好吗？

他才不会。别忘了，他要远离我们这些俗世的人，到山水之间去的。

这也就算了，他有钱，他任性。偏偏谢哥哥是有些精巧的讨人嫌的技能在身上。

当时的会稽太守孟顗笃信佛法，谢灵运是个佛学家。他巴巴地跑去和孟顗说："成佛得道的应该都是有慧根的文人，你一定会挂在我之前，成佛呢？嘿嘿，却一定在我之后。"（《宋书》：得道应须慧业文人，生天当在灵运前，成佛必在灵运后。）

孟顗当即拿出一个小本：记仇。

谢灵运一直认为自己是治国理政的天才，他认为会稽城东的回踵湖适合种水稻，就上疏朝廷。朝廷于是下令地方各州郡改种水稻。孟顗却认为回踵湖不适合种水稻，拒绝执行朝廷的命令。

谢灵运被怼了，他又上疏请求把始宁县的岯崲湖改种稻田。孟顗的回应是："我不！"

谢灵运再次开启毒舌模式，指责孟顗。孟顗默默拿出小本：记仇 +10086。一封举报信送进了都城，实名举报谢灵运谋反。

宋文帝是位明君，他很清楚谢灵运是被冤枉的。下旨说："你别在会稽待着了，那里的人都被你得罪光了，换个地儿好好干。"宋文帝封谢灵运为临川内史，还增加他的俸禄到两千石，极尽恩宠。

谢灵运真是被社会毒打也不会悔改的典型人物，到临川之后，谢哥哥依然上班旷工，下班蹦迪，野游无度，扰民且不务正业。

谢灵运再次遭到弹劾，司徒派临川王的从事郑望生去逮捕他。谢灵运这次玩大了，他暴力抗法，抓了郑望生，走上了人生的不归路。

宋文帝仍然念及谢玄当年为国家做出的贡献，顾惜谢灵运的才华，免除了谢灵运的死罪，让他去广州充军。

谢灵运收买了一些人去广州营救他，被朝廷发觉。宋文帝这才下旨：就地正法。宋文帝仁至义尽，谢灵运的人生也走到了终点，终年 49 岁。

回看谢灵运有才是真有才，作是真作的一生，谢哥哥用脑子写作，用小脚指头从政，最终走上了被人送走，强制下线的不归之路。

第七章

南北朝时期

同一时代，有的人以著作学术名流千古，有些人以荒唐妄诞遗臭万年，北齐高家，高产暴君……

祖冲之：毕生专研数术 大明历法引路

众所周知，祖冲之把圆周率精确到小数点后第 7 位。

那他是怎么算出的圆周率呢？

不知道。

大家推测祖冲之使用的是割圆术。这是由三国末年数学家刘徽创造的圆周率计算方法，通过计算圆内接正多边形的面积求圆周率。刘徽说："割之弥细，所失弥少，割之又割，以至于不可割，则与圆合体，而无所失矣。"这就是说，内接正多边形的边数越多，它的面积就越接近圆的面积，周长也越接近圆的周长。

刘徽计算到内接正 3072 边形，算出的圆周率约等于 3.1416。

要把圆周率精确地计算到小数点后七位，需要割一个多少边的正多边形呢？

12288 边形。

看起来似乎没啥，一万多边形，算呗。

但是当时没有电脑，没有计算机，没有计算器，我们现在能想到的常用计算工具，当时都没有。就连阿拉伯数字都没有。

在没有这些工具的情况下，圆周率的计算量是非常庞大的。

当时能使用的工具就是"算筹"和人的大脑。

“算筹”是古代一种非常有优越性的计算工具。拿到现在来看就是小木头棍子，破竹片子，太简陋了。还要记住横着摆代表啥，竖着摆代表啥，从右到左，纵横相间，都是什么规律。计算的数字位数越多，摆放的面积就越大。算完一步，就要重新摆放计算。而且不能出错，中间错了一步，就要从头开始算。当计算量越大，需要的时间也就越长。计算机如果过载，主机都过热。计算量太大，也容易把人类大脑的CPU给烧了。

割圆术不仅咱们的祖先想到了，阿基米德也想到了，这位古希腊的老人家算到了3.14，算不动了。

刘徽算到3.1416的时候，也算不动了。他说：“留给后面的人算吧！”

阿基米德和刘徽都想到了割圆术，他们都没有办法算出太多的位数，这就是当时科学发展总体水平对科学家的限制。他们走在了时代前沿，同时也无法彻底突破时代。

接力棒传到了祖冲之手里。

祖冲之把从上古到他生活的年代，能搜罗到的各种文献、记录、资料，竭尽所能地进行考察，他不为古人的结论所束缚，“亲量圭尺，躬察仪漏，目尽毫厘，心穷筹策”，终于完成了在当时的科学发展水平下根本无法完成的计算工作，把圆周率精确到3.1415926与3.1415927之间。

祖冲之还要再精进一步，他给出了两个比例：约率 22/7，密率 355/113。

如此精确的 π 值，直到一千年后，西方数学家卡西及韦达才再次计算出来。密率 335/113，直至 16 世纪才被德国人奥托发现。

国际数学界为纪念祖冲之的贡献，将密率 355/113 称为“祖率”。

他把自己在数学领域的研究成就，编纂成一本学术专著《缀术》，希望传之后世，让后人在此基础上有更高深精妙的研究。

在唐朝,《缀术》是官学中必读的十部算经之一，需要学习 4 年，超过了其他所有经书的学习时间。《缀术》还曾传到朝鲜、日本。

让我们感到痛惜的是,《缀术》居然失传了。李淳风曾说:“学官莫能究其深奥，故废而不理。”学官就是在中央大学里负责教学的教授，连他们都无法理解《缀术》的内容，对《缀术》“废而不理”。

老师都不会，也不去研究，还怎么教学生？所以，当时很可能没有开展《缀术》的有效教学与研究活动。《缀术》的待遇大概就是一个不被选读的选读课本。

最后，就连课本都丢了！这导致我们不知道祖冲之到底用了什么方法计算圆周率。

一个伟大的科学家，能帮我们打开一扇智慧之门。我们却无知地把它关上了。让人心痛到无法呼吸。

据教育家钱宝琮考证，祖冲之已能解负系数三次方程！要是能传下来，它对古代数学、科技将会带来怎样的推动力啊？

祖冲之的成就不仅仅在数学方面。

当时普遍使用的历法是天文学家何承天编制的《元嘉历》，祖冲之发现了《元嘉历》的误差。

他仰观星空，俯视大地，观察日晷影、漏刻，观察日月星辰的运行。他研究前人对朔、望、日食、月食、星体运动的记录，寻找其中的规律。他翻阅古代的历法，不断地勘测、计算、思考。

公元 462 年，祖冲之把精心编成的《大明历》呈交给宋孝武帝，请求公布施行。这一年祖冲之 33 岁。

祖冲之提出了用圭表测量正午太阳的影长，确定冬至时刻的方法。他重新测量，计算出一个回归年的长度为 365.2428141 日，这同我们现在掌握的推算值仅相差 46 秒。他改革了闰法，在 391 年间置入 144 个闰月，提高了历法的精准度。

他重新计算了五大行星的会合周期，提高了计算精度。计算出木星公转周期为 11.858 年，同现在测算的 11.862 年，仅相差 0.004。

祖冲之第一次给出了交点月长度值，1 交点月为 27.21223 日，同理论值仅差 1.3 秒。他使用《大明历》准确预测了公元 436—459 年间四次月食的时间。

祖冲之还创造性地在历法计算中引入岁差现象，区分了回归年与恒星年。（“岁差”即某年的冬至点在星空中的位置不同于上一年的冬至点在空中的位置，而是略有后退。）

历法精准的意义在于确定节气，指导农时。《大明历》的推行却遭到了戴法兴等人的反对。戴法兴认为原来的历法是“古人制章”“万世不易”，祖冲之改变历法是“诬天背经”。对此，祖冲之撰写《历议》一文，请对方拿出证据进行讨论，提出不应该“信古而疑今”，日月星辰的运行，不是神怪之力，“有形可检，有数可推”。

因戴法兴的反对，《大明历》在当时没有实行。

公元 464 年，祖冲之被调到娄县当县令，后又调到建康担任谒者仆射。祖冲之没有因历法的事情停下探索的脚步，从这时起，他把研究方向转向了机械制造。

祖冲之改良了水碓磨，提高了粮食加工的效率。时至今日，水碓磨在我国南方的一些地区还在使用。

指南车技术传到三国时已经亡佚。三国的马钧重新制造过指南车。后因战乱等各种因素，制造指南车的技术再次亡佚。东晋时，姚兴造的指南车，已经不能自己转动，需要人力调整。

祖冲之重新设计，制造了指南车的传动机构，让指南车可以靠机械传动装置自动指南。他根据前人对木牛流马的描述，重新发明了“木牛流马”。他还设计了一种名为“千里船”的快船，据说可以日行千里。至于他设计的古代定时器“漏壶”和巧妙的欹器，对他来说已经算是小发明创造了。

晚年的祖冲之面对动荡的社会，黑暗的政治，无法再潜心科研，他再次转变研究方向，着重关注民生问题。他在出任长水校尉期间，撰写了《安边论》，建议朝廷“开屯田，广农殖”发展农业，增强国力。南齐明帝想让祖冲之“巡行四方，兴造大业，可以利百姓者”，却因战乱，未能成行。

公元500年，祖冲之去世，享年72岁。

10年后，《大明历》终于颁行。

现在，浩瀚的宇宙中有一颗小行星被命名为“祖冲之星”。在离我们最近的天体月球上有一座环形山被命名为“祖冲之环形山”。

《大明历》承载着祖冲之对科学的热情，《安边论》书写的是他对人民的热爱，“圆周率”折射着他锲而不舍的科学研究精神。

与其执着于探索祖冲之当年如何计算出圆周率，不如学习他的精神，投身于今天的工作。

萧综：求真相掘父坟　报血仇塑金身

萧综，本人虽不出名，却因狗血的人生，频繁成为网络小说原型。

萧综名义上是南朝梁武帝萧衍的第二子，又说是东昏侯萧宝卷遗腹子，到底是不是，尚无定论。

他自己认为不是。

萧综的母亲吴淑媛本来是南齐东昏侯的妃子。梁武帝灭南齐的时候，把东昏侯的后宫给收了。7 个月后，萧综出生。《南史》说，当时“宫中多疑之”。后来吴淑媛失宠，怨恨梁武帝。

萧综长到十四五岁的时候，总能梦到一个人。听了萧综的描述，母亲觉得此人很像东昏侯。

她对萧综说：“你是七个月就出生的孩子，怎么能和其他皇子比呢？你现在是太子的次弟，能保一生富贵，不要将此事泄露出去。”

吴淑媛这话说得很艺术。萧综七个月就出生人尽皆知，不是秘密。吴淑媛这么说完，更让人觉得这里有故事。

自以为知晓了惊天身世的萧综，每天都在哭。他经常到一个屋子里，把门一关，披着头发，坐在席藁上，一副请罪的样子。还把家里的东西施舍出去，只留穿过的衣服。用沙子铺在地上，光着脚在上面走，直到脚底板都长了茧子。

萧综这是咋了？他已经主观上认定自己是东昏侯的儿子。那梁武帝就是他的杀父仇人，不仅杀害他的父亲，还霸占了他的母亲。所以他认为自己是罪人，要折磨自己赎罪。萧综还要报仇，他礼贤下士，静待时机，当时的人都看不出来，梁武帝还对他深信不疑。

他始终没有动手的一个原因，还是无法确定自己的身份。那时候也不能做DNA 鉴定。

古代鉴定亲子关系有两种方法：一是活人之间滴血认亲。二是把活人的血滴在尸骨上，滴骨认亲。这都没有科学依据，可是古人信！

萧综听说“滴骨法”后，偷偷挖开疑似亲爹东昏侯的墓，把自己的血滴在东昏侯的尸骨上，血渗进去了，验证了他心中的猜测。

为了让实验更加科学，他又创造了一个对比组，竟然狠心杀害自己的一个儿子，等到变成尸骨，再进行了第二次试验。

《南史》评价他“其酷忍如此”。为了验证自己是谁的儿子，用自己的儿子的性命为耗材，这不是一般的残忍。

结果，血液再次渗透到了儿子骨头里，他确信自己就是东昏侯的儿子。

我们现在知道，“滴血认亲”“滴骨法”这都没有科学依据。而且对于萧综这个个案，还存在一个非常致命的问题。南齐皇室和萧梁皇室都姓萧，他们同属于兰陵萧氏，两家的血缘关系很近。

也就是说，即使“滴骨法”能验证出两人有血缘关系，那又怎么分辨是父子关系，还是兄弟关系，或是叔侄关系？

萧综认定自己是东昏侯的儿子之后，找了个机会，叛逃到北魏去了。到了北魏，他还为东昏侯服丧。北魏的太后和大臣都非常配合，前去吊唁。

东昏侯的同母弟萧宝夤当时也在北魏。按萧综是东昏侯的儿子来算，萧宝夤是萧综的叔叔。后来萧宝夤谋反，北魏朝廷经过讨论，认为萧综没有参与谋反，便没有处置他，还把寿阳长公主嫁给他为妻，并在北魏官至司徒、太尉。

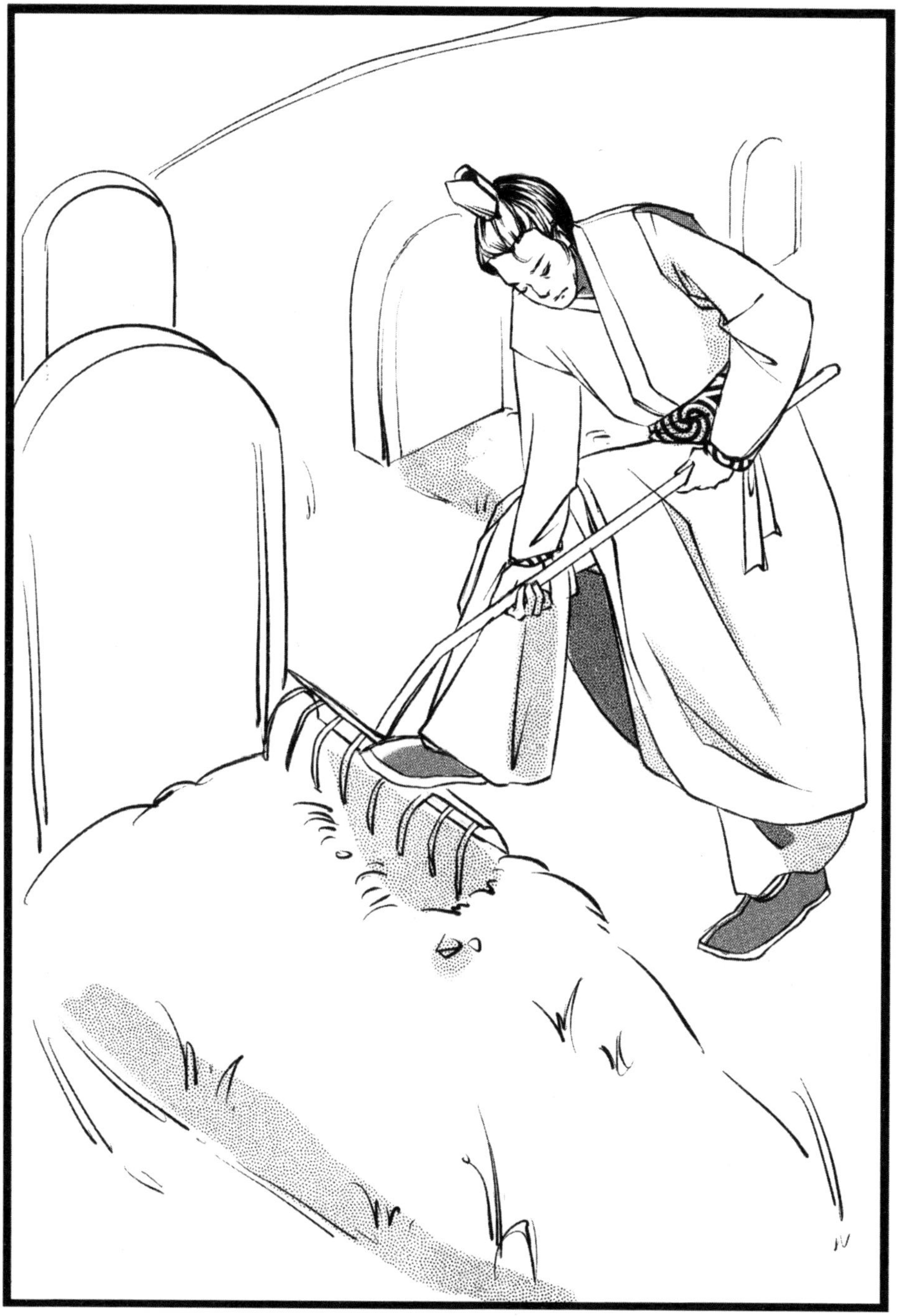

在尔朱氏之乱中，寿阳长公主去世，萧综万念俱灰，出家为僧，外出巡游，走到阳平的时候，因病去世。终年 31 岁。

接下来的剧情，谁都想不到。梁武帝派人把萧综的灵柩偷回了南梁，还按自己儿子的礼制把萧综埋在自己陵墓的旁边。

不管萧综如何想，梁武帝始终把他当作自己的儿子。

萧综刚到北魏的时候，曾写下这样的诗句："惊客思，动客情，客思郁从横，翩翩孤雁何所栖，依依别鹤半夜鸣。"（《听钟鸣》）"悲落叶，落叶何时还？夙昔共根本，无复一相关。各随灰土去，高枝难重攀。"（《悲落叶》）

萧综曾想返回萧梁。在南梁大将陈庆之打到洛阳的时候，他曾和南梁通过书信，当时吴淑媛还在世，梁武帝让人拿了萧综小时候的衣服送到北魏去。因为陈庆之兵败，信没能送到。

梁武帝一直在等他回家。

吴淑媛当年到底出于何种目的，说了那些不清不楚的话？她对梁武帝的怨恨，又到了哪种地步呢？大家有没有想过，七月生子还有一种可能是早产。

胡灵太后：秽乱后宫典范　沉入黄河不冤

北魏胡灵太后，前半生，为了给陛下生儿子，她不怕死。后半生，为了掌握权力，陛下即使是我的亲生儿子，那也得下线。

北魏有一项制度，儿子当皇帝，亲娘就得下线。（《魏书》：魏故事，后宫产子将为储贰，其母皆赐死。）

这是北魏开国皇帝拓跋珪定下的规矩，目的是避免皇帝的母族、妻族干政。拓跋珪是个狠人，他就赐死了自己的妃子宣穆皇后刘氏，也就是明元帝拓跋嗣的生母。

“子贵母死”在北魏成为惯例。北魏皇帝的后妃们都求神告佛，不要被皇帝临幸，即使被临幸，也别怀孕，即使怀孕了，也别生儿子，即使生了儿子，最好资质平庸，不要被立为太子。（《魏书》：而椒掖之中，以国旧制，相与祈祝，皆愿生诸王、公主，不愿生太子。）

北魏后宫的宫斗和其他朝代后宫一定大不相同。别的朝代后宫都在学习“怎么让哥哥爱上我”“一举得男大法”，北魏后宫是“避宠三十六计”“保生女儿大法”“性别转换之偷龙转凤”。

在这样的恐怖氛围中，北魏传到第九代皇帝宣武帝元恪。宣武帝的皇后于氏非常不幸，生了一个儿子元昌。后宫众嫔妃欣喜若狂、心花怒放、神采飞扬，拧了多年的眉毛一个个都舒展开了。恐怕见面都要握着手互相祝贺：“好姐妹，咱们终于安全啦！”

大家开心没多久，元昌不幸夭折。对宣武帝的妃子来说，这真是晴天大霹雳，紧张的氛围再次笼罩了北魏的后宫，大家都祈祷皇帝能到别的妃子那里过夜，“以旧法薨”这种机会，还是让给别人好。

据史书记载，宣武帝的皇子频繁夭折，他认为是自己年龄太大的缘故。(《魏书·皇后列传》：世宗频丧皇子，自以春秋长矣。)

有没有觉得他需要重新思考一下这个问题，查查后宫有没有关于红花啊、麝香啊、苦姑娘、水银之类的黑色产业链。

妃嫔们躲着皇帝，天天如临大敌。别人家行夫妻之礼那是入洞房，她们这整不好就要住进永远的小房，谁能不害怕？

这时，只见一人挺身而出，她说：“天子怎么能没有儿子，怎么能因为自己怕死，而让皇帝没有嫡传的血脉。”(《魏书》：“天子岂可独无儿子，何缘畏一身之死而令皇家不育冢嫡乎？”)

这个人把后宫众人全扒拉开，英勇无畏地独闯皇帝寝宫。这就是历史上著名的北魏胡灵太后，当然这时她还不是太后，是宣武帝的承华世妇。

终于有不怕死的了，宣武帝加班加点，日夜耕耘，胡氏终于如愿怀孕。胡氏的一个小闺蜜非常为她担忧，劝她早想办法，除掉肚子里的后患。

胡氏不为所动，还半夜发誓：“我就要生儿子，给皇上生长子，儿子活着，我死就死了，怕啥。”(《魏书·皇后列传》：但使所怀是男，次第当长子，子生身死，所不辞也。)

胡氏堪称北魏后宫第一勇士，就她盼着生男孩。

永平三年三月十四日，胡勇士在北魏宣光殿分娩，生下皇子元诩，因功被晋升为“充华嫔”。

两年后，元诩被立为皇太子，胡勇士没有如愿上路。宣武帝认为这样的勇士怎么能死呢？要重点保护。

“子贵母死”的制度，终于被废除了，儿子倒霉的故事却又开始了。北魏从一个灭绝人性的极端走向另一个极端。

公元 515 年，宣武帝去世，6 岁的元诩即位，是为北魏孝明帝。宣武帝的皇后高氏被尊为皇太后，胡氏被尊为皇太妃。

“子贵母死”制度的后遗症开始显现，那就是道德沦丧，人性泯灭。

胡太妃仗着自己是皇帝的生母，很快就铲除了高太后一族的势力，把高太后送到瑶光寺当尼姑去了。她尊自己为皇太后，自称为朕，临朝听政。

胡太后的偶像是北魏的文明太后，也就是北魏孝文帝的嫡祖母冯太后。可她好的一样没学会。冯太后是政治家，胡太后是祸祸家。

胡太后兴建宫殿，广建佛塔，挥霍无度，大权独揽。胡太后在后宫养几个男宠也就算了，竟然还逼迫孝明帝的叔叔清河王元怿与她同房。

公元 520 年，胡太后被宦官刘腾、大臣元义软禁在北宫。元怿也像历史上无辜殉葬的女人一样被“咔嚓”了。

北魏朝政从此被刘腾、元义把持。刘腾是个文盲，只会写自己的名字，元义只会吃喝玩乐，正事样样不行。两人合作，胡作非为，祸乱朝纲。

胡太后逃过一劫，还在 5 年之后忽悠瘸了孝明帝和元义，重获自由。胡太后复出之后，还想大权独揽。但孝明帝已经长大成人，他们母子之间的矛盾越来越深。

北魏“子贵母死”的后遗症也开始发作：不解决问题，就把提出问题的人解决了。

胡太后动了杀机。可废了孝明帝立谁为皇帝呢？孝明帝当时还没有后代，在胡太后的殷切期待下，孝明帝的潘嫔终于怀孕了。

潘嫔生的是个女儿，史称元姑娘。胡太后对外宣称元姑娘是个皇子。然后，她就毒害了自己的亲生儿子孝明帝。

在元姑娘的即位典礼上，胡太后当众承认皇子是个姑娘，改立临洮王元宝

晖的儿子元钊为帝。元钊才 3 岁，如果一切顺利，胡太后就能再放飞自我十几年了。

可她没想到，孝明帝去世前曾密召尔朱荣入京。

孝明帝死后，尔朱荣也在外面立了一个皇帝孝庄帝，没过多久，尔朱荣就攻入北魏都城，把胡太后和元钊扔到黄河，随后大开杀戒，史称“河阴之变”。

胡太后死后，北魏的丧钟也被敲响，北魏也即将分裂为东魏、西魏两个政权。野蛮杀戮并不能解决问题。

高氏皇族：北齐遗传癫狂　精神不断异常

网传北齐皇帝们有家族遗传的精神病。

今天我们本着不科学（没有遗传学数据支持）、不客观（没有当事人的第一手资料）、不专业（非医学、社会学专业）的态度，看一看高氏遗传性精神分裂综合征都有什么表现。

打开病历本，第一页是高氏家族第一位发病的患者——高洋。

他爸是东魏权臣高欢，他哥是东魏另一位权臣高澄。高欢因病自然下线，高澄被家里的厨师意外送下线。

高洋的哥哥在世时，他装傻，哥哥去世，他说别人真傻。

这次意外替补登场，历史的闪光灯，打到高洋身上，他的智商瞬间"咔咔"在线了。高洋从容地处理了内外军政要务，迅速稳定局面，顺利继承了高欢和高澄的政治遗产。

爸爸的，哥哥的，都是他的了。

随后高洋逼迫魏孝静帝禅让，建立北齐。获得年度政治人物黑马大奖。让之前看不起他的大臣和老母亲都大跌眼镜。

老娘娄昭君想："没想到啊！我这二小子，真行！"

高洋仿佛开了“李世民外挂”。

登基第一年，高洋就搞起了大规模军事演习，让宇文泰感叹：“高欢没有死！”（《北史·齐本纪》：高欢不死矣！）

登基第二年，高洋和世仇宇文家族打了个配合，把“侯景牌自毁型大礼包”送给了梁武帝。侯景包你饿死，包你灭国，萧梁因“侯景之乱”出局，南陈崛起。

登基第三年，高洋亲征库莫奚族，取得代郡大捷，获得牲畜十多万头。

登基第四年，高洋御驾亲征，身先士卒，冲锋陷阵，勇猛无比。讨伐契丹，一直追击契丹到渤海之滨，俘虏士卒十万之众，获得各类牲畜十万多头。随后，高洋携胜利之师突袭突厥，又追击突厥到朔州之北，大有“封狼居胥”的气概。

登基第五年，高洋再次御驾亲征，讨伐山胡（匈奴别种），斩首一万多级，令山胡望风而降。因柔然（茹茹）反叛，高洋讨伐柔然，尸横遍野，俘获柔然士卒三万多，连他们首领的妻子、孩子也在其中。

登基第六年，高洋再破柔然，追击到怀朔、沃野，俘虏两万人，获得牲畜十多万头。

高洋执政前期，北齐在当时北方鼎立的三国中国力最强。任谁都得感叹：“这是多么优秀的皇帝啊！”也难免要问：“病搁哪呢？”别急，极限恐怖片马上就要开始了。

在高洋即位的第六年，他“渐致昏狂”，通宵达旦，唱歌跳舞。（《北史·齐本纪》：或躬自鼓舞，歌讴不息，从旦通宵，以夜继昼。）而且，夏天全裸晒太阳，冬天全裸街上走，就好不穿衣服逛街这一口。

穿衣服的时候，就爱那个小吊带、超短裙、黑丝袜、高跟鞋，再化个大烟熏、小晒伤、远山黛、点绛唇，扮演女装大佬，到各大十字路口，商场门口嘟嘴摆拍。（《北史·齐本纪》：盛暑炎赫，日中暴身；隆冬酷寒，去衣驰走。从者不堪，帝居之自若。街坐巷宿，处处游行。）

高洋的外挂可能是换成了商纣王，还是盗版的。

高洋想起哥哥高澄曾调戏过自己的媳妇，本着以彼之道还施彼身的原则，强奸了寡嫂。(《北齐书·皇后列传》：吾兄昔奸我妇，我今须报。)

他还看上了自己的庶母大尔朱氏，竟然跑到五弟彭城王高浟（大尔朱氏之子）的府上，逼迫大尔朱氏就范。大尔朱氏坚决不从，高洋手起刀落，就在弟弟的王府中把庶母"咔嚓"了。

高洋的母亲娄昭君实在看不过去，教训了儿子高洋。高洋当时喝多了，暴怒着威胁道："死老太婆再废话，就把你嫁给胡人。"

高洋本身就是胡化的汉人，娄昭君是鲜卑人。

娄昭君经常坐在一个小榻上，高洋喝醉了就把小榻举起来，老太太一出溜滑了下来，摔得波棱盖儿、胯骨轴子哪哪都疼。

高洋醒酒之后，痛哭流涕地给老妈认错，一会儿表演自焚，一会儿让别人拿鞭子打自己。赌咒发誓地说："都是酒的错，是酒惹的祸，儿子以后坚决滴酒不沾，做个乖乖的暖心男。"

娄太后只好原谅了他。谁说的名言来着："今天你信了喝酒男人的嘴，明天他就让你变成鬼。"

高洋戒酒，戒了多久？十天！十天之后，他又拎起了酒坛子，症状也越来越严重。

高洋酒后把岳母当靶子练鸣镝，一箭射在了岳母的脸上。还说："我喝多了连老妈都不认，何况是你这个老奴婢？"(《北史·齐本纪》：吾醉时尚不识太后，老婢何事！）他接着用马鞭子抽了岳母一百多鞭子。高洋的亲戚，都是"刑事案件受害者"高危人群。

一个狂暴的酗酒者，最终会走向何处？

血流成河！

一次，高洋和薛嫔的姐姐在一起，薛姐姐撒着娇给自己父亲求官。高洋想："嚯，妇人胆敢干政，这可不能怪我了。"拿出一把锯子，直接锯了薛姐姐。

又有一次，高洋正和薛嫔如胶似漆，突然想起薛嫔有个前男友（昭武王高岳），脸色一暗，提刀就砍向了薛嫔的脑袋。

在座的都以为剧情到了高潮阶段，应该接近尾声了。高洋突然化身“野牛比尔”，用薛嫔的遗骸制作了一把琵琶。达到了“一座惊怖，莫不丧胆”的恐怖效果。（《北史·齐本纪》）高洋抱着琵琶，边弹边唱：“佳人难再得。”（《北史·齐本纪》）那琵琶声就像从幽暗的阴间飘出，歌声也像从死人的喉咙里发出。

恐怖片告一段落，高洋开始了法治栏目，他像被抓进监狱的犯罪嫌疑人一样，开始痛哭。同桌吃饭的人，则意外获得了《沉默的“高洋”》，沉浸式观影体验。

高洋还开启了随机杀人的取乐模式，人性彻底泯灭。

大臣们为了自保，只好随时带着死刑犯，称为“供御囚”，死刑犯被杀光后，犯流放罪的迅速顶上。（《北史·齐本纪》：系徒罪至大辟，简取随驾，号为供御囚，手自刃杀，持以为戏。凡所屠害，动多肢解，或投之烈火，或弃之漳流。）

北齐的犯罪率，很可能因此大幅度地下降。

有一天，高洋突然想起要加强对儿子高殷的教育，把这酗酒、嗜血的基因传下去。高殷患有口吃，精神也出了问题。

在高洋登基的第 10 年，他在反思历史教训的时候，突然想到北魏的皇族对自己是个隐患。于是在稳坐皇位 10 年后，残忍杀害了北魏皇族 721 人，连婴儿都没有放过。

难道当时没人能管他吗？确实没人能管！史载“自皇太后诸王及内外勋旧，愁惧危悚，计无所出。”（《北齐书·帝纪第四》）最后老天看不下去了，高洋在虐杀北魏皇族后不久暴亡！终年 34 岁。

读史书看到高洋下线，都不由得松了一口气。北齐第二位皇帝高殷，登基不到两年，就被叔叔高演赶下了皇位。第三位皇帝高演也是登基不到两年就因病去世。这两位，在位时间短，没来得及发病。

北齐第四位皇帝高湛（高欢第九子），成为家族中第二位发病者。

他逼奸皇嫂（高洋的皇后李祖娥），残害兄弟高浚（高欢第三子）、高涣（高欢第七子），虐杀侄子高孝琬（高澄嫡子、高欢嫡孙）、高百年（高演嫡子）、高绍德（高洋嫡子）。

北齐第五位皇帝高纬，被称为“无愁天子”，他成为家族中的第三位发病者。高纬听说有一个地方发生了伤天害理、恶意纵狗吃人的惨案，马上把罪犯提到都城，后来他发挥想象力，把人扔到装满蝎子的容器里，听着别人的惨叫声。

高纬只能和奴仆、宠妃正常交流。上朝的时候，他不敢看大臣的眼睛。因为他自卑，他害怕。大臣也害怕啊！吓得全都垂着头，简单说上几句，马上撤。

高纬还是名将终结者。斛律光，满门抄斩。兰陵王，被赐毒酒。

高纬的逻辑是:“你会打仗？好了，请去死！”

斛律光被杀，北周武帝在黄河边高兴得放鞭炮，大赦天下。(《北齐书》:周武帝闻光死，大喜，赦其境内。）几年后，把北齐收入囊中，统一了北方。

历经高家五代君主的摧残，公元 577 年，北齐终于下线。

翻看“病例本”，就会发现北齐皇室之中，除了著名的正常人士兰陵王外，其他王子也挺正常。

北齐皇室是当了皇帝才会变态。而且需要坐热了皇帝位子之后才会发病。高殷、高演在位时间短，就没有发病。

难道具有北齐皇室血缘的人，一旦坐上龙椅的时间足够长，才会触发某种转化机制，生成一个反人类的怪兽吗？

他们的祖先来自何处？后人又去了哪里？会不会有其他让他们发生转化的方法呢？沿着这个猜测写小说倒是可以。

所谓北齐皇族精神病史其实并无科学依据。仅仅因为北齐在短时间内出了三个嗜杀的皇帝，让人们产生北齐皇室精神患者很多的错觉。

兰陵王：美男子悲剧生　戴面具战场攻

兰陵王，绝美的脸蛋，悲剧的人生。悲剧，就是把美好的事物，毁灭给我们看。落在兰陵王身上，就是把绝美的兰陵王毁灭给我们看。

兰陵王有多美？

兰陵王，本名高肃，字长恭，是东魏权臣高欢的孙子，高澄的第四个儿子。

据《北齐书》记载，兰陵王高长恭有着仙女般的容貌，百灵鸟一样好听的声音，还有一颗铁血男儿心。（《北齐书》：貌柔心壮，音容兼美。）

兰陵王生活在南北朝时期。北边的东魏、西魏分家另过后对砍了好多年，砍到高欢、宇文泰两大枭雄都下了线。老高家和宇文家的后代也把东魏、西魏的傀儡皇帝送走了，建立起北齐、北周，然后继续对砍。

公元564年，北周联合突厥攻打北齐。北周大将杨忠，也就是隋文帝杨坚的老爸，连拔北齐20多座城池，兵锋直指晋阳。突厥的木杆、地头、步离三可汗也从恒州三道咋咋呼呼地来了。

北齐皇帝高湛本来想帅气一下，带着后宫来了前线，等真要打仗，他吓得骑上战马往东就跑。被堂兄弟高睿和大侄子高孝琬薅着马脖子就拦了下来。

这两王爷心想："丢不起这人哪！"

北齐在赵郡王高睿和北齐幸运星段韶的指挥下，击退了突厥和北周。

年轻的高长恭参加了这次战役，开始崭露头角。

一年之后，北周权臣宇文护率军攻打洛阳，撒出去一批沙场宿将，截断了北齐的救援之路。

兰陵王高长恭、大将军斛律光、并州刺史段韶率北齐军队，趁着连日大雾，出其不意地摸到了北周军队的眼皮底下。北周军吓了一跳。

敌军突然出现就算了，他们中军那个带头的将军，脸是咋回事啊？

原来高长恭因为自己长相过于柔美，作战时容易被对方轻视，还可能生出不必要的心思，所以制作了一个非常吓人的面具，用来震慑敌人。

高长恭带了五百名骑兵，杀进北周包围圈，展开了浪漫地纯进攻，北周军队“皆恟惧”。高长恭一路杀到了金墉城下。金墉城上的北齐将士正懵着，根本分不清敌我，不敢开门。

高长恭取下面具，露出绝美的容颜，金墉城的将士欢呼雀跃，用弓箭掩护他们的兰陵王入城。

北周军队弃营而走，金墉城化险为夷，高长恭一战成名。

战后，将士们专门为高长恭出了首单曲《兰陵王入阵曲》。此后，只要高长恭出现在战场上，必能摧毁敌人的意志。

兰陵王有多惨？

这好看的孩子，命真不咋地，高长恭从出生就不受待见。不管你咋漂亮，在父亲高澄那儿，高长恭就是一个亚克力板，小透明。

关于原因，有两种猜测。

猜测一：他的生母地位低。

北齐皇室的妃子中连妓女都被记录在册，只有兰陵王的母亲连姓氏都没有。所以，她母亲的身份可能还不如妓女。（《北齐书》卷十一：兰陵王长恭不得母氏姓。）

猜测二：他的出生牵连着北齐皇室的巨大丑闻。

面具
??

为什么要说“巨大”呢？因为一般的丑闻在《北齐书》《北史》中比比皆是，都被如实记录，不差这一笔了。除非，它具有极强的特殊性。

总之，高长恭出生这件事，隐藏着比皇室丑闻还严重，比皇帝娶了身份不明女人还离奇的事件，导致高长恭长期被刻意忽视。

一直到公元557年，高长恭才被授为通直散骑侍郎。坎坷的童年结束后，高长恭开始了开挂的人生。在盛产变态皇帝的北齐，高洋、高殷、高演、高湛连续四任皇帝都对高长恭相当不错，他的职位一直蹭蹭蹭的晋升。

而在他为北齐立下赫赫战功后，北齐后主高纬向他伸出了罪恶之手。一次聊天，高纬问高长恭：“深入敌阵，如果发生意外怎么办？”高长恭答：“家事为重，在战场上我不会想到自身安危。”

高纬的思路一贯的异于常人：“你小子把国事当家事？那就是以国为家了？可真有主人翁意识！高长恭，你这是要篡权夺位啊。”（《北齐书》：帝嫌其称家事，遂忌之。）偏偏这时《兰陵王入阵曲》还广为传唱。

高纬，就是见到比他高的，就精神萎靡，还得让别人生命垂危。

谁能力高，高纬就要干谁！高长恭意识到了危险的存在，开始贪污、生病、不出门，韬光养晦三件套。甚至真生病也不治疗，唯恐病得不够严重。

高纬的神逻辑再次上线：“不出门？贪污？生病了？那打仗的能力还在呀！万一没病死呢？还是早点干掉放心。”

一杯毒酒送到兰陵王府。高长恭对王妃郑氏说：“我忠心侍奉，何其无辜，竟然要被毒害？”郑氏说：“为什么不去求见？”高长恭说：“他怎么会见我呢？”高长恭喝下毒酒，与世长辞。

高长恭去世几年后，北齐也被灭了。高纬做了北周武帝的俘虏，后来全家皆被赐死。

不得不说一句：报应啊！

宇文邕：韬光养晦猛夸　百忍成金捧杀

古代韬光养晦、百忍成金的捧杀界顶级选手——北周武帝宇文邕上线。

北周武帝即位时，时局是动荡的，内心是不安的，大权是被宇文护独揽的。

宇文护是历史上著名的“皇帝杀手”。枭雄宇文泰去世后，宇文护先把西魏恭帝送下线，立了宇文泰的儿子当皇帝，建立北周。然后他又先后送走了北周孝闵帝宇文觉、明帝宇文毓，还处死了西魏八柱国中的赵贵和独孤信。

北周武帝宇文邕即位后，头上顶的不是皇帝的光环，而是一个字：“危”。一步行差踏错，北周武帝就要成为第四个被宇文护送下线的皇帝了。

北周武帝可不是一般人，即位就确定了对宇文护使用全面捧杀的战略战术，频出大招。

第一招：哥想要的，主动发放。

宇文护想要军权，武帝即位当年，就以大冢宰、晋国公等头衔，让宇文护都督中外诸军事，把军权彻底地、主动地、不带一丝犹豫地、没有一点留恋地交给了宇文护。

第二招：哥没想到的，我也打包给你。

武帝下诏书说：“大冢宰晋国公，智周万物，道济天下，助朕完成帝业，安

养天下苍生。是我的至亲，是国家的元老重臣，从今天起，所有的诏书都不得称呼晋国公的名讳，以彰殊礼。”

武帝还特地让人在宇文护的封国，再建一座皇祖别庙，由宇文护主持祭祀。给了宇文护表面上无限接近皇帝的待遇。

第三招：用亲情感化哥，用爱感动哥。

宇文护的母亲因为历史遗留原因，被囚禁在北齐，母子被迫分离已经长达35年。北齐建立后，想暂时缓和同北周的关系，就派人送回了宇文护的母亲，让他们母子团聚，以示诚意。

武帝赏赐给宇文护母亲的东西，“穷极华盛”。每到伏祭和腊祭的日期，他都率领皇族的众亲戚向宇文护的母亲行家人之礼，尊崇达到了“振古未闻”的高度。这是把宇文护的母亲当太后一样对待。

第四招：反对哥反对的，赞成哥赞成的，干掉哥想干掉的。

宇文护要靠打仗提高自己的威信，武帝就全力支持，宇文护在邙山被北齐打得大败，北周被迫同北齐议和。北周辛苦攒了十几年的家底，被赔掉不少。武帝没有说一句责备的话。

一次，武帝外出，却在半夜返回京城。西魏“八柱国”之一的侯莫陈崇就揣测宇文护死了，还说了出来。武帝知道后，立即在大德殿上召集公卿，责备侯莫陈崇，并在当天夜里逼迫侯莫陈崇自尽。

宇文护慢慢放下对皇帝的戒备之心。我国历史上，罕见地出现了皇帝和权臣和睦相处的景象。

北周武帝还有第五招：帮哥积怨气，给哥攒敌人。

宇文护大权在握，行事不可能谦虚谨慎。他一定会得罪人，这些人在宇文护得势的时候不敢说什么，如果宇文护失势，他们即使不落井下石，至少也不会拼死相护。

这需要足够长的时间，足够的耐心，去隐忍，去等待。等到宇文护放下戒备，朝野中对宇文护不满的人也越来越多，这一等就是 12 年。

公元 572 年，宇文护按惯例入朝拜见叱奴皇太后，北周武帝趁机在含元殿干掉宇文护。一击即中，一招毙命，终于掌握了国家政权。

五年后，北周武帝攻灭北齐，统一了北方。

陈后主：玉树流光庭照　南朝马上灭掉

陈叔宝，南朝陈国末代皇帝，世称陈后主，“情歌小王子”“风流败家子”。

为什么说他风流，不说好色呢？陈叔宝做事是讲调调的，有调调的好色，就称作风流吧。

陈朝立国于“侯景之乱”后，前几代君主非常节俭，皇宫陈设都很简单。陈叔宝当了皇帝之后，觉得这是皇宫吗？这根本没法住人啊！我做了皇帝那必须华丽丽，必须充满浪漫主义色彩。

土木工程搞起来，装饰装修搞起来。一座座亭台楼阁拔地而起。其中最著名的是临春、望仙三阁，窗户、门槛全都是用沉檀木做的，清风吹过，香传数十里。

硬件浪漫，人也要浪漫。

三阁里面常驻“选手”是十个富有文采的狐朋狗友，号称“十狎客”。有文人，还要有美人。陈叔宝让最爱的妃子住在里面，其他得宠的妃子也常伴左右。

做的事更浪漫。

喝酒、吟诗、高歌、赠答。赠答，类似礼貌催更，我写一首诗问你，你再写一首诗答我。

别小看了陈后主的“粉红色文联”。他狐朋狗友中有一位名为徐陵，被后世推为词宗。徐陵选编的《玉台新咏》在古代文学史中的地位是No.3，仅次于《诗经》和《楚辞》，直接影响了唐代诗歌的发展。

这就是玩到极致，玩出成绩了。

陈叔宝本人也不差，他写的《玉树后庭花》是一首流传千古的靡靡之音：丽宇芳林对高阁，新装艳质本倾城。映户凝娇乍不进，出帷含态笑相迎。妖姬脸似花含露，玉树流光照后庭。花开花落不长久，落红满地归寂中。

现代学者认为这首诗写得传神、生动，不考虑作者是谁的情况下，值得借鉴。

简言之：诗不错，人不行。主要是治国真不行！

他重用的人，一拨被隋炀帝杨广（当时是晋王）给咔嚓了，让他们向三吴百姓赎罪，称为"五佞人"；另一拨被隋文帝杨坚流放了，让他们向吴、越百姓谢罪，被称为"四罪人"。

没点罪过，没点奸佞特质的，很难得到重用。

帮陈叔宝掌管机密的施文庆、沈客卿压下告急的文书，只是希望早日外放。大臣们认为应该沿江布防，也被这两人阻止了。结果是"老臣宿将，弃之草莽；谄佞谗邪，升之朝廷。"(《南史》)

最后国亡了。

其实，陈后主的"出厂配置"不低。他的父亲陈宣帝陈顼，兴修水利，恢复经济，度量宏广，是一位宽仁的明君。他的叔爷爷陈武帝陈霸先，平定侯景之乱，收拾破碎河山，稳定了江南局势，建立陈朝，成为一代英雄皇帝，为人、从政、治军、治国都很有成绩。

他的母亲柳太后，出身河东柳氏，9岁处理家事如同成人。陈叔宝刚登基时，因在陈宣帝灵柩前被弟弟陈叔陵砍伤，无法处理政务。柳太后暂代朝政，颁布了一系列诏书，经济上鼓励开垦荒地，免除新开垦土地的租税。政治上鼓励广开言路。社会保障方面，关爱社会弱势群体，给生活无法自理的人发放粮食，发帛（一种丝织物）。给陈叔宝塑造了一个积极进取的，立志成为有为之君的人设，也为他顺利接管朝政打好了群众基础。后人评价陈后主刚登基时还是想做个好皇帝的。原来都是假象！据《陈书》记载，他即位之初的一切朝政“实皆决之于后”。

陈叔宝的正宫皇后沈婺华，端庄、聪明、有才华，节俭、宽和、好清静，正宗的贤内助型皇后，贤后候选人。

他的贵妃张丽华，在后宫最受宠爱，却一点也不骄纵。绝对不会像华妃娘娘一样说：“贱人，就是矫情。”奉行与人为善的贤妃路线。张丽华堪称“人形扫描仪”，有过目不忘的本领。官员的奏章送上来，专门管递送奏章的太监记不住的，她一条一条全能写出来，不会有遗漏。这样的妃子，要是放在唐太宗后宫，可能也会成为一代贤妃。

陈叔宝后宫的太后、皇后、贵妃，都是“帮忙型人才”，没一个危险因素。这群女人没想到，人生最危险的事情是有一个废柴儿子，废柴老公。

陈叔宝对于叔爷爷、亲爹的霸气、英武、宽仁那真是一点没继承，老妈治国理政的能力也是一点没学会。他的皇后长期受到冷落。受宠的妃子确实聪明，啥都听他的，两人玩得超开心，一起跑偏了。

陈宣帝在世时最想做的就是北伐。陈叔宝只想“此间安乐”，且“独乐乐不如众乐乐”。妃子、大臣有酒一起喝，有肉一起吃，有歌一起唱，他上梁山估计能当个好大哥。

能打仗的将军，能治国的贤臣，那是统统的不要。

要什么样的呢？

首先，爱好学习的，会写文章的。这可能是文联招聘，还是文联里的极限偏科。主攻课题一是床笫之欢，二是闺房之乐，三是巫山云雨。

其次，嘴要甜，马屁能拍得山响，脸皮足够厚。

第三，不要那些整天考虑治国安邦等现实问题的人。一经发现，马上踢出朝廷。

陈叔宝的粉红色的小集团，还需要治理吗？

根本不需要。陈朝有长江天险，根本没啥怕的。陈叔宝有建康城，那是几朝的都城了，王气充盈，特别的充盈。还可能是东晋在淝水之战中大胜前秦的事给了他太多勇气。

陈叔宝写粉红色的诗，开粉红色宴会，做粉红色的梦，躺平了唱粉红色的歌！完全不考虑隋朝的威胁。

隋文帝这时在做什么？他在北方，正磨刀呢！

隋朝君臣十分小心谨慎。宰相高颎，为灭陈朝制定了一系列计划，我们姑且称之为“狼来了”。

一到南方粮食收获的季节，隋朝就派大兵到长江北岸，营造要打过长江去的态势。陈朝就算再躺平也得紧急征召百姓加强防范啊！等南方秋收季节一过，地里的粮食收不成了，到了北方秋收季节，隋朝又收兵，让士兵解甲归田，回家秋收去了。

隋朝还派间谍过江去烧陈朝的仓库。南方雨水多，河道多，多用竹子、木头和茅草为材料建仓库，非常容易失火。陈朝本来粮食就有在地里没收回来的，这可倒好，原来储存的又被隋朝烧掉不少。

对于陈朝派到北方的间谍，隋朝捉到他们，又把他们放回去，释放和平信号。

几年后，陈朝不仅经济受到影响，精神也放松了。他们认为隋朝只会虚张声势，搞点偷偷摸摸的伎俩，根本不敢过长江天险。

隋朝虢州刺史崔仲方提出一个成熟的作战方案。在中上游造战船，吸引眼球，同时在下游秘密集结大军。陈朝打上游，下游的隋军就进攻，陈朝不为所动，那就上下游配合，攻取建康。

隋文帝还要在政治上、舆论上占据绝对优势，他出兵前下发伐陈诏书，列出了陈后主的二十条罪状。让人抄写三十万份到江南各地“发传单”。

一切准备就绪，公元 588 年 10 月，隋朝 51.8 万大军分长江上、中、下游三个战场，三大兵团，兵分八路，水陆并进，海军陆军联合作战，对陈朝发起总攻。

隋文帝任命了三个行军元帅，分别是晋王杨广（隋文帝第二子）、秦王杨俊（隋文帝第三子）、清河公杨素，军中有九十多个行军总管。目的只有一个，一鼓作气，灭掉陈朝，完成统一大业。

隋朝冲锋的号角已经响起，陈朝还沉浸在一派歌舞升平的景象之中。因为陈后主说：“王气在建康。北齐、北周南下，不都被打败了吗？隋军也不会有什么作为的。”

马屁精抓住最后的发光发热的机会。

一个叫孔范的大臣说：“隋军飞不过长江，这是边防部队的将军为了立功，恶意夸大敌情。微臣我呀，总担心自己的官太小了，隋军要是真能过江才好呢！那样我就能杀敌立功升官做太尉了。”太尉是三公之一，全国最高军事长官。

有人造谣说隋军损失了很多战马。孔范发挥的机会又来了，他惋惜地说：“哎哟呦！我们的马怎么能死呢？”那个心疼的样子，好像隋军已经被打败，他们已经收编了那些战马一样。

关键是陈叔宝的反应，他深表赞同。

建康城中，《玉树后庭花》继续唱，酒继续喝，诗继续写，继续赠答。

隋军下游的一路，吴州总管贺若弼早就做了准备，他让手下在显眼处停一些破船，其实悄悄采购了很多船只藏了起来。一到换防的时候就故意把动静闹大，看着像要打仗一样。他还派士兵沿着长江打猎，大队马匹频繁奔跑，将士们呐喊着追猎物。

陈朝长江边的守军得出一个结论，北方人也就换防、打猎动静大些，他们那几条破船根本没胆量过江。所以，当隋军发动攻击时，陈军毫无察觉，建康城毫无反应。

公元 589 年正月初一，隋军大将吴州总管贺若弼、庐州总管韩擒虎分两路在长江下游渡江。韩擒虎过江的时候，发现陈朝守军全部喝得烂醉，根本没人防守。他们一路往建康城推进，异常顺利，根本没遇到像样的抵抗。正月初七，贺若弼、韩擒虎已经完成了对建康城的战略包围。

隋朝的计划非常全面，稳扎稳打，他们没想到能如此迅速地灭掉陈朝。上游的杨素已经和中游的杨俊顺利会师，拖住了陈朝的几十万大军，让他们无法顺江而下，救援建康。隋朝在海上还有一路大军负责从东南方向完成对建康的包围。

最后的总攻原定在合围完成后，晋王杨广率主力渡江后再开始。

等到正月，后知后觉的陈后主终于组织了一次抵抗，派大军出建康主动进攻隋军，想靠一个漂亮的反攻，快速解决问题。

陈朝大军南北绵延二十里，排成了一字长蛇阵，而且统军将领之间明显配合得不好，首尾无法相顾。

隋军大将贺若弼登上钟山观察敌情，看到陈军的阵型，顿时就兴奋了。他临时决定，不等杨广过江，马上发动总攻。贺若弼用八千兵马破了陈朝十万军阵。

就在这个过程中，陈朝还在续写“粉红色传奇”。

陈后主召集群臣讨论如何退敌时，大将萧摩诃主战，得到陈叔宝的任命后，萧摩诃回答：“自古打仗都是为了国家，今日之事，兼为妻子。”

到了战场，萧摩诃却按兵不动，原来陈后主同萧摩诃的妻子私通，萧摩诃说的“兼为妻子”不是为了保护妻子儿子，是为了报被绿的仇。萧摩诃最终被隋军生擒。

韩擒虎一路也不甘示弱，在陈朝降臣任忠的带领下，打进了陈朝皇宫。

陈后主身边只剩下大臣袁宪，感叹地说：“朕平时待你并不好，没想到最后是你留下来陪朕。”

陈后主此时被吓得只会哭，不唱歌也不作诗了，房梁、门槛、窗框香不香的也顾不上了。他听着越来越近的喊杀声只想逃。

袁宪劝陈后主穿好朝服坐在正殿等待隋军，保留国君和国家最后的尊严。

本来陈后主给了任忠一堆黄金，让任忠安排他坐船逃跑。没想到任忠带着金子直接去了隋军大营，把隋军领进了皇宫。

等不到任忠，他只好自己想办法了。

陈后主在袁宪惊诧的目光中，突然“下榻驰去”，还说：“我自有计策。”

原来他大脑灵光闪现，闪出一个投影，那是景阳殿的一口枯井。陈后主跑，袁宪和几个大臣追，追到井边，后阁舍人夏侯公韵想用身体挡住井口，阻止陈后主“丢人”“丢脸”。陈后主同夏侯公韵奋力争夺，争了很久，陈后主赢了，他成功地挤进了枯井。

陈后主是韩擒虎的首要目标，隋军在皇宫地毯式搜查，有人悄悄指了一下井的方向，隋军当即领会。

他们到井口看了一下，看不见井底的情况，喊话也没人应。隋军说：“我们可要扔石头了。”陈后主连忙说：“别扔，别扔。”隋军垂下一条绳子，拉陈后主上来，他们觉得陈后主也太重了。等拉上来一看，一条绳子上拴着三个人，陈后主，还有张丽华、孔贵嫔。

这还真是有情有义。

灭陈后，隋文帝给了陈后主三品官员的身份，待遇也很优厚。隋文帝怕他伤心，邀请他参加宴会时，从来不演奏江南音乐。陈叔宝自己反而全无感觉，酒照喝，日子照过。

陈叔宝甚至请求隋文帝给他一个有秩位的官号，方便入朝做事，在隋朝发光发热。

隋文帝感叹道：“陈叔宝全无心肝。”

负责监守陈叔宝的人汇报说：“陈叔宝经常酗酒，很少有清醒的时候。”

隋文帝还为他的健康考虑，让他控制饮酒。过了段时间，隋文帝又说：“算了，由着他吧！不让他喝酒，他怎么打发时间啊！”

又过了段时间，隋文帝询问陈叔宝的嗜好。

答：“爱吃驴肉。”

问：“喝多少酒？”

答：“每天和子弟饮酒一石。”

隋文帝大为惊讶。

陈朝灭亡16年后，隋文帝仁寿四年，陈叔宝在洛阳城病逝，终年52岁。隋朝追赠他为大将军、长城县公，谥号为炀，葬在洛阳的北邙山。

这时的隋朝不会想到，将来隋二世炀帝的名声会盖过陈炀帝（陈叔宝）。

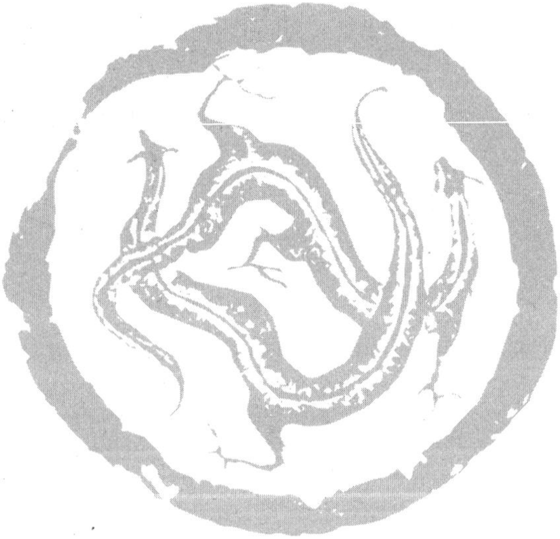